捜査のための
通信傍受法
ハンドブック

～逐条解説から捜査実務資料まで～

加藤 俊治 監修

橋口 英明
鵜鶘 昌二 編著

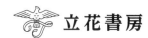
立花書房

本書は時々・情勢の必要に応じ、内容を変更・追加等する場合があります。

推薦のことば

　「犯罪捜査のための通信傍受に関する法律」は、我が国における組織的犯罪対策の基本法の一つとして、平成11年に制定され、翌年に施行されて以降、その運用実績が積み重ねられてきた。その後、平成28年の法改正によって通信傍受の対象犯罪が拡大されるとともに、その手続の合理化・効率化のため、一時的保存を命じて行う通信傍受及び特定電子計算機を用いて行う通信傍受の各手続が新設・導入され、さらに効果的に通信傍受が実施されるようになり、組織的な犯罪の首謀者を解明するなどの手段の一つとして成果を上げてきたものである。

　本法の詳細な解説書としては、本法の施行や上記法改正とほぼ時期を同じくして、立案関係者らによる逐条解説等が既に刊行されてきたが、通信傍受の運用に関係する最高裁規則や通達等の各種規定、通信傍受の実施状況などを含めて包括的に触れた解説書は、これまで見当たらなかったように思われる。

　本書は、実務的な逐条解説書ということで、各種規定や資料等を参照しやすいようコンパクトにまとめられたハンドブックである。
　逐条解説編は、要所を押さえた実務的解説が記載されているが、大中小の項目に分けて階層立てをし、重要部分を太字で強調する等、本法を少しでも分かりやすく、という筆者の工夫が随所に見て取れる。参考資料編は、実務で使用する各種規則・様式、警察庁の通達、事例紹介、通信傍受の実施状況がまとめられた盛り沢山の内容となっている。このように、各種法令の解説に加え、関連資料を多数収録することで、実務上、必要にして十分な情報を一冊で得られる内容となっており、本法の運用を担う第一線の捜査官にとって、好適な解説書である。

近時、我が国では、組織的な犯罪が多数発生している状況にあり、これに対して的確な対応をする重要性は、益々高まっているものと思われる。本書がその一助となることを念願している。

　監修者の名古屋地方検察庁加藤俊治検事正、筆者の福岡地方検察庁小倉支部橋口英明副支部長、法務省刑事局鷦鷯昌二参事官、お三方の刊行の労を強くねぎらいたい。

　令和6年6月

名古屋高等検察庁検事長　髙嶋智光

#　はしがき

　犯罪捜査のための通信傍受に関する法律（平成11年法律第137号。本書において「通信傍受法」あるいは「本法」ともいう。）については、その制定時、あるいは平成28年の刑事訴訟法等の一部を改正する法律（平成28年法律第54号。本書において「平成28年改正法」ともいう。）による改正時、それぞれ国会において相当の時間を費やして議論が行われ、また、その都度、立案担当者を執筆者とする逐条解説等が刊行されてきました。

　もっとも、本法に基づく通信傍受が適正に実施されることを確保すること等を目的として定められ、その実務を規律する法令であって、これに関与する者が理解し、遵守すべきものは、同法に限られず、犯罪捜査のための通信傍受に関する規則（平成12年最高裁判所規則第6号。本書において単に「規則」ともいう。）や、通信傍受規則（平成12年国家公安委員会規則第13号。本書において「国公委規」ともいう。）についても、平成28年改正法の施行に対応して改正が行われたほか、警察庁において発出する「犯罪捜査のための通信傍受に関する法律の運用に当たっての留意事項」（平成31年4月26日付警察庁丙刑企発第111号、丙組企発第66号、丙生企発第94号、丙交企発第97号、丙備企発第179号、丙外事発第75号、丙情企発第58号通達別添）の改訂も行われたところです。

　こうした状況に鑑み、実務においてこれらの法令等を参照しやすいコンパクトなハンドブックとなる逐条解説書を発刊することには意味があろうと考え、本書の執筆をお引き受けしたものです。
　本書が、通信傍受の運用に当たる第一次捜査機関等の関係者の一助となれば幸いです。

本書の発刊に当たっては、馬場野武部長を始め、下村大志係長や本山進也参与等立花書房編集部の関係各位には、終始、貴重な助言・示唆等を頂戴しました。ここに記して、感謝を申し上げます。

　令和6年7月

編　著　者

凡　例

本書中において法令等を引用する場合、以下の略語を用いることがある。

本法、通信傍受法	犯罪捜査のための通信傍受に関する法律（平成11年法律第137号）
平成28年改正法	刑事訴訟法等の一部を改正する法律（平成28年法律第54号）
規　則	犯罪捜査のための通信傍受に関する規則（平成12年最高裁判所規則第6号）
国公委規	通信傍受規則（平成12年国家公安委員会規則第13号）
留意事項	犯罪捜査のための通信傍受に関する法律の運用に当たっての留意事項（平成31年4月26日付警察庁丙刑企発第111号、丙組企発第66号、丙生企発第94号、丙交企発第97号、丙備企発第179号、丙外事発第75号、丙情企発第58号通達「「犯罪捜査のための通信傍受に関する法律の運用に当たっての留意事項」の改正について」別添）
刑訴法	刑事訴訟法（昭和23年法律第131号）
組織的犯罪処罰法	組織的な犯罪の処罰及び犯罪収益の規制等に関する法律（平成11年法律第136号）
麻薬特例法	国際的な協力の下に規制薬物に係る不正行為を助長する行為等の防止を図るための麻薬及び向精神薬取締法等の特例等に関する法律（平成3年法律第94号）

その他、略称が一般的なものについても、適宜省略している。

参考文献

　本法の解説として、次のような文献がある。本書の執筆においても、これらを参照している。

○　三浦守＝松並孝二＝八澤健三郎＝加藤俊治「組織的犯罪対策関連三法の解説」［平成13年、法曹会］

○　八澤健三郎＝加藤俊治「Ｑ＆Ａ　組織的犯罪対策三法」［平成13年、立花書房］

○　最高裁判所事務総局刑事局監修「『犯罪捜査のための通信傍受に関する規則』の解説及び関係執務資料」［平成13年、法曹会］

○　河原雄介「新たな刑事司法制度に対する警察としての対応について（特集・刑事訴訟関連法の改正）」（法律のひろば69巻9号所収）

○　吉川崇＝保坂和人＝吉田雅之「刑事訴訟法等の一部を改正する法律（平成28年法律第54号）について(1)」（法曹時報69巻2号所収）

○　保坂和人＝吉田雅之＝鷦鷯昌二「刑事訴訟法等の一部を改正する法律（平成28年法律第54号）について(2)」（法曹時報69巻3号所収）

○　吉田雅之＝鷦鷯昌二「刑事訴訟法等の一部を改正する法律（平成28年法律第54号）について(5)」（法曹時報70巻6号所収）

○　鷦鷯昌二「刑事訴訟法等の一部を改正する法律の規定による通信傍受法の改正について（特集・刑事訴訟法等の一部改正〈上〉）」（警察学論集69巻8号所収）

○　堀川里江「改正通信傍受法の運用について」（警察学論集69巻9号所収）

○　佐藤央雅「「犯罪捜査のための通信傍受に関する法律の運用に当たっての留意事項」の改正について」（警察学論集73巻2号所収）

○　西山香奈「犯罪捜査のための通信傍受に関する規則の概要」（判例タイムズ1452号所収）

序　　論

1　本法制定の経緯等

　本法は、いわゆる組織的犯罪対策関連三法の一つとして、平成11年8月12日に、第145回通常国会において成立し、同月18日に公布されたものである。他二法は、「組織的な犯罪の処罰及び犯罪収益の規制等に関する法律」（平成11年法律第136号）及び「刑事訴訟法の一部を改正する法律」（平成11年法律第138号）である。
　本法制定当時の組織的犯罪をめぐる我が国の状況、犯罪情勢は、次のようなものであった。
　すなわち、暴力団等による薬物や銃器等の不正取引が深刻な状況にあり、また、暴力団組織等の不正な権益の獲得・維持を目的とした各種の犯罪のほか、外国人犯罪組織による集団密航事犯、地下鉄サリン事件、弁護士一家殺害事件等一連のいわゆるオウム真理教事件のような大規模な組織的形態による凶悪事犯、会社等の法人組織を利用した詐欺商法等の大型経済犯罪など、組織的な犯罪が少なからず発生していた。
　殊に、薬物犯罪については、暴力団周辺者にとどまらず、一般の市民、さらには、中学・高校生等の未成年者等にも急速に拡大し、その背後には、暴力団を含む内外の組織がその密輸や供給にかかわっていると考えられるところであった。
　また、企業幹部を対象としたテロ行為もしばしば発生しており、金融機関等に対する現金強奪事件など、一般市民が巻き添えとなる痛ましい事件、あるいは、一般市民が狙われる凶悪な事件も後を絶たない状況にあった。企業幹部を対象としたテロ事件については、当時、いまだ犯人の検挙に至らない事件もあり、その背景等も一様ではないと考えられたが、暴力によって企業活動に不当な圧力を加える勢力の存在がうかがわれた。

さらに、集団密航事件の増加は、我が国の社会に対する重大な脅威となり、集団密航者の大半は、上陸後、全国各地に分散して不法就労活動に従事することはもとより、集団密航者を含む不法滞在者による犯罪が多発していた。それらの犯罪には、凶器を使用した殺傷事件や身代金目的略取事件等の凶悪犯罪、薬物密売事犯のみならず、同国人が相互に結合したり、海外の犯罪組織や日本国内の暴力団等と連携したりするなどして組織化する傾向が見られた。

　そうした当時の犯罪情勢は、我が国の平穏な市民生活を脅かすとともに、健全な社会、経済の維持、発展に悪影響を及ぼしかねない状況にあり、予断を許さないところであった。

　こうした暴力団組織等による犯罪の特徴は、組織的に行われることからその目的実現の確実性が高く、重大な結果を生じやすいという意味で、極めて危険かつ悪質である点にあるということができる。また、犯罪による収益も多額にのぼる場合が多く、これが犯罪的な組織の維持や事業活動への投資あるいは犯罪実行への再投資に利用されるといった特徴が認められる。

　さらに、薬物・銃器関連犯罪等の組織的な犯罪では、その準備及び実行が密行的に行われ、犯行後にも証拠を隠滅したり、犯人を逃亡させたりするなどして犯跡隠ぺい工作が行われることも少なくない。そのため、これらの犯罪が実行された場合には、その犯行の把握自体が極めて困難である上、首謀者を含めて犯人を特定し、事案の真相を解明することは極めて困難な状況にある。このような犯罪に対し、従来の捜査手法のみでは、犯行に関与した末端の者を検挙することはできても、その者から首謀者等の氏名や関与の状況について詳細な供述を得ることは容易ではない。

　他方、これらの犯罪において、犯行の準備、実行、犯跡隠ぺいのために、複数の犯人間において、相互に指示・命令、連絡、報告等が必要とされ、そのために適宜携帯電話等の電気通信が多用されている状況を踏まえると、これを傍受することは、捜査手法として非常に効果的であり、その意義は大きいといえる。

　本法は、通常の捜査方法では真相の解明が困難であるこれらの犯罪に対処するための特別な捜査手法として、電気通信の傍受を行う強制の処分の制度を整備するため、制定されたものである。

　その制定の過程を概説すると、次のとおりである。

平成8年10月8日、法務大臣から法制審議会に対し、組織的な犯罪に対処するための刑事法整備に関する諮問第42号がなされ、刑事法部会における集中的な調査審議を経て、平成9年9月10日、同審議会総会において、審議及び採決の結果、「組織的な犯罪に対処するための刑事法整備要綱骨子」のように刑事法の整備を行うことが相当であるとの結論に達し、同要綱骨子が賛成多数により採択され、法務大臣に対し、これを内容とする答申がなされた。
　法務省においては、この答申に基づき、関係省庁等と協議しつつ、法案の立案作業が行われた。
　他方、当時の与党である自由民主党、社会民主党及び新党さきがけは、この法案に関し、与党組織的犯罪対策法協議会を設けて協議、検討を行うこととし、同協議会において、平成9年10月21日から平成10年2月13日までの間、22回にわたり、協議等が行われた。こうした経過を経て、政府は、同年3月13日、第142回通常国会に、「組織的な犯罪の処罰及び犯罪収益の規制等に関する法律案」、「犯罪捜査のための通信傍受に関する法律案」及び「刑事訴訟法の一部を改正する法律案」を提出した。
　これら三法案は、同年5月8日、衆議院本会議において趣旨説明及び質疑が行われ、その審議が開始された。その後、衆議院法務委員会において、三法案の審議が行われたが、同年6月18日の会期末に継続審査となり、第143回及び第144回の臨時国会を経て、第145回通常国会において本格的な審議が行われた。その過程において、平成11年5月27日、組織的犯罪処罰法案及び通信傍受法案に対し、自由民主党、公明党・改革クラブ及び自由党の三会派共同提案による修正案が提出された。通信傍受法案に対する修正案の要点は、次のとおりである。

① 本法案が組織的な犯罪が平穏かつ健全な社会生活を著しく害している現状に適切に対処するためのものであることを目的規定に明記すること。
② 通信傍受の対象犯罪を薬物関連犯罪、銃器関連犯罪、集団密航関連犯罪及び組織的な殺人に限定すること。

③ 対象犯罪の実行に必要な準備のために他の犯罪が犯された場合の傍受の要件を限定すること（3条1項3号、死刑又は無期若しくは長期2年以上の懲役若しくは禁錮に当たる罪であって対象犯罪と一体のものとして犯されたものに限定）。

④ 令状請求権者を検事総長が指定する検事、国家公安委員会等が指定する警視以上の警察官に限定すること。

⑤ 令状発付権者を地方裁判所の裁判官に限定すること。

⑥ 立会人について、傍受実施時における常時立会いを義務付け、傍受の実施に関する意見を述べることができるものとすること。

⑦ 令状による傍受の実施中に他の犯罪の実行を内容とする通信が行われた場合の傍受の要件を限定すること（14条（現行の15条。⑧において同じ。）、別表に掲げるもの又は死刑若しくは無期若しくは短期1年以上の懲役若しくは禁錮に当たるものに限定）。

⑧ 14条の傍受に関し、裁判官による事後審査の手続を設けること。

⑨ 有線電気通信法等の通信の秘密の侵害罪の刑を加重すること（捜査等を行う公務員：3年以下の懲役又は100万円以下の罰金、業務従事者：3年以下の懲役又は100万円以下の罰金、一般人：2年以下の懲役又は50万円以下の罰金）。

⑩ その他所要の修正

　その後の審議の結果、平成11年5月28日、衆議院法務委員会において、この修正案及び修正部分を除く原案が可決され、これらは、同年6月1日衆議院本会議、同年8月9日参議院法務委員会、同月12日参議院本会議において、それぞれ可決され、成立した。なお、衆議院法務委員会における前記の修正案の趣旨説明の内容は、次のとおりであった。

「ただいま議題となりました自由民主党、公明党・改革クラブ及び自由党の各会派共同提案に係る組織的な犯罪の処罰及び犯罪収益の規制等に関する法律案に対する修正案及び犯罪捜査のための通信傍受に関する法律案に対する修正案につきまして、提案者を代表して、その趣旨及び概要を一括して御説明申し上げます。

　（中略）犯罪捜査のための通信傍受に関する法律案に対する修正案につきまして、その趣旨及び概要を御説明申し上げます。

　第一は、本法律案の目的についてであります。

　本法律案は、組織的な犯罪が平穏かつ健全な社会生活を著しく害している現状にかんがみ、これに適切に対処することを目的とするものでありますから、その趣旨を明記するものであります。

　第二は、通信傍受の対象犯罪等についてであります。

　本法律案による通信の傍受を必要最小限度の範囲のものとするため、対象犯罪を薬物関連犯罪、銃器関連犯罪、集団密航に関する罪及び組織的な殺人の罪に限定するとともに、別表に掲げる罪の実行に必要な準備のために犯罪が犯された場合の傍受に関しては、死刑又は無期若しくは長期二年以上の懲役若しくは禁錮に当たる罪が別表に掲げる罪と一体のものとしてその実行に必要な準備のために犯された場合に限定するものであります。

　第三は、傍受令状の請求権者及び発付権者の範囲についてであります。傍受令状の請求及びその発付を更に慎重に行うことを確保するため、請求権者のうち検察官については検事総長が指定する検事、警察官については国家公安委員会等が指定する警視以上の警察官に限定し、発付権者についても、地方裁判所の裁判官に限定するものであります。

　第四は、傍受の実施時における立会人についてであります。傍受の実施の適正を確保するため、立会人を常時立ち会わせなければならないものとし、また、立会人は、検察官又は司法警察員に対し、当該傍受の実施に関して意見を述べることができるものとするものであります。

　第五は、他の犯罪の実行を内容とする通信の傍受についてであります。これは、傍受令状による傍受の実施の過程における緊急の措置として認められるものであることから、その範囲を、特に証拠として保全する必要性が高い

重大な犯罪、すなわち別表に掲げる罪及び死刑又は無期若しくは短期一年以上の懲役若しくは禁錮に当たる罪に限定するとともに、この傍受が行われた場合における裁判官による事後的な審査の手続を設けるものであります。
　第六は、通信の秘密を侵す行為の処罰等についてであります。通信の秘密を制約する通信傍受制度を設ける以上、その反面として、違法に通信の秘密を侵す行為に対しては厳正な処罰が行われるべきものであります。そこで、捜査又は調査の権限を有する公務員が、その捜査又は調査の職務に関し、電気通信事業法又は有線電気通信法の通信の秘密を侵す罪を犯した場合は、三年以下の懲役又は百万円以下の罰金に処することとし、さらに、これとの均衡上、一般人がこれを犯した場合は二年以下の懲役又は五十万円以下の罰金に処し、電気通信事業者等がこれを犯した場合は三年以下の懲役又は百万円以下の罰金に処するものとするものであります。
　その他、所要の規定の整備等の修正を行うものであります。」

　本法と同時に成立した「刑事訴訟法の一部を改正する法律」により、刑訴法に222条の2として「通信の当事者のいずれの同意も得ないで電気通信の傍受を行う強制の処分については、別に法律で定めるところによる。」との規定が新設された。同法197条1項ただし書は、「強制の処分は、この法律に特別の定めのある場合でなければ、これをすることができない。」と定めているが、通信傍受は、従来の強制処分と異なり、継続的、密行的に通信の秘密を制約する処分であることから、このような捜査方法が認められる犯罪を限定するなど厳格な要件を設けることや、関係者の権利保護に関する手続を整備するなど従来の強制処分とは異なる取扱いをすることが必要であり、そのため、設けるべき規定も多数にのぼるため、電気通信の傍受を行う強制の処分ができる旨の根拠を刑訴法に定めた上、その具体的な要件、手続等については、別の法律に定めることとされたものである。この規定を受けて別にその要件等を定めた法律が、本法である。
　この「刑事訴訟法の一部を改正する法律」は公布の日から20日を経過した平成11年9月7日から施行されたが、その施行により、通信傍受は、検証ではなく、別に法律で定めるところによる（本法制定後は本法に定めるところによる）こととなった。

2　平成28年改正法による改正の経緯等

　本法については、平成28年4月24日、第190回通常国会において成立した「刑事訴訟法等の一部を改正する法律」（平成28年法律第54号）により、最初の実質的な改正が行われた。この平成28年改正法は、捜査・公判が取調べ及び供述調書に過度に依存した状況にあるとの指摘がなされたことを踏まえ、そのような状況を改めて、刑事手続を時代に即したより機能的なものとし、国民からの信頼を確保するため、刑訴法、刑法、本法等を改正して、刑事手続における証拠の収集方法の適正化・多様化及び公判審理の充実化を図るものであった。

　平成28年改正法の制定の過程を概説すると、次のとおりである。

　平成22年10月、大阪地検特捜部における厚生労働省元局長無罪事件等の一連の事態を受けて、法務大臣の下に「検察の在り方検討会議」が設けられ、同会議において、平成23年3月、「検察の再生に向けて」と題する提言が取りまとめられた。その中で、検察の信頼回復を図るための様々な改革策が示されたが、同時に、「取調べ及び供述調書に過度に依存した捜査・公判の在り方を抜本的に見直し、制度としての取調べの可視化を含む新たな刑事司法制度を構築するため、直ちに、国民の声と関係機関を含む専門家の知見とを反映しつつ十分な検討を行う場を設け、検討を開始するべきである。」とされた。

　これを受け、平成23年5月、法務大臣から法制審議会に対し、時代に即した新たな刑事司法制度の在り方に関する諮問第92号がなされ、「新時代の刑事司法制度特別部会」における同年6月から約3年にわたる調査審議を経て、平成26年7月、同部会において答申案が全会一致で取りまとめられ、同年9月、同審議会総会において、同じく全会一致で、答申案の内容をもって答申すべきものと決せられ、法務大臣に対し、「新たな刑事司法制度の構築についての調査審議の結果」として答申がなされた。

　法務省においては、この答申に基づき、関係省庁等と協議しつつ、法案の立案作業が行われ、政府は、平成27年3月13日、第189回通常国会に、「刑事訴訟法等の一部を改正する法律案」を提出した。

この法案中、通信傍受法の改正に関するものは、大きく分けて、次の2点である。

① 通信傍受の対象犯罪の拡大（3条1項の改正、別表第2の追加等）

② 通信傍受の手続の合理化・効率化（「一時的保存を命じて行う通信傍受の実施の手続」及び「特定電子計算機を用いる通信傍受の実施の手続」の新設）

　①の趣旨は、次のとおりである。すなわち、本法の制定後においても、暴力団組員がその意に沿わない一般市民を標的として組織的に行ったと見られる殺傷事犯や、振り込め詐欺を始めとするいわゆる特殊詐欺など、一般市民の生活を脅かす組織的な犯罪が相次いでおり、首謀者の関与状況等を含めた事案の解明が求められる一方で、そうした犯罪組織においては、組織防衛の一環として、末端の実行者等が警察等に検挙された場合には徹底して供述を拒否するよう厳しく統制がなされるなど、事案の解明に資する供述を得ることがますます困難となっているが、通信傍受の対象犯罪が前記のとおり薬物犯罪、銃器犯罪、集団密航、組織的な殺人の4類型に限定され、これらに該当しない組織的な犯罪においては通信傍受を活用することができない状況では、客観的な証拠の収集方法が限られ、それが取調べ及び供述調書への過度の依存を生じる要因の一つとなってきたと考えられたことから、そのような現に一般市民の生活を脅かしている組織的な犯罪に適切に対処しつつ、取調べ及び供述調書への過度の依存からの脱却を図るため、証拠の収集方法の適正化・多様化の観点から、通信傍受の対象犯罪に、殺傷犯関係、逮捕・監禁、略取・誘拐関係、窃盗・強盗、詐欺・恐喝関係、児童ポルノ関係の罪を追加するものである。

　また、②の趣旨は、次のとおりである。すなわち、平成28年改正法による改正前の本法においては、傍受の実施について、通信手段の傍受を実施する部分を管理する者等を常時立ち会わせなければならないこととされていた（当時の13条）ことから、通信傍受は、通信事業者の施設において実施する運用となっており、通信事業者は、傍受の実施の都度、立会人となるべき職員

や実施場所の確保等に努めることを余儀なくされ、通信事業者にとって大きな負担となっていた。また、通信の傍受は、通信が行われたときにリアルタイムでその内容の聴取等をすることを前提としていたため、捜査機関や立会人は、傍受の実施の期間中、常に待機し、通話が行われるのを長時間にわたって待ち続けなければならないなど、極めて非効率的な事態が生じていた。そこで、近時目覚ましい発展を遂げている暗号技術等の情報処理技術を活用することにより、通信傍受の実施の適正を十分に担保しつつ、通信事業者等の負担を軽減するとともに、通信傍受の実施の機動性を確保して、より効果的・効率的な通信傍受を可能とするため、前記の二つの手続を新たに新設するというものである。

　この法案については、同年5月19日、衆議院本会議において趣旨説明及び質疑が行われ、その審議が開始された。その後、衆議院法務委員会において審議が行われ、同年8月5日、自由民主党、民主党・無所属クラブ(当時)、維新の党(当時)及び公明党の四会派共同提案による修正案が提出された。そのうち通信傍受法の改正案に係る部分の要点は、次のとおりである。

① 通信当事者に対する通知(30条1項)の際に、傍受記録の聴取等(31条)及び傍受の原記録の聴取等の許可の請求(32条1項)並びに不服申立て(33条1項・2項)ができることを併せて通知することとする。

② 通信傍受についての国会報告等(36条)について、新たに導入する方式(一時的保存を命じて行う通信傍受及び特定電子計算機を用いる通信傍受)により傍受の実施をしたときはその旨の報告等もしなければならないこととする。

　その後の審議の結果、平成27年8月5日、衆議院法務委員会において、この修正案及び修正部分を除く原案が可決され、同月7日、衆議院本会議において可決された。

参議院では、同月21日、参議院本会議において趣旨説明及び質疑が行われ、同年9月10日、参議院法務委員会において趣旨説明が行われたが、同月27日に会期終了となったことに伴い継続審査となった後、第190回通常国会において審議が行われ、平成28年5月19日、参議院法務委員会において可決され、同月20日、参議院本会議において可決された。その後、上記修正案及び修正部分を除く原案は、再度衆議院に送付され、同日、衆議院法務委員会において可決された後、同月24日、衆議院本会議において可決され、平成28年改正法が成立した。この平成28年改正法については、衆議院法務委員会及び参議院法務委員会において、それぞれ附帯決議がなされており、そのうち本法の改正に関するものを抜粋すると、次のとおりである。

「刑事訴訟法等の一部を改正する法律案に対する附帯決議」（衆議院法務委員会）
　政府及び最高裁判所は、本法が度重なるえん罪事件への反省を踏まえて重ねられた議論に基づくものであることに鑑み、その施行に当たり、次の事項について格段の配慮をすべきである。
一〜三　（略）
四　通信事業者等の立会いがないため同時進行的な外形的チェック機能が働かないことを踏まえ、特定電子計算機を用いる傍受の実施において、該当性判断のための傍受又は再生を行うに当たっては、通信の秘密及びプライバシーの保護に十分に留意して、厳正に実施すること。
五　適正に通信傍受が実施されていることについての説明責任を果たすため、客観的に通信傍受の実施状況を検証するための方法について検討すること。
六　捜査に必要な機器等の費用は捜査機関が負担することが基本であることに鑑み、通信傍受に必要な機器等の整備に係る通信事業者の負担軽減に十分な配慮を行うこと。
七　（略）

「刑事訴訟法等の一部を改正する法律案に対する附帯決議」(参議院法務委員会)

　政府及び最高裁判所は、本法が度重なるえん罪事件への反省を踏まえて重ねられた議論に基づくものであることに鑑み、その施行に当たり、次の事項について格段の配慮をすべきである。

一～三　(略)

四　特定電子計算機を用いる傍受の実施においては通信事業者等の立会いがなくなることから、同時進行的な外形的チェック機能を働かせるため、通信傍受の対象となっている犯罪の捜査に従事していない検察官又は司法警察員を立ち会わせること。また、該当性判断のための傍受又は再生を行うに当たっては、特に通信の秘密及びプライバシーの保護に十分に留意して、厳正に実施すること。

五　適正に通信傍受が実施されていることについての説明責任を果たすため、客観的に通信傍受の実施状況を検証するための方法について検討すること。

六　捜査に必要な機器等の費用は捜査機関が負担することが基本であることに鑑み、通信傍受に必要な機器等の整備に係る通信事業者の負担軽減に十分な配慮を行うこと。

七　(略)

　なお、令和6年2月15日、法制審議会総会において、情報通信技術の進展等に対応するための刑事法の整備に関する要綱(骨子)のように刑事法の整備を行うことが相当であるとの答申が、賛成多数により採択された。

　同答申には、通信傍受の対象犯罪に新たに刑法236条2項、246条2項及び249条2項の罪を加えることが記載されているほか、刑事手続において取り扱う書類の電子的な作成・管理・利用、オンラインによる発受に関する規律(電磁的記録による令状の発付・執行等を可能とする規定を含む。)を設けることが盛り込まれており、政府において、この答申の内容を踏まえた本法や刑事訴訟法等の改正案の検討が進められている。

3 本法の構成

平成28年改正法による改正後の本法の大まかな条文の構成は、以下のとおりである。

第1章　総　　則

　○　本法の目的（1条）
　○　本法の用語の定義（2条）

第2章　通信傍受の要件及び実施の手続

　○　通信傍受（犯罪関連通信の傍受）の要件、対象犯罪（3条）
　○　傍受令状の請求・発付・記載事項、期間の延長等（4条～8条）
　○　変換符号等の作成等（9条）
　○　傍受令状の執行、傍受の実施の手続（10条～13条、17条～19条）
　○　該当性判断のために傍受できる通信（14条）
　○　他の犯罪の実行を内容とすることが明らかな通信の傍受（15条）
　○　一時的保存を命じて行う通信傍受の実施の手続（20条～22条）
　○　特定電子計算機を用いる通信傍受の実施の手続（23条）

第3章　通信傍受の記録等

　○　傍受をした通信の記録、記録媒体の封印等（24条～26条）
　○　傍受の実施の状況を記載した書面等の提出等（27条、28条）
　○　傍受記録（傍受をした通信の内容を刑事手続において使用するための記録）の作成等（29条）
　○　通信の当事者に対する通知（30条）
　○　傍受記録、傍受の原記録の聴取、閲覧、複製の作成等（31条、32条）
　○　通信の傍受に関する裁判、傍受・再生に関する処分に対する不服申立て、取り消された処分に係る記録の消去命令等（33条）
　○　傍受の原記録の保管期間（34条）

第4章　通信の秘密の尊重等

　　○　関係者による通信の秘密の尊重等（35条）
　　○　通信傍受の実施の状況に関する国会への報告等（36）
　　○　通信の秘密を侵す行為の処罰等（37条）

第5章　補　　　則

　　○　刑訴法との関係（38条）、最高裁判所規則（39条）

捜査のための通信傍受法ハンドブック／目次
～逐条解説から捜査実務資料まで～

推薦のことば
はしがき
凡　例
参考文献
序　論

第1編　逐条解説編

第1章　総　　則

1　目　　的（第1条） ………………………………………… 3
　通信傍受法の目的について定める

2　定　　義（第2条） ………………………………………… 6
　本法における「通信」「傍受」「通信事業者等」「暗号化」「復号」等の各用語の意義について定める
　　1　「通信」の意義（1項） ………… 7
　　2　「傍受」の意義（2項） ………… 9
　　3　「通信事業者等」の意義（3項） ……… 10
　　4　「暗号化」及び「復号」の意義（4項） ……… 11
　　5　「一時的保存」の意義（5項） ……… 13
　　6　「再生」の意義（6項） ……… 14

第2章　通信傍受の要件及び実施の手続

1　傍 受 令 状（第3条） ……………………………………… 15

傍受令状による犯罪関連通信の傍受の要件等について定める

- 1　犯罪関連通信の傍受（1項） ……… 17
- 2　数人の共謀によるものであると疑うに足りる状況があることを要しない罪（2項） ……… 35
- 3　人の住居等においてする傍受の原則禁止（3項） ……… 36

2　令状請求の手続（第4条） ……………………………………… 37

傍受令状等の請求の手続について定める

- 1　傍受令状の請求権者及び請求先（1項） ……… 37
- 2　同一の被疑事実について前に同一の通信手段を対象とする傍受令状の請求又は発付があった場合にとるべき措置（2項） ……… 39
- 3　一時的保存を命じて行う通信傍受及び特定電子計算機を用いる通信傍受の許可の請求（3項） ……… 39
- 4　傍受令状請求書の記載事項（規則3条） ……… 40
- 5　傍受令状の請求に当たっての事前準備(通信事業者等との調整等) ……… 41
- 6　傍受に従事する警察官の分掌及びその指名等（通信傍受規則） ……… 42

目　　次　xxvii

③　傍受令状の発付（第5条） ……………………………………… 44

> 傍受令状の発付の手続、一時的保存を命じて行う通信傍受及び特定電子計算機を用いる通信傍受に係る裁判官の許可の要件等について定める

- 1　傍受令状の発付の手続（1項・2項）　……… 45
- 2　一時的保存を命じて行う通信傍受及び特定電子計算機を用いる通信傍受に係る裁判官の許可の要件等（3項）　……… 46
- 3　一時的保存を命じて行う通信傍受の傍受の実施の場所等（4項）　……… 47

④　傍受令状の記載事項（第6条） ………………………………… 51

> 傍受令状の記載事項等について定める

- 1　傍受令状の記載事項（1項）　……… 51
- 2　一時的保存を命じて行う通信傍受又は特定電子計算機を用いる通信傍受の許可をする場合におけるその旨の記載（2項）　……… 53

⑤　傍受ができる期間の延長（第7条） …………………………… 54

> 傍受ができる期間の延長について定める

- 1　傍受ができる期間の延長（1項）　……… 54
- 2　延長の裁判の傍受令状への記載等（2項）　……… 55

⑥　同一事実に関する傍受令状の発付（第8条） ………………… 56

> 前に発付された傍受令状の被疑事実と同一のものを含む被疑事実に関し、同一の通信手段につき傍受令状の請求があった場合における発付の要件について定める

7 変換符号及び対応変換符号の作成等（第9条） 58

> 一時的保存を命じて行う通信傍受の許可又は特定電子計算機を用いる通信傍受の許可がされた場合における変換符号及び対応変換符号の作成等の措置について定める

- 1 裁判官の命を受けて裁判所の職員が執る措置（本条柱書） 59
- 2 1号の措置 59
- 3 2号の措置 60

8 傍受令状の提示（第10条） 64

> 傍受令状の提示やその相手方について定める

9 必要な処分等（第11条） 66

> 傍受の実施につき、必要な処分を行うことができること等について定める

- 1 傍受の実施について必要な処分（1項） 66
- 2 検察事務官・司法警察職員にさせてする処分（2項） 66

10 通信事業者等の協力義務（第12条） 68

> 傍受の実施に関して、通信事業者等に必要な協力を求めることができること等について定める

- 1 傍受の実施に関し「必要な協力」 69
- 2 協力を拒否する「正当な理由」 69

11　立会い（第13条） …………………………………………… 70

> 傍受の実施をする場合における立会いについて定める

- 1　傍受の実施への通信管理者等の立会い（１項）　………　70
- 2　立会人による意見の陳述（２項）　………　73
- 3　立会人に対する事前説明等（通信傍受規則）　………　73

12　該当性判断のための傍受（第14条） ………………………… 75

> 傍受の実施をしている間に行われた通信が傍受令状に記載された傍受すべき通信に該当するかどうかを判断するための傍受等について定める

- 1　該当性判断のための傍受（１項）　………　76
- 2　外国語による通信等の全部傍受（２項）　………　80

13　他の犯罪の実行を内容とする通信の傍受（第15条） ………… 82

> 傍受令状により傍受の実施をしている間に、傍受令状に被疑事実として記載されている犯罪以外の犯罪であって重大なものの実行を内容とするものと明らかに認められる通信が行われた場合における傍受について定める

- 1　本条による傍受の対象となる他の犯罪の範囲等　………　82
- 2　本条の通信への該当性についての裁判官による事後的な審査　………　83

14 医師等の業務に関する通信の傍受の禁止(第16条) …………… 84

> 医師等との間の通信であって、他人の依頼を受けて行う当該業務に関するものの傍受の禁止について定める

- 1 傍受の禁止の対象となる通信の範囲 ……… 84
- 2 通信傍受と報道との関係 ……… 85

15 相手方の電話番号等の探知(第17条) ……………………… 87

> 傍受の実施をしている間に行われた通信の相手方の電話番号等の探知について定める

- 1 通信の相手方の電話番号等の探知(1項) ……… 87
- 2 通信事業者等に対する必要な協力の求め(2項) ……… 90
- 3 傍受の実施の場所以外の場所における探知のための措置(3項) ……… 91

16 傍受の実施を中断し又は終了すべき時の措置(第18条) ………… 93

> 傍受の実施を中断し又は終了すべき時に現に通信が行われている場合において執り得る措置について定める

17 傍受の実施の終了(第19条) ……………………………… 95

> 傍受令状に記載された傍受ができる期間内であっても、傍受の理由又は必要がなくなったときは、傍受の実施を終了しなければならないことについて定める

18　一時的保存を命じて行う通信傍受の実施の手続（第20条～第22条）
（第20条） ………………………………………………………………… 96

> 通信管理者等に命じて通信の暗号化及び一時的保存をさせる方法による通信の傍受等について定める

1	通信管理者等に命じて通信の暗号化及び一時的保存をさせる方法による通信の傍受等（1項）	……… 100
2	指定期間内の通話の日時等に関する情報の一時的保存（2項）	……… 105
3	通信の相手方の電話番号等の情報の保存の求め（3項）	……… 106
4	他の通信事業者等に対する電話番号等の情報の保存の要請（4項）	……… 107
5	指定期間内における傍受の実施の場所への立入りの禁止（5項）	……… 108
6	指定期間内における他の方法による傍受の実施の禁止（6項）	……… 108
7	他の方法による復号の禁止（7項）	……… 109

（第21条） ………………………………………………………………… 110

> 20条1項により一時的保存をされた暗号化信号の復号やそれにより復元された通信の再生等について定める

1	一時的保存をされた暗号化信号の復号、復元された通信の再生等（1項）	……… 112
2	指定期間内の通話の日時等に関する情報の復号による復元（2項）	……… 116
3	傍受すべき通信に該当する通信の再生及び該当性判断のための再生（3項）	……… 116
4	外国語による通信等の全部再生（4項）	……… 118
5	他の犯罪の実行を内容とする通信の再生（5項）	……… 119
6	医師等の業務に関する通信の再生の禁止（6項）	……… 119
7	傍受をした通信の相手方の電話番号等の開示（7項）	……… 119
8	再生の実施を終了すべき時期（8項）	……… 121
9	再生の実施の終了（9項）	……… 122

（第22条） …………………………………………………………… 125

> 21条1項又は2項による復号が終了した場合における暗号化信号の消去等について定める

 1 復号が終了した場合における暗号化信号の消去（1項） ……… 125
 2 再生の実施を終了する場合等における暗号化信号の消去（2項） ……… 126

19 特定電子計算機を用いる通信傍受の実施の手続（第23条）……… 128

> 特定電子計算機を用いる通信傍受の実施の手続について定める

 1 特定電子計算機を用いる通信の傍受等（1項） ……… 133
 2 「特定電子計算機」の意義（2項） ……… 139
 3 他の方法による傍受の実施の禁止（3項） ……… 144
 4 一時的保存をした通信の再生等（4項） ……… 144
 5 本条1項2号による傍受をした通信の復号の方法の制限（5項） ……… 146
 6 一時的保存をした暗号化信号の消去義務（6項） ……… 146

第3章　通信傍受の記録等

① 傍受をした通信の記録（第24条） ················· 148

> 傍受をし又は再生をした通信等の記録媒体への記録について定める

　　1　傍受又は再生をした全ての通信の記録媒体への記録（1項） ········ 150
　　2　傍受の実施又は再生の実施の中断・終了時の記録媒体への記録の終了（2項） ········ 151

② 記録媒体の封印等（第25条） ················· 153

> 24条1項前段の記録媒体の封印、その複製の作成、封印をした記録媒体の裁判官への提出について定める

　　1　傍受の実施の中断・終了時における立会人に対する記録媒体の封印の求め（1項） ········ 153
　　2　再生の実施の中断・終了時における立会人に対する記録媒体の封印の求め（2項） ········ 154
　　3　封印を求める記録媒体の複製の作成（3項） ········ 155
　　4　封印をした記録媒体の裁判官への提出（4項） ········ 155

③ 特定電子計算機を用いる通信傍受の記録等(第26条) …………… 156

> 特定電子計算機を用いた通信傍受の実施の手続において傍受をし又は再生をした通信等を暗号化して記録媒体に記録すること及びその記録媒体の裁判官への提出等について定める

1 傍受をし又は再生をした全ての通信等の特定電子計算機による記録媒体への記録(1項)	……… 157
2 傍受記録の作成の用に供するための他の記録媒体への記録(2項)	……… 159
3 記録媒体に対する記録の終了(3項)	……… 160
4 記録媒体の裁判官への提出(4項)	……… 160

④ 傍受の実施の状況を記載した書面等の提出等(第27条・第28条)(第27条) ………………………………………………………………… 163

> 従来方式による場合又は23条1項1号による傍受のみが行われた場合の傍受の実施の状況を記載した書面等の記載事項及び裁判官への提出等について定める

1 従来方式による場合の傍受実施状況等記載書面の記載事項等(1項)	……… 164
2 23条1項1号による傍受のみが行われた場合の傍受実施状況等記載書面の記載事項等(2項)	……… 166
3 傍受実施状況等記載書面の提出を受けた裁判官による審査(3項)	……… 167

目　　次　xxxv

（第28条）　　　　　　　　　　　　　　　　　　　　　　　　　　169

> 20条1項による傍受が行われた場合又は23条1項2号による傍受が行われた場合の傍受の実施の状況を記載した書面等の記載事項及び裁判官への提出等について定める

　　1　20条1項による傍受が行われた場合の傍受実施状況等記載書面の記載事項等（1項）　　　　　　　　　　　　　　　　　　　171

　　2　23条1項2号による傍受が行われた場合の傍受実施状況等記載書面の記載事項等（2項）　　　　　　　　　　　　　　　　　　175

　　3　傍受実施状況等記載書面の提出を受けた裁判官による審査（3項）　　176

5　傍受記録の作成（第29条）　　　　　　　　　　　　　　　　　　177

> 傍受又は再生をした通信の内容を刑事手続において使用するための記録（傍受記録）の作成の手続、傍受記録及び傍受の原記録以外の傍受又は再生をした通信の記録の消去等について定める

　　1　傍受の実施の中断時等における傍受記録の作成（1項）　　　　　180

　　2　再生の実施の中断時等における傍受記録の作成（2項）　　　　　180

　　3　本条1項の傍受記録の作成方法（3項）　　　　　　　　　　　181

　　4　本条2項の傍受記録の作成方法（4項）　　　　　　　　　　　182

　　5　傍受すべき通信等に該当しない3項2号又は4項2号の記録の消去（5項）　　　　　　　　　　　　　　　　　　　　　　　　　183

　　6　傍受記録作成時の他の記録媒体・複製等の記録の全部消去（6項）　184

　　7　傍受記録に記録されたもの以外の傍受をした通信の内容の漏示等の禁止（7項）　　　　　　　　　　　　　　　　　　　　　　186

6　通信の当事者に対する通知（第30条） ……………………………… 187

> 傍受記録に記録されている通信の当事者に対する通知について定める

　　1　傍受記録に記録されている通信の当事者に対する通知事項等
　　　（1項） ……… 188
　　2　通知を発しなければならない期間（2項） ……… 190
　　3　期間経過後に当事者が特定された場合等の通知（3項） ……… 192

7　傍受記録の聴取及び閲覧等（第31条） ……………………………… 193

> 30条1項の通知を受けた通信の当事者が、傍受記録のうち当該通信に係る部分の聴取及び閲覧等をすることができることについて定める

8　傍受の原記録の聴取及び閲覧等（第32条） ………………………… 195

> 裁判官が保管する傍受の原記録の聴取及び閲覧等の請求並びにその許可等について定める

　　1　傍受記録の聴取等をした通信の当事者の請求による傍受の原記録の聴取等の許可（1項） ……… 197
　　2　傍受記録に記録されている通信以外の通信の当事者の請求による傍受の原記録の聴取等の許可（2項） ……… 198
　　3　検察官又は司法警察員による傍受の原記録の聴取等（3項） ……… 199
　　4　記録の消去を命じた裁判がある場合における複製の作成の許可の請求の加重要件（4項） ……… 202
　　5　被告人又は弁護人による傍受の原記録の聴取等（5項） ……… 203
　　6　3項の規定により作成した複製の取扱い（みなし傍受記録）（6項） ……… 205
　　7　その他傍受の原記録の聴取等ができる場合（7項） ……… 206

9 不服申立て（第33条） ………………………………………… 207

> 裁判官がした通信の傍受に関する裁判に対する不服申立て、検察官又は司法警察員がした通信の傍受又は再生に関する処分に対する不服申立て及び処分を取り消す場合における通信の記録等の消去命令等について定める

> 1　裁判官がした通信の傍受に関する裁判に対する不服申立て（1項） ……… 208
> 2　検察官等がした通信の傍受又は再生に関する処分に対する不服申立て（2項） ……… 209
> 3　処分を取り消す場合における記録等の消去命令（3項） ……… 211
> 4　複製の作成の許可の裁判が取り消されたときにおけるみなし傍受記録からの通信の記録の消去（4項） ……… 216
> 5　既に被告事件において証拠調べがされた傍受記録等の取扱い等（5項・6項） ……… 217
> 6　準抗告に係る刑事訴訟法の規定の準用（7項） ……… 218

10 傍受の原記録の保管期間（第34条） ………………………………… 219

> 傍受の原記録の保管期間について定める

第4章　通信の秘密の尊重等

1. 関係者による通信の秘密の尊重等（第35条）………………………… 221

   > 通信の傍受・再生に関与した者等による通信の秘密の尊重等について定める

2. 国会への報告等（第36条）………………………………………… 223

   > 政府が毎年傍受の実施の状況等を国会に報告し、公表することについて定める

3. 通信の秘密を侵す行為の処罰等（第37条）……………………… 225

   > 捜査又は調査の権限を有する公務員による通信の秘密を犯す行為に関する罰則等について定める

   1　罰則（1項・2項） ……… 225
   2　付審判請求（3項） ……… 227

第5章 補　　則

[1] 刑事訴訟法との関係（第38条）……………………………………… 228

> 通信の傍受に関する手続につき、本法に特別の規定がない限り、刑訴法の規定を適用することについて定める

[2] 最高裁判所規則（第39条）…………………………………………… 230

> 本法に規定するもののほか、傍受令状の発付等につき必要な事項は、最高裁判所規則で定めることについて定める

第2編　参考資料編

犯罪捜査のための通信傍受に関する法律　別表

　　別表第一（第3条、第15条関係） ………………………………………… 233

　　別表第二（第3条、第15条関係） ………………………………………… 235

犯罪捜査のための通信傍受に関する規則
（平成12年最高裁判所規則第6号）

　　第1章　総　　　則 ………………………………………………………… 237

　　第2章　傍受令状の請求等の手続 ………………………………………… 237

　　第3章　通信傍受の記録等 ………………………………………………… 240

　　第4章　補　　　則 ………………………………………………………… 244

通信傍受規則
（平成12年国家公安委員会規則第13号）

　　第1章　総　　　則 ………………………………………………………… 245

　　第2章　通信傍受の実施の手続等 ………………………………………… 246

　　第3章　通信傍受の記録等 ………………………………………………… 256

　　第4章　補　　　則 ………………………………………………………… 260

　　別記様式 …………………………………………………………………… 262

「犯罪捜査のための通信傍受に関する法律の運用
　に当たっての留意事項」の改正について（通達）……… 289

事例紹介 …………………………………………………… 365

通信傍受の実施状況（平成26年～令和5年）…………… 371

用 語 索 引 ………………………………………………… 387

第1編
逐条解説編

第1章　総　　則

1　目　的

> （目的）
> 第1条　この法律は、組織的な犯罪が平穏かつ健全な社会生活を著しく害していることにかんがみ、数人の共謀によって実行される組織的な殺人、薬物及び銃器の不正取引に係る犯罪等の重大犯罪において、犯人間の相互連絡等に用いられる電話その他の電気通信の傍受を行わなければ事案の真相を解明することが著しく困難な場合が増加する状況にあることを踏まえ、これに適切に対処するため必要な刑事訴訟法（昭和23年法律第131号）に規定する電気通信の傍受を行う強制の処分に関し、通信の秘密を不当に侵害することなく事案の真相の的確な解明に資するよう、その要件、手続その他必要な事項を定めることを目的とする。

　本条は、通信傍受法の目的について規定している。
　我が国における犯罪の情勢を見ると、暴力団による銃器を用いた対立抗争事件や、意に沿わない一般市民を標的として組織的に行ったと見られる殺傷事件などが後を絶たず、組織的・密行的に行われる薬物や銃器等の不正取引も、依然深刻な状況にある。また、振り込め詐欺を始めとするいわゆる特殊詐欺が組織的・密行的かつ大規模に行われ、社会的な問題となっているほか、強窃盗団による組織的な連続強窃盗事件が多発するなどしており、そうした組織的な犯罪が一般市民の生活の平穏を脅かし続けている。

こうした数人の共謀によって実行される組織的な重大犯罪においては、首謀者の関与状況等を含めた事案の解明が求められるが、その一方で、これらの組織においては、組織防衛の一環として、証拠隠滅や犯人を逃亡させるなどの組織的な犯跡隠ぺい工作が行われることが少なくない上、末端の実行者等が警察等に検挙された場合には徹底して供述を拒否するよう厳しく統制がなされ、それらの者を検挙しても、その者から首謀者等の氏名や関与の状況について詳細な供述を得て、首謀者を含めた組織全体を捜査し、事案の真相を解明することは、極めて困難な状況にある。

他方、これらの数人の共謀によって実行される組織的な犯罪においては、犯人間において、犯行の準備、実行、犯跡隠ぺい等の指示・命令、連絡などが電話等の通信手段を用いて行われることが多く、犯人間で行われる犯罪の実行に関連する事項を内容とする通信を傍受することが、背後の首謀者等の関与状況を含めた事案の解明に極めて有効な捜査手法となり得る。

本条は、本法が、こうした我が国の犯罪情勢や捜査の実情等に鑑み、「数人の共謀によって実行される組織的な殺人、薬物及び銃器の不正取引に係る犯罪等の重大犯罪において、犯人間の相互連絡等に用いられる電話その他の電気通信の傍受を行わなければ事案の真相を解明することが著しく困難な場合が増加する状況にあることを踏まえ、これに適切に対処するために必要な刑事訴訟法に規定する電気通信の傍受を行う強制の処分」に関し、憲法が保障する「通信の秘密を不当に侵害することなく事案の真相の的確な解明に資するよう、その要件、手続等を定めることを目的とする」ものであることを明らかにするものである。

「組織的な犯罪が平穏かつ健全な社会生活を著しく害していることにかんがみ」とは、本法を制定する背景として、組織的犯罪の状況が平穏かつ健全な社会生活を著しく害していることを明らかにするものであり、この文言は、本法制定時の国会審議において、衆議院法務委員会における修正案により加えられたものであるが（本書序論参照）、これにより本法による通信傍受の趣旨がより明確となり、本法の解釈及び運用の指針となることを期待するものである。

「刑事訴訟法に規定する電気通信の傍受を行う強制の処分」とあるのは、

同法222条の2に規定する「通信の当事者のいずれの同意も得ないで電気通信の傍受を行う強制の処分」である。同法197条1項ただし書は、「強制の処分は、この法律に特別の定のある場合でなければ、これをすることができない。」と定めているが、通信傍受は、捜索等の強制処分と異なり、継続的、密行的に通信の秘密を制約する処分であることから、このような捜査方法が認められる犯罪を限定するなど厳格な要件を設けることや、関係者の権利保護に関する手続を整備するなど捜索等の強制処分とは異なる取扱いが必要であり、そのために設けるべき規定も多数にのぼる。そこで、刑訴法に電気通信の傍受を行う強制の処分ができる旨の根拠を定めた上（同法222条の2）、その具体的な要件、手続等は、本法に定めることとされたものである。

2 定　義

(定義)
第2条　この法律において「通信」とは、電話その他の電気通信であって、その伝送路の全部若しくは一部が有線(有線以外の方式で電波その他の電磁波を送り、又は受けるための電気的設備に附属する有線を除く。)であるもの又はその伝送路に交換設備があるものをいう。

2　この法律において「傍受」とは、現に行われている他人間の通信について、その内容を知るため、当該通信の当事者のいずれの同意も得ないで、これを受けることをいう。

3　この法律において「通信事業者等」とは、電気通信を行うための設備(以下「電気通信設備」という。)を用いて他人の通信を媒介し、その他電気通信設備を他人の通信の用に供する事業を営む者及びそれ以外の者であって自己の業務のために不特定又は多数の者の通信を媒介することのできる電気通信設備を設置している者をいう。

4　この法律において「暗号化」とは、通信の内容を伝達する信号、通信日時に関する情報を伝達する信号その他の信号であって、電子計算機による情報処理の用に供されるもの(以下「原信号」という。)について、電子計算機及び変換符号(信号の変換処理を行うために用いる符号をいう。以下同じ。)を用いて変換処理を行うことにより、当該変換処理に用いた変換符号と対応する変換符号(以下「対応変換符号」という。)を用いなければ復元することができないようにすることをいい、「復号」とは、暗号化により作成された信号(以下「暗号化信号」という。)について、電子計算機及び対応変換符号を用いて変換処理を行うことにより、原信号を復元することをいう。

5　この法律において「一時的保存」とは、暗号化信号について、その復号がなされるまでの間に限り、一時的に記録媒体に記録して保存することをいう。

6　この法律において「再生」とは、一時的保存をされた暗号化信号(通信の内容を伝達する信号に係るものに限る。)の復号により復元され

た通信について、電子計算機を用いて、音の再生、文字の表示その他の方法により、人の聴覚又は視覚により認識することができる状態にするための処理をすることをいう。

　本条は、本法における「通信」、「傍受」、「通信事業者等」、「暗号化」、「復号」、「一時的保存」及び「再生」の各用語の意義を規定している。

1　「通信」の意義（1項）

(1)　本法における「通信」

　本法における**「通信」**とは、「電話その他の電気通信」のうち、①その伝送路の全部若しくは一部が有線（有線以外の方式で電波その他の電磁波を送り、又は受けるための電気的設備に附属する有線を除く。）であるもの、又は②その伝送路に交換設備があるものをいう。**「電気通信」**とは、電磁的方式により、符号、音響又は影像を送り、伝え、又は受けるものである（電気通信事業法2条1号参照）。

(2)　伝送路の全部又は一部が有線である電気通信（前記①）

　ア　**「伝送路」**とは、通信が伝送される経路をいい、**「有線」**とは、通信の伝送に利用される線条その他の導体をいう。したがって、電気通信であって、「その伝送路の全部若しくは一部が有線…であるもの」とは、発信者から受信者までのその伝送経路の全部又は一部において、線条その他の導体により伝送される電気通信をいう。固定電話・携帯電話による通信、データ通信は、いずれも、その伝送路の全部又は一部が有線であれば、「通信」に当たる。

　　このような伝送路の少なくとも一部が有線である通信は、通信の伝達経路そのものが閉鎖的性質を有し、通信の秘密を保持するのにふさわしく、通信の当事者もその秘密が保持されるものと期待しており、そのような期待は合理的なものと考えられることから、本法は、これを、本法

における「通信」としている。

イ　これに対し、伝送路の全部が無線である通信は、特定の相手方に対してされているものであっても、これがのせられている電波は広く空間に開放されており、通信の伝達経路に閉鎖的性質を有する部分がない。本法は、伝送路の全部が無線である通信は、本法における「通信」、すなわち、犯罪捜査のためにその「傍受」（本条2項参照）をするには裁判官が発する傍受令状を要する通信には該当しないものとしており、捜査機関は、刑訴法197条1項に基づく任意処分として、その傍受を行うことができる。

ウ　当該通信の伝送路の全部又は一部が有線であっても、それが全て「有線以外の方式で電波その他の電磁波を送り、又は受けるための電気的設備に附属する有線」（電波法2条4号にいう「無線設備」がその典型）である場合には、本法における「通信」には当たらない。
　「電波」とは、300万メガヘルツ以下の周波数の電磁波（電波法2条1号）であり、「その他の電磁波」としては、例えば、レーザーや赤外線がある。「附属する有線」とは、社会通念上、専ら「有線以外の方式で電波その他の電磁波を送り、又は受けるため」に当該電気的設備の一部として設けられていると観念される有線をいう。すなわち、電気通信の伝送路の一部が有線であっても、当該有線部分が社会通念上専ら無線設備の一部として設けられていると観念されるものである場合（例えば、ビルの屋上に設置された無線機と階下の事務所のマイク、スピーカーとが有線連絡線で結ばれている場合）には、当該有線部分及びこれと接続された無線部分を合わせて無線による通信として取り扱い、本法の「通信」には当たらないものとしている。

(3)　伝送路に交換設備がある電気通信（前記②）
　「交換設備」とは、端末からの接続要求に応じて発信先の端末までの接続、経路設定を行う機能を有する設備をいう。発信者から受信者までの伝

達経路のいずれかにそのような「交換設備」があれば、本法の「通信」に当たる。固定電話、携帯電話等による通信のほかに、衛星携帯電話サービスのように衛星内に交換設備を持つ通信も含まれる。

　無線による通信であっても、その伝送路に交換設備があるものについては、誰と誰との間で通信を行うことができるようにするかを電気通信事業者等が管理し、その通信の伝送路も電気通信事業者等が管理しており、その意味で、閉鎖的なものと言い得ることから、利用者としても通信の秘密の保障に対する合理的な期待があるものと考えられる。

　したがって、このような通信を傍受するには令状を要するとすることが適当と考えられるので、本法の「通信」に含むものとされている。

2　「傍受」の意義（2項）

(1)　本法における「傍受」

　本法における「傍受」とは、現に行われている他人間の通信について、その内容を知るため、当該通信の当事者のいずれの同意も得ないで、これを受けることをいう。

　「**現に行われている通信**」とは、傍受の実施（5条2項）の開始の後に送られる通信を意味する。したがって、例えば、電子メールのように、いったんプロバイダーのサーバに蓄積される通信の場合、傍受の実施の開始時に既に傍受の対象となるメールアドレスの受信メールボックスに蓄積されている電子メールは、「現に行われている」ものではないため、その内容を知ることは、本法の傍受に当たらず、既読か未読かを問わず、事案に応じ、捜索差押許可状又は検証許可状により行うことになる。

　傍受とは、「**他人間の通信**」を受けるものであるから、自己が当事者である通信を受けることは、本法の「傍受」に当たらない。

　また、傍受とは、「**その内容を知るため**」に通信を受けるものをいうから、傍受の実施（5条2項）として通信の状況を見守るためその内容を知ることなく他人間の通信の信号を受けることや、通信当事者の電話番号等の探知（17条）のみを目的としてその内容を知ることなく他人間の通信の

他方、傍受とは**「受ける」**ことであるから、現に行われている他人間の通信に用いられている信号を、当該通信の内容を知るために受けるのであれば、内容を知ったかどうかにかかわりなく、「傍受」に当たる。したがって、暗号等による通信であって即時にその内容を知ることができなくとも、当該通信を受けた時点で「傍受」をしたこととなるし（14条2項参照）、20条1項の規定による暗号化及び一時的保存のために他人間の通信を受けること等も、本項が定義する「傍受」に当たる（同条参照）。

(2) 当事者のいずれかの同意がある場合

「傍受」とは、**「当事者のいずれの同意も得ないで」**行うものをいうので、他人間の通信であってもその当事者のいずれかの同意がある場合にこれを受けることは本法の「傍受」に当たらず、捜査機関は、刑訴法197条1項に基づく任意処分として行うことができる。

3 「通信事業者等」の意義（3項）

本法における「通信事業者等」とは、①電気通信を行うための設備を用いて他人の通信を媒介し、その他電気通信設備を他人の通信の用に供する事業を営む者及び②それ以外の者であって自己の業務のために不特定又は多数の者の通信を媒介することのできる電気通信設備を設置している者をいう。

「他人の通信を媒介する」とは、他人の依頼を受けて、その通信の内容を変更することなく伝送交換することにより、隔地者間の通信を取り次ぎ、又は仲介してそれを完成させることをいい、**「電気通信設備を他人の通信の用に供する」**とは、電気通信設備を他人の通信のために運用することをいう。

「事業を営む」とは、これら媒介等の役務を反復継続して提供し、その対価として料金を徴収することにより当該事業自体で利益を上げようとすることをいう。

「電気通信設備を用いて他人の通信を媒介する事業を営む者」の例としては、固定電話、携帯電話等のサービスや電子メールサービス等を提供する電

気通信事業者が挙げられ、「電気通信設備を他人の通信の用に供する事業を営む者」の例としては、専用回線（端末間のホットライン）を提供する電気通信事業者等が挙げられる。

　「自己の業務のために不特定又は多数の者の通信を媒介することのできる電気通信設備を設置している者」の例としては、オフィスビルの内線網を設置している者、内線網を設置しているホテルの運営者等が挙げられる。

4　「暗号化」及び「復号」の意義（4項）

(1)　本法における「暗号化」及び「復号」

　本法における「暗号化」とは、通信の内容を伝達する信号、通信日時に関する情報を伝達する信号その他の信号であって、電子計算機による情報処理の用に供されるもの（「原信号」）について、電子計算機及び「変換符号」（信号の変換処理を行うために用いる符号）を用いて変換処理を行うことにより、当該変換処理に用いた変換符号と対応する変換符号（「対応変換符号」）を用いなければ復元することができないようにすることをいう。この暗号化により作成された信号を「暗号化信号」という。

　「復号」とは、暗号化信号について、電子計算機及び対応変換符号を用いて変換処理を行うことにより、原信号を復元することをいう。言わば、暗号化の処理と逆の処理である。「復号」は、暗号化される前の原信号を復元するにとどまるものであるから、復号により復元された通信の内容を知るための処理を行うこと（これは本条6項の「再生」に当たる。）は含まれない。

　「暗号化」及び「復号」は、一時的保存を命じて行う通信傍受（20条等）及び特定電子計算機を用いる通信傍受（23条等）に係る条項において用いられる用語であるが、本項が定めるこれらの語の定義は、電気通信等の際の情報セキュリティの確保や改ざんの防止等のために一般に用いられている暗号技術を想定したものである。すなわち、一般に、暗号技術による暗号化は、平文（暗号化される前の情報）について、暗号化鍵を用いて暗号文に変換することで、平文が分からないようにする電子計算機による演算

処理であり、暗号化されると、対応する復号鍵を知らなければ平文を復元することは事実上不可能となるものであるが、本項にいう「原信号」が平文に、「変換符号」が暗号化鍵に、「対応変換符号」が復号鍵に、「暗号化信号」が暗号文にそれぞれ相当する。

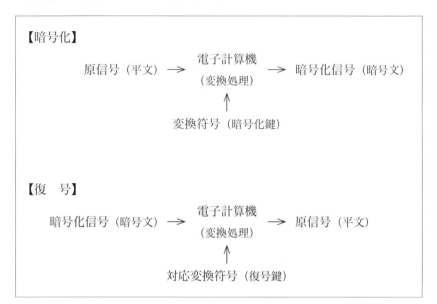

(2) 暗号化の方式

「暗号化」は、「原信号…について、…対応変換符号…を用いなければ復元することができないようにする」ものであるから、例えば、復号鍵によらなくとも容易に変換の方式（アルゴリズム）が推測され、平文が解読され得るようなぜい弱な方式で変換するにとどまるものは、本法の「暗号化」として十分ではなく、復号鍵を用いる方法以外の方法では復元が事実上不可能であるような強度が要求される。例えば、デジタル庁、総務省及び経済産業省が策定した「電子政府における調達のために推奨すべき暗号のリスト（CRYPTREC暗号リスト）」に掲載された暗号化方式のように、その強度が確認され、実用にも耐え得るものとして広く用いられているも

のは、この要請を満たし得るものと考えられる。

　このような暗号化の方式の強度は、傍受令状の請求の際、一時的保存を命じて行う通信傍受の実施の手続の許可等に係る裁判官による審査（5条3項）において考慮されることとなる。

　なお、暗号化の方式には、いわゆる「共通鍵方式」（情報の送り手と受け手が同じ鍵を共有し、情報の送り手による暗号化と受け手による復号に当該鍵を用いる方式）と「公開鍵方式」（情報の送り手と受け手が異なる鍵（「秘密鍵」及び「公開鍵」）を用いて、それぞれ暗号化・復号を行う方式。非対称鍵方式ともいう。）とがあるが、前記のような強度を有するものであれば、いずれの方式によるものであっても本項の「暗号化」に当たり得る。

(3)　暗号化の対象

　「暗号化」の対象となるのは、「原信号」、すなわち、「通信の内容を伝達する信号、通信日時に関する情報を伝達する信号その他の信号であって、電子計算機による情報処理の用に供されるもの」である。

　「通信の内容を伝達する信号」とは、通信の内容である情報を送り、伝え、又は受けることに用いられる電磁的方式による信号をいう。

　「通信日時に関する情報を伝達する信号」とは、通信が行われた日時に関する情報（例えば、20条2項に規定する「通話の開始及び終了の年月日時」や26条1項に規定する「傍受をした通信の開始及び終了の年月日時」等）を送り、伝え、又は受けることに用いられる電磁的方式による信号をいう。

5　「一時的保存」の意義（5項）

　本法における「一時的保存」とは、暗号化信号について、その復号がされるまでの間に限り、一時的に記録媒体に記録して保存することをいう。復号がされるまでの間に限り一時的に記録されるものである点において、24条1項等による記録媒体への「記録」と異なる。

6 「再生」の意義（6項）

　本法における「**再生**」とは、一時的保存をされた暗号化信号の復号により復元された通信について、電子計算機を用いて、音の再生、文字の表示その他の方法により、人の聴覚又は視覚により認識することができる状態にするための処理をすることをいう。「再生」は、一時的保存をされた暗号化信号の復号により復元された通信（21条2項、23条4項参照）について、その内容を知るために音として再生したり、文字として表示したりするための処理をすることをいうものであり、他人間において行われるのと同時に受けた（「傍受」した）通信について、その内容の聴取等をするための処理をすること（3条1項、23条1項1号参照）は、これに当たらない。

　「人の聴覚又は視覚により認識することができる状態にする」とは、例えば、復号により復元される通信が電話による会話である場合には、スピーカーやヘッドフォン等を通じてその内容を音として聴くことができるようにすること、復号により復元される通信が電子メールである場合には、モニター等に文字として表示してその内容を読むことができるようにすることなどである。

　復号により復元される通信が外国語による通信である場合等には、復元された時に「その内容を知ることが困難なため、傍受すべき通信に該当するかどうかを判断することができない」（21条4項）こととなり得るが、そのような場合であっても、音として再生し、あるいは、文字として表示することに向けられた処理をすれば、「再生」に当たる。

　再生の対象となる暗号化信号は、「通信の内容を伝達する信号」の暗号化により作成されたものに限られる。したがって、復号（21条2項）により復元される「通話の開始及び終了の年月日時に関する情報を伝達する原信号」の内容を知るための処理は、「再生」に当たらない。

第2章　通信傍受の要件及び実施の手続

1　傍受令状

（傍受令状）
第3条　検察官又は司法警察員は、次の各号のいずれかに該当する場合において、当該各号に規定する犯罪（第2号及び第3号にあっては、その一連の犯罪をいう。）の実行、準備又は証拠隠滅等の事後措置に関する謀議、指示その他の相互連絡その他当該犯罪の実行に関連する事項を内容とする通信（以下この項において「犯罪関連通信」という。）が行われると疑うに足りる状況があり、かつ、他の方法によっては、犯人を特定し、又は犯行の状況若しくは内容を明らかにすることが著しく困難であるときは、裁判官の発する傍受令状により、電話番号その他発信元又は発信先を識別するための番号又は符号（以下「電話番号等」という。）によって特定された通信の手段（以下「通信手段」という。）であって、被疑者が通信事業者等との間の契約に基づいて使用しているもの（犯人による犯罪関連通信に用いられる疑いがないと認められるものを除く。）又は犯人による犯罪関連通信に用いられると疑うに足りるものについて、これを用いて行われた犯罪関連通信の傍受をすることができる。
　一　別表第一又は別表第二に掲げる罪が犯されたと疑うに足りる十分な理由がある場合において、当該犯罪が数人の共謀によるもの（別表第二に掲げる罪にあっては、当該罪に当たる行為が、あらかじめ定められた役割の分担に従って行動する人の結合体により行われるものに限る。次号及び第3号において同じ。）であると疑うに足りる状況があ

るとき。
二　別表第一又は別表第二に掲げる罪が犯され、かつ、引き続き次に掲げる罪が犯されると疑うに足りる十分な理由がある場合において、これらの犯罪が数人の共謀によるものであると疑うに足りる状況があるとき。
　　イ　当該犯罪と同様の態様で犯されるこれと同一又は同種の別表第一又は別表第二に掲げる罪
　　ロ　当該犯罪の実行を含む一連の犯行の計画に基づいて犯される別表第一又は別表第二に掲げる罪
三　死刑又は無期若しくは長期2年以上の懲役若しくは禁錮に当たる罪が別表第一又は別表第二に掲げる罪と一体のものとしてその実行に必要な準備のために犯され、かつ、引き続き当該別表第一又は別表第二に掲げる罪が犯されると疑うに足りる十分な理由がある場合において、当該犯罪が数人の共謀によるものであると疑うに足りる状況があるとき。
2　別表第一に掲げる罪であって、譲渡し、譲受け、貸付け、借受け又は交付の行為を罰するものについては、前項の規定にかかわらず、数人の共謀によるものであると疑うに足りる状況があることを要しない。
3　前2項の規定による傍受は、通信事業者等の看守する場所で行う場合を除き、人の住居又は人の看守する邸宅、建造物若しくは船舶内においては、これをすることができない。ただし、住居主若しくは看守者又はこれらの者に代わるべき者の承諾がある場合は、この限りでない。

　　　　　　　　（別表第一、別表第二については、参考資料編を参照）

　本条は、傍受令状による犯罪関連通信の傍受の要件等について規定している。

1 犯罪関連通信の傍受（1項）

(1) 概　　要

　本項は、検察官又は司法警察員が、裁判官の発する傍受令状により、特定の通信手段について、これを用いて行われる犯罪関連通信の傍受をすることができることを規定する。

　本項による通信傍受をすることができるのは、「検察官又は司法警察員」である。刑訴法218条1項による差押え等の強制処分と異なり、検察事務官及び司法巡査はすることができない。通信傍受はそれらの従来の強制処分と異なり継続的かつ密行的に行われるものであり、権利保護に特に慎重を期す必要があるためである。他方で、傍受令状の請求権者である検察官又は司法警察員（4条1項）に限られない。

　傍受令状は、許可状である。傍受令状の請求については4条に、発付については5条に、記載事項については6条に規定されている。

　本項は通信傍受の実体的な要件を定めている。その概要は次のとおりである。

① 　本項各号のいずれか（別表第一又は別表第二に掲げる罪（対象犯罪）が犯されたと疑うに足りる十分な理由がある場合において、当該犯罪が数人の共謀によるもの（別表第二に掲げる罪にあっては当該罪に当たる行為が、あらかじめ定められた役割の分担に従って行動する人の結合体により行われるものに限る。）であると疑うに足りる状況があるとき（同項1号）等）に当たる場合であること（犯罪の高度な嫌疑等の存在）

② 　当該各号に規定する犯罪（2号及び3号にあってはその一連の犯罪）の実行、準備又は証拠隠滅等の事後措置に関する謀議、指示その他の相互連絡その他当該犯罪の実行に関連する事項を内容とする通信（犯罪関連通信）が行われると疑うに足りる状況があること（犯罪関連通信が行われる蓋然性）

③ 　他の方法によっては、犯人を特定し、又は犯行の状況若しくは内容を明らかにすることが著しく困難であること（補充性）

④ 　傍受の実施対象とすべき通信手段が、電話番号その他発信元又は発信

先を識別するための番号又は符号（メールアドレス等）によって特定された通信の手段（電話回線、電子メールアカウント等）であって、(i)被疑者が通信事業者等との間の契約に基づいて使用しているもの（犯人による犯罪関連通信に用いられる疑いがないと認められるものを除く。）又は(ii)犯人による犯罪関連通信に用いられると疑うに足りるものであること（通信手段の特定）

(2) 通信傍受の対象犯罪

本法の「別表第一又は別表第二に掲げる罪」（いわゆる「通信傍受の対象犯罪」）を類型ごとに大別すると、以下のとおりである。

ア 「別表第一」に掲げる罪
　(ア) 薬物犯罪（1号、2号、4号、6号、8号）
　　① 大麻取締法違反[注1]
　　　・栽培、輸入等（同法24条）
　　　・所持、譲渡し等（同法24条の2）
　　② 覚醒剤取締法違反
　　　・覚醒剤の輸入等（同法41条）
　　　・覚醒剤の所持、譲渡し等（同法41条の2）
　　　・覚醒剤原料の輸入等（同法41条の3第1項3号）、同未遂
　　　・覚醒剤原料の製造（同法41条の3第1項4号）、同未遂

(注1) 別表第一の1号は、大麻取締法及び麻薬及び向精神薬取締法の一部を改正する法律（令和5年法律第84号。以下「大麻法等改正法」という。）の関連する改正規定（大麻法等改正法の公布日（同年12月13日）から起算して1年を超えない範囲で政令で定める日に施行）により「大麻草の栽培の規制に関する法律（昭和23年法律第124号）第24条（大麻草の栽培）の罪」に改められる。改正前の同号に掲げられていた大麻の「輸入等」（大麻法等改正法による改正前の大麻取締法24条）や「所持、譲渡し等」（同24条の2）の罪に当たる行為は、改正後は、別表第一の4号の麻薬及び向精神薬取締法65条（ジアセチルモルヒネ等以外の麻薬の輸入等）又は66条（ジアセチルモルヒネ等以外の麻薬の譲渡し、所持等）の罪に当たり得ることとなる。なお、この改正の施行日前にした行為に対する罰則の適用についてなお従前の例によることとされる場合における改正前の大麻取締法24条、24条の2の罪は、本法3条、15条及び別表第一の規定の適用については同表に掲げる罪とみなされるから（大麻法等改正法附則23条）、引き続きこれらの罪について傍受することは可能である。

- 営利目的の覚醒剤原料の輸入等（同法41条の3第2項）、同未遂
- 覚醒剤原料の所持（同法41条の4第1項3号）、同未遂
- 覚醒剤原料の譲渡し等（同法41条の4第1項4号）、同未遂
- 営利目的の覚醒剤原料の所持、譲渡し等（同法41条の4第2項）、同未遂

③ 麻薬及び向精神薬取締法違反
- ジアセチルモルヒネ等の輸入等（同法64条）
- ジアセチルモルヒネ等の譲渡し、所持等（同法64条の2）
- ジアセチルモルヒネ等以外の麻薬の輸入等（同法65条）
- ジアセチルモルヒネ等以外の麻薬の譲渡し、所持等（同法66条）
- 向精神薬の輸入等（同法66条の3）
- 向精神薬の譲渡し等（同法66条の4）

④ あへん法違反
- けしの栽培、あへんの輸入等（同法51条）
- あへん等の譲渡し、所持等（同法52条）

⑤ 麻薬特例法違反
- 業として行う不法輸入等（同法5条）

(イ) 集団密航（3号）
○ 出入国管理及び難民認定法違反
- 集団密航者を不法入国させる行為等（同法74条）
- 集団密航者の輸送（同法74条の2）
- 集団密航者の収受等（同法74条の4）

(ウ) 銃器犯罪（5号、7号）
① 武器等製造法違反
- 銃砲の無許可製造（同法31条）
- 銃砲弾の無許可製造（同法31条の2）
- 銃砲及び銃砲弾以外の武器の無許可製造（同法31条の3第1号）
② 銃砲刀剣類所持等取締法違反

・拳銃等の発射、輸入、所持、譲渡し等（同法31条から31条の4まで）
・拳銃実包の輸入、所持、譲渡し等（同法31条の7から31条の9まで）
・拳銃部品の輸入、所持及び譲渡し等、同未遂（同法31条の11第1項2号、2項、31条の16第1項2号、3号、2項）

(エ) 組織的な殺人（9号）
・組織的な殺人、同未遂（組織的犯罪処罰法3条1項7号、4項）

イ 「別表第二」に掲げる罪
(ア) 殺傷犯関係の罪（1号、2号イ・ロ・ハ）
① 爆発物の使用、同未遂（爆発物取締罰則1条、2条）
② 現住建造物等放火（刑法108条）、同未遂
③ 殺人（同法199条）、同未遂、傷害（同法204条）、傷害致死（同法205条）

(イ) 逮捕・監禁、略取・誘拐関係の罪（2号ニ・ホ）
① 逮捕及び監禁（刑法220条）、逮捕等致死傷（同法221条）
② 未成年者略取及び誘拐（同法224条）、営利目的等略取及び誘拐（同法225条）、身の代金目的略取等（同法225条の2）、所在国外移送目的略取及び誘拐（同法226条）、人身売買（同法226条の2）、被略取者等所在国外移送（同法226条の3）、被略取者引渡し等（同法227条）、これらの未遂

(ウ) 窃盗・強盗、詐欺・恐喝関係の罪（2号ヘ・ト）
① 窃盗（刑法235条）、強盗（同法236条1項）、強盗致死傷（同法240条）、これらの未遂
② 詐欺（同法246条1項）、電子計算機使用詐欺（同法246の2）、恐喝（同法249条1項）、これらの未遂

(エ) 児童ポルノ関係の罪（3号）

① 児童ポルノ等の不特定又は多数の者に対する提供等（児童買春、児童ポルノに係る行為等の規制及び処罰並びに児童の保護等に関する法律7条6項）
② 不特定又は多数の者に対する提供等の目的による児童ポルノの製造等（同法7条7項）

　通信傍受の対象犯罪は2つの別表に制限列挙されている。これは、通信傍受が憲法の保障する通信の秘密を制約するものである上、捜索差押え等の従来の強制処分とは異なり、継続的かつ密行的に行われることから、その対象犯罪については、通信傍受が必要不可欠と考えられる最小限度の範囲に限定することとされたためである。これらの別表に掲げられた各罪は、①犯罪情勢や捜査の実情等を踏まえ、その犯罪が通信傍受に伴う通信の秘密の制約に見合うほどの重大性を備えたものといえるか（犯罪の重大性）という観点及び②その犯罪が組織的に行われることが現実に想定されるものであり、かつ、その捜査において通信傍受が必要かつ有用な手段となるものであるといえるか（通信傍受の現実的な必要性・有用性）という観点が考慮され、選定されたものである。

　なお、組織的犯罪処罰法3条の組織的な逮捕及び監禁（同条1項8号・2項）、組織的な身の代金目的略取等（同条1項10号・2項）、組織的な詐欺（同条1項13号）並びに組織的な恐喝（同項14号・同条2項）は、別表に掲げられていないが、これは、例えば、傍受令状の請求の際に、組織的な詐欺の被疑事実を疎明することも可能と考えられる場合に、捜査の流動性に鑑みて、詐欺（刑法246条1項）を被疑事実とする傍受令状の発付を受けて通信傍受を行うことや、その際に、当該被疑事実に関連するものとして、組織的犯罪処罰法3条に規定する「団体」や「組織」の要件に関連する事項を内容とする通信を傍受することを許さない趣旨のものではない。

⑶　犯罪の高度な嫌疑等の存在（要件①）
　通信傍受の実体的な要件のうち、第1の要件は、3条1項**「各号のいずれかに該当する場合」**であること、すなわち、次のいずれかに当たること

である。

（1号）対象犯罪（A）が犯されたと疑うに足りる十分な理由がある場合において、当該犯罪が数人の共謀によるもの（別表第二に掲げる罪については組織性の要件（後記）を満たすものに限る。2号・3号も同様）であると疑うに足りる状況があるとき。

（2号）対象犯罪（A）が犯され、かつ、引き続き次のイ又はロの罪（B）が犯されると疑うに足りる十分な理由がある場合において、これらの犯罪（A及びB）が数人の共謀によるものであると疑うに足りる状況があるとき。
　イ　当該対象犯罪（A）と同様の態様で犯されるこれと同一又は同種の対象犯罪（B）
　ロ　当該対象犯罪（A）の実行を含む一連の犯行の計画に基づいて犯される対象犯罪（B）

（3号）死刑又は無期若しくは長期2年以上の懲役若しくは禁錮[注2]に当たる罪（B）が対象犯罪（A）と一体のものとしてその実行に必要な準備のために犯され、かつ、引き続き当該対象犯罪（A）が犯されると疑うに足りる十分な理由がある場合において、当該犯罪（A）が数人の共謀によるものであると疑うに足りる状況があるとき。

　本項は、これらのいずれかに当たる場合に、「当該各号に規定する犯罪（第2号及び第3号にあっては、その一連の犯罪…）…の実行に関連する事項を内容とする通信」（「犯罪関連通信」）の傍受をすることができる旨を規定するものであるから

（注2）刑法等の一部を改正する法律（令和4年法律第67号）の施行日（令和7年6月1日）に施行される刑法等の一部を改正する法律の施行に伴う関係法律の整理等に関する法律（令和4年法律第68号。以下「整理法」という。）の改正規定により、「懲役若しくは禁錮」は「拘禁刑」に改められる。なお、この改正の施行前にした行為に係る施行後の本法3条1項3号及び15条の適用については、懲役・禁錮に当たる罪は拘禁刑に当たる罪とみなされることとなる（整理法490条）。

○ 本項1号に該当するとして傍受令状が発せられたときは、既に犯された対象犯罪（A）に係る犯罪関連通信を傍受することができる
○ 本項2号に該当するとして傍受令状が発せられたときは、既に犯された対象犯罪（A）及び引き続き犯される同号イ又はロの対象犯罪（B）からなる「一連の犯罪」に係る犯罪関連通信を傍受することができる
○ 本項3号に該当するとして傍受令状が発せられたときは、対象犯罪と一体のものとしてその準備のために既に犯された準備犯罪（B）及び引き続き犯される対象犯罪（A）からなる「一連の犯罪」に係る犯罪関連通信を傍受することができる

こととなる。

本項各号のいずれにおいても、対象犯罪等が犯され、又は犯されると疑うに足りる「十分な理由」があることが必要とされる。「十分な理由」とは、嫌疑の程度としては、緊急逮捕における「充分な理由」（刑訴法210条1項）と基本的に同じである。これは、前記のとおり、通信の傍受は、捜索差押え等の従来の強制処分とは異なり、継続的かつ密行的に行われる点で、特に慎重を期すべきであると考えられることによる。もっとも、緊急逮捕の場合は、特定の被疑者が「罪を犯したこと」を疑うに足りる充分な理由を必要とするのに対し、ここでは、対象犯罪等が「犯された」又は「犯される」と疑うに足りる十分な理由を内容とするものであるから、必ずしもその罪の被疑者が判明していたり、特定されていたりする必要はない。

また、前記のとおり、本項1号の対象犯罪（A）、2号の既に犯された対象犯罪（A）及びこれから犯される対象犯罪（B）、3号のこれから犯される対象犯罪（A）のいずれについても、「数人の共謀によるもの…であると疑うに足りる状況がある」ことが必要とされ、これらの対象犯罪が別表第二に掲げる罪であるときは、これに加えて、「当該罪に当たる行為が、あらかじめ定められた役割の分担に従って行動する人の結合体により行われるもの…であると疑うに足りる状況がある」ことが必要とされる。本書では、後者を、便宜上「組織性の要件」と呼ぶこととする。

対象犯罪が、「数人の共謀によるものであると疑うに足りる状況がある」

ことを要するものとされるのは、組織的な犯罪に適切に対処するという本法の趣旨を考慮するとともに、通信傍受が許される場合を、犯罪の実行に関連する事項を内容とする通信が行われる蓋然性が類型的に高い態様の犯行（すなわち単独犯ではなく数名共犯による事件）に限定するためである（ただし、後記2のとおり、別表第一に掲げる罪であって、譲渡し、譲受け、貸付け、借受け又は交付の行為を罰するものについては、必ず複数の者が関与するものであるから、数人の共謀によるものであると疑うに足りる状況があることを要しないこととされている（本条2項）。）。

また、本項各号の対象犯罪が「別表第二に掲げる罪」であるときは、数人の共謀によるものであることに加えて、前記の組織性の要件を満たすことも必要とされる。これは、これらの罪は、いずれも組織的に行われることが現実に想定されるものではあるものの、別表第一に掲げる罪とは異なり犯罪の性質や構成要件自体からそのことがうかがわれるとは必ずしも言い難いことに鑑み、組織的な犯罪に適切に対処するという本法の趣旨を全うするためであり、この要件を満たすことが必要とされることにより、数人共謀の要件と相まって、別表第二に掲げる罪について通信傍受を行うことができるのは、犯罪関連通信が行われる蓋然性が類型的に高い態様の犯行である場合に限られることとなる。

組織性の要件は、当該別表第二に掲げる罪に当たる行為について、次の①から③までを「疑うに足りる状況がある」ことである。

① 当該行為が「人の結合体により行われるもの」であること

これは、当該罪に当たる行為が、2人以上の者が結合して形成された集団により行われるものであることである。「人の結合体」といえるためには、構成員相互間の結び付きがある程度の継続性を備えていることが必要となるが、組織的犯罪処罰法2条1項の「団体」[注3]とは異なり、構成員の一部の変更が集団の同一性に影響を及ぼさないという意味での継続性は必要でなく、臨時的に形成されたものであっても足りる。また、同項の「組織」[注4]とも異なり、「一体として行動する」と評価し得るほどの強度の結び付きも不要とされる。

②　その結合体を構成する者が「役割の分担に従って行動する」ものであること

　「人の結合体」を構成する者が、犯罪の遂行に向けて必要となる「役割」を「分担」し、それに「従って行動する」ものであることである。構成員が分担する「役割」には、犯罪の実行だけでなく、その準備や証拠隠滅等の事後措置も含まれる。一方、組織的犯罪処罰法2条1項の「組織」とは異なり、役割分担に従った行動が指揮命令に基づくものであることを要しない。

③　「役割の分担」が「あらかじめ定められた」ものであること

　犯罪の遂行に向けた役割分担がその遂行に向けた行動の開始前に定められたものであることである。例えば、役割分担の定めは一応存在したものの、それが実行行為の開始後に定められたものであるような場合には、「あらかじめ定められた」ものとはいえない。

　本項各号の対象犯罪が犯され、又は犯されること、対象犯罪が数人の共謀によるものであること（別表第二に掲げる罪については、さらに組織性の要件に係る事実）は、いずれも疎明を要する被疑事実に係る事実として傍受令状に記載される被疑事実の要旨（6条）において示されることとなる。
　なお、組織性の要件のうち「役割の分担」（③）については、傍受令状の請求に当たり、被疑事実の要旨の記載において、「人の結合体」の構成員のうち誰がどのような「役割」を担っているかを個別具体的に特定する

(注3)　組織的犯罪処罰法において、「団体」とは、「共同の目的を有する多数人の継続的結合体であって、その目的又は意思を実現する行為の全部又は一部が組織（指揮命令に基づき、あらかじめ定められた任務の分担に従って構成員が一体として行動する人の結合体をいう。）により反復して行われるものをいう。」と定義されている（同法2条1項）。ここでいう「共同の目的を有する多数人の継続的結合体」とは、「共同の目的をもって2人以上の者が結合している集団であって、その構成員の一部の変更が当該集団の同一性に影響を及ぼさないだけの継続性を有するもの、すなわち、構成員あるいはその単なる集合体とは別個独立した社会的存在としての実体を有するものをいう。」とされている（三浦守ほか「組織的犯罪対策関連三法の解説」447頁）。
(注4)　組織的犯罪処罰法2条1項の「組織」とは、「指揮命令に基づき、あらかじめ定められた任務の分担に従って構成員が一体として行動する人の結合体をいう」と定義されており、「指揮命令に基づき」、「構成員が一体として行動」するものであることが必要となる。

ことまでが求められるものではなく、その「人の結合体」において複数の者がそれぞれ異なる役割を果たしていることが示されれば足りると考えられる。

ア　本項1号に該当する場合

　前記のとおり、本項1号に該当する場合には、既に犯されたと疑うに足りる十分な理由がある当該対象犯罪に係る犯罪関連通信について傍受をすることができることとなる。

　本項1号に該当する例としては、例えば、暴力団の対立抗争の中で発生した組織的な殺人の事件の捜査を進める上で、複数の実行犯のうち一部の者を特定することができたものの、他の実行犯の割り出しや首謀者の特定が困難であり、他方で、犯行後の証拠隠滅や逃走準備等の指示・連絡が、特定の事件関係者が使用する携帯電話等の通信手段において行われる蓋然性が認められ、当該通信手段を特定することができている場合において、そうした指示・連絡等の通信を傍受することが必要となる場合などが考えられる。

イ　本項2号に該当する場合

　㈦　本項2号に該当する場合とは、「別表第一又は別表第二に掲げる罪が犯され、かつ、引き続き次（同号イ又はロ）に掲げる罪が犯されると疑うに足りる十分な理由がある場合において、これらの犯罪が数人の共謀によるものであると疑うに足りる状況があるとき」である。**「別表第一又は別表第二に掲げる罪が犯され」**とは、別表第一又は別表第二に掲げる罪が既に犯されたという意味であり、**「引き続き次に掲げる罪が犯される」**とは、引き続き本項2号イ又はロに掲げる別表第一又は別表第二に掲げる罪がこれから犯されるという意味である。

　本項2号は、本項3号とともに、既に行われた犯罪行為とこれから行われる犯罪行為との間に一定の密接な関係があることを要件とするものである。これは、傍受しようとする通信が、既に行われた犯罪行為とこれから行われる犯罪行為の双方に共通して証拠となる関係があ

る場合、言い換えれば、それらの犯罪行為が社会的に見れば一連の犯罪現象と認められる関係にある場合には、既に行われた犯罪とこれから行われる犯罪からなる一連の犯罪行為に関連する通信を全体として傍受の対象とすることを認めるものである。この場合、傍受しようとする通信が、直接的には一連の犯罪行為のうちこれから行われる犯罪の実行に関するものであっても、既に行われた犯罪行為を含め、それら一連の犯罪行為全体の証拠となり得ることになるが、この捜査の対象を既に行われた犯罪であると構成することとすると、当該傍受により必然的にこれから行われる犯罪の証拠が収集され、そのようにして明らかになったこれから行われる犯罪についても捜査を進め、犯人を検挙することになるにもかかわらず、これから行われる犯罪は傍受令状に係る被疑事実とはされないこととなり、令状主義の趣旨からして、むしろ適当ではない。言い換えれば、直接的にはこれから行われる犯罪行為の実行に関連する事項を内容とする通信を傍受し、当該通信を用いて当該これから行われる犯罪行為についても捜査を進めるのであるから、当該これから行われる犯罪行為も合わせて明示的に被疑事実とした上で裁判官の令状審査を受けることとするのが、令状主義の趣旨に沿うと考えられる。そのため、本項2号及び3号が設けられたのである。

(イ)　2号イに掲げる罪は、「当該犯罪と同様の態様で犯されるこれと同一又は同種の別表第一又は別表第二に掲げる罪」である。

　「当該犯罪」とは、2号柱書きの既に犯されたと疑うに足りる十分な理由がある「別表第一又は第二に掲げる罪」であり、「同一の罪」とは、これと構成要件が同一の罪をいう。「同種の罪」については、構成要件的行為、客体、結果及び法益を考慮して判断される。例えば、①覚醒剤取締法違反の罪と麻薬及び向精神薬取締法違反の罪、②銃砲刀剣類所持等取締法違反の罪と武器等製造法違反の罪は、それぞれ相互に「同種の罪」に当たるとされる。

　「(引き続き) 同様の態様で犯される」については、犯行の客体の同

一性・類似性、犯行の手段方法の同一性・類似性、手段方法の反復性・継続性（反復・継続を予定した形態のものか）、各行為の時間的近接性（どの程度の頻度で各行為が行われたか、あるいは行われようとしているのか）等の諸要素を勘案して判断される。

　２号イに該当する例としては、例えば、営業的・継続的に行われている薬物の密売事案や多数の銃器を密輸入して順次売りさばく事案などが考えられる。

(ウ)　２号ロに掲げる罪は、「当該犯罪の実行を含む一連の犯行の計画に基づいて犯される別表第一又は別表第二に掲げる罪」である。

　「一連の犯行の計画」とは、各行為の内容、その客体などが個々あるいはグループとして識別可能な程度に特定された、複数の関連する犯罪行為の計画である。

　２号ロに該当する例としては、例えば、暴力団組織が縄張拡張等を目的として敵対する暴力団組織の幹部構成員を順次殺害する計画の下、その計画の一部として敵対組織の幹部１名を殺害し、更にその計画に従って別の幹部を殺害しようとしている組織的な殺人の事案などが考えられる。このような事案において、組織的犯罪処罰法３条１項の組織的な殺人の罪の成立を立証するためには、犯行が「団体の活動…として、当該…行為を実行するための組織により行われた」こと（同項）の立証が必要となり、それには当該暴力団組織の「団体」性、「組織」性（同法２条１項）の要素となる指揮命令系統及び役割分担や、組織としての意思決定の存在等を解明する必要があるが、この組織の一部の実行犯を検挙しても、強固な組織防衛により、背後の事実関係について供述を得ることは容易ではない。これを解明する上で、当該暴力団組織の構成員が使用する携帯電話等の通信手段により行われる通信を傍受し、一連の計画に係る相互連絡や罪証隠滅等の指示等を明らかにしていくことは、極めて有効な捜査手法となり得ると考えられる。

㈡　傍受令状には、既に犯された対象犯罪及びこれから犯される2号イ又はロの罪の被疑事実の要旨が記載されることとなる（6条）。

ウ　本項3号に該当する場合
㈠　本項3号に該当する場合とは、「死刑又は無期若しくは長期2年以上の懲役若しくは禁錮に当たる罪が別表第一又は別表第二に掲げる罪と一体のものとしてその実行に必要な準備のために犯され、かつ、引き続き当該別表第一又は別表第二に掲げる罪が犯されると疑うに足りる十分な理由がある場合において、当該犯罪が数人の共謀によるものであると疑うに足りる状況があるとき」である。

　　引き続き犯されると疑うに足りる十分な理由がある対象犯罪と一体のものとしてその実行に必要な準備のため既に犯されたと疑うに足りる十分な理由がある罪（準備犯罪）については、別表第一又は別表第二に掲げる罪に限られない一方で、その法定刑が**「死刑又は無期若しくは長期2年以上の懲役若しくは禁錮に当たる罪」**に限られる。これは、準備犯罪と対象犯罪とが前記のような関係にある場合には、これらを全体として見れば、準備犯罪が犯された時点で社会的事象としては対象犯罪の実行の過程が開始されたとも言い得るから、準備犯罪は別表第一又は別表第二に掲げる罪に限る必要はないものの、これが非常に軽微な犯罪であってもそれが犯された時点で傍受ができるとすることは適当ではないと考えられたことによる。なお、準備犯罪の範囲が前記のものとされたのは、一般に予備罪の法定刑の長期が2年とされていることが考慮されたものである。

　　「一体のものとして」との文言は、準備犯罪と対象犯罪との間にいわば客観的な一体性が認められることが必要であるという趣旨を明確にするものであり、本法の制定過程において衆議院法務委員会における修正により加えられたものである。例えば、無差別大量殺人を行う計画・謀議の下で大量の毒物を違法に製造しているといった場合のように、それぞれの犯罪自体の性質、一連の犯行の計画・謀議の存在等によって認定される。

なお、準備犯罪については、「数人の共謀によるものであると疑うに足りる状況があること」等は必要とされない。これは、前記のとおり、準備犯罪と対象犯罪とが前記のような関係にあるときには、準備犯罪が単独犯によるものである場合であっても、対象犯罪（これは数人の共謀によるものであることを要する。）の実行の過程が既に開始されたとも言い得るからである。実際上も、例えば、主謀者が準備のための犯罪を単独で実行した上で本来の目的とする対象犯罪を共犯者とともに実行するという計画の下に犯行に及ぶという事案も考えられるところであり、そのような事案で通信傍受ができないものとする合理的理由は考え難い。

(ｲ)　本項3号に該当する例としては、例えば、暴力団組織が縄張拡張等を目的として敵対組織の組事務所に時限爆弾を郵送してその幹部構成員複数を殺害することを計画し、その実行に必要な準備のため、時限爆弾を製造した事案などが考えられる。準備犯罪がこれから犯される対象犯罪と「一体のものとしてその準備に必要な準備のために」犯されたものであることの疎明は必ずしも容易ではないと思われるが、例えば、当該組織の活動目的、その構成員の日頃の活動の状況・活動実態、当該対立組織との間の対立・紛争状況をうかがわせる直近のエピソードの内容等（例えば、相互に加害行為を繰り返すなど一触即発の状態になっていること等）を明らかにする証拠を、その疎明のために収集することが考えられよう。

(ｳ)　本項3号に該当するものとして傍受令状が発せられる場合には、準備犯罪及びこれから犯される対象犯罪の被疑事実の要旨が記載されることとなる（6条）。

(4)　犯罪関連通信が行われる蓋然性（要件②）
　ア　傍受令状により通信の傍受をするには、前記(3)の要件①を満たす場合において、「当該各号に規定する犯罪（第2号及び第3号にあっては、

その一連の犯罪）の実行、準備又は証拠隠滅等の事後措置に関する謀議、指示その他の相互連絡その他当該犯罪の実行に関連する事項を内容とする通信（「犯罪関連通信」）が行われると疑うに足りる状況」があること、すなわち、犯罪関連通信が行われる蓋然性が客観的に認められることを必要とする。

　「当該各号に規定する犯罪」とは、第1の要件を満たす場合における当該被疑事実に係る犯罪である。本項2号の場合にあっては既に犯された対象犯罪とこれから犯される対象犯罪の双方を含み、本項3号の場合にあっては既に犯された準備犯罪とこれから犯される対象犯罪の双方を含む。

イ　「犯罪の実行」とは、犯罪を実行すること及びその主体、日時、場所、客体、手段方法、結果等といったその具体的内容・状況をいう。「犯罪の準備」とは、犯罪の実行に必要な物の調達、犯行計画の立案など犯罪の実行を準備する措置を、「証拠隠滅等の事後措置」とは、証拠隠滅、逃亡、犯行により得た物の処分といった犯行後における措置をいう。したがって、「犯罪の実行に関する謀議、指示その他の相互連絡を内容とする通信」とは、犯罪を実行すること又は具体的にどのような内容の犯罪をどのような状況で実行するかについての共犯者間における謀議、指示その他の相互連絡を内容とする通信をいい、「犯罪の準備又は証拠隠滅等の事後措置に関する謀議、指示その他の相互連絡を内容とする通信」とは、どのような準備あるいは事後措置をどのように行うかについての共犯者間における謀議、指示その他の共犯者相互間の意思連絡を内容とする通信をいう。

　「その他当該犯罪の実行に関連する事項を内容とする通信」に当たるものとしては、例えば、犯罪を実行した者の第三者に対する犯行告白を内容とする通信などが考えられる。他方、被疑者の一般的な交遊関係、生活態度等の一般的な情状に関係する通信は、犯罪の「実行」に関係するものではないので、犯罪関連通信には当たらない。

ウ 犯罪関連通信には、犯人以外の者同士の通信を含む。例えば、犯人から逃亡や証拠隠滅のための援助を求められた犯人以外の者が、そのための相談を別の第三者との間でしている通信や、犯人から犯行の告白を受けた第三者がその内容を別の第三者に伝えている通信が考えられる。もっとも、傍受の実施の対象とすることが許される通信手段は、傍受令状において特定されたものに限られるから、犯人以外の者同士の犯罪関連通信について傍受ができるのは、当該通信手段を用いて行われた場合に限られる。

(5) 補充性（要件③）

　通信傍受を実施するための第3の要件は、補充性、すなわち、「他の方法によっては、犯人を特定し、又は犯行の状況若しくは内容を明らかにすることが著しく困難である」ことである。通信傍受は、捜索差押え等の従来の強制処分とは異なり、継続的かつ密行的に行われる点で、権利保護に特に慎重を期すべきことから、事案の真相を解明し刑罰法令を適正に適用するために必要やむを得ない場合に限り、これを行うことができるものとしたものである。

　ここにいう「犯人」とは、本条1項各号に規定する犯罪に関与した者全てを指す。したがって、犯行に関与した者のうちの一部の者は特定することができていても、その首謀者が特定できていないなど、犯人全員を特定することが著しく困難である場合は、「犯人を特定することが著しく困難であるとき」に該当する。

　「犯行の状況若しくは内容」とは、犯行の日時、場所、客体、手段方法、結果などどのような犯行がどのように犯されるか又は犯されたかをいう。

　犯人の「特定」又は「犯行の状況若しくは内容を明らかにする」とは、的確な証拠に基づき、事案に応じた適正な有罪判決を得られる高度の見込みがあるといい得る程度に、犯人又は犯行の状況若しくは内容について証拠能力を有する証拠を収集し、それらの点を明らかにすることをいう。例えば、情報や一部関係者の取調べ結果等により、犯人や犯行の状況又は内容について、一定の見当がついていても、公判においてこれら

を立証するに足りる証拠を得ることが著しく困難であるときは、この要件を満たす。

「他の方法によっては」、犯人を特定し、又は犯行の状況若しくは内容を明らかにすることが「著しく困難であるとき」とは、傍受令状の請求時点までに、事案に応じて可能な限り、取調べ、捜索・差押え、各種照会等といった通信傍受以外の捜査方法によって捜査を行ってきたが、「犯人を特定し、又は犯行の状況若しくは内容を明らかにする」に至らず（すなわち、公判においてこれらを立証するに足りる証拠を収集するには至らず）、今後も、通信の傍受以外の手段によっては、このような証拠の収集をすることができず、又はその収集が著しく困難であることをいう。傍受令状の請求に当たっては、それまでに行った捜査経過を明らかにした上で、なお「犯人を特定し、又は犯行の状況若しくは内容を明らかにする」には至っていないと考えられる理由、通信傍受以外の捜査方法による捜査を継続したとしても、「犯人を特定し、又は犯行の状況若しくは内容を明らかにする」には至らないと考えられる理由を、事件の具体的事情に即して疎明することとなる。

(6) 通信手段の特定（要件④）

ア 通信傍受を実施するための第4の要件は、傍受の実施の対象とすべき通信手段が、「電話番号その他発信元又は発信先を識別するための番号又は符号によって特定された通信の手段であって、被疑者が通信事業者等との間の契約に基づいて使用しているもの（犯人による犯罪関連通信に用いられる疑いがないと認められるものを除く。）又は犯人による犯罪関連通信に用いられると疑うに足りるもの」であることである。

通信傍受は特定の通信手段についてすることができるものであり、特定の人による通信の傍受を、不特定の通信手段についてすることは許されない。

そのようにして特定された通信手段（傍受の実施の対象とすべき通信手段）は、傍受令状に記載されることとなる（6条）。

イ 「通信の手段」とは、電話、ファックス、電子メール等の通信に用いられる仕組みをいい、「電話番号その他発信元又は発信先を識別するための番号又は符号（「電話番号等」）によって特定された通信の手段」（「通信手段」）とは、電話番号によって特定された電話や、メールアドレスによって特定された電子メールによる通信の手段等をいう。インターネット上のソーシャル・ネットワーキング・サービス（SNS）を利用している者が行う通信の場合には、その発信元等を識別するアカウントやID等が、「電話番号等」に該当することとなると考えられる。

ウ 通信手段は、①被疑者が通信事業者等との間の契約に基づいて使用しているもの（犯人による犯罪関連通信に用いられる疑いがないと認められるものを除く。）又は②犯人による犯罪関連通信に用いられると疑うに足りるものであることを要する。これらの通信手段を犯人以外の者あるいは被疑者以外の者が用いてした通信も、傍受することができる。

「被疑者が通信事業者等との間の契約に基づいて使用している」通信手段は、反対の認定をすべき事情のない限り、犯人による犯罪関連通信に用いられる通信手段である蓋然性が認められることから、原則として傍受の実施の対象とすべき通信手段とし、犯人による犯罪関連通信に用いられる疑いがないと認められるものを除くものとされている。被疑者が使用している携帯電話等が第三者名義で契約されたものであるときは、これが「犯人による犯罪関連通信に用いられると疑うに足りるもの」であることを疎明することになろう。例えば、薬物の密売事件において、密売に第三者名義の携帯電話が使用されていた場合、複数の末端使用者（密売客）の供述からそれらの者が当該携帯電話の電話番号に連絡をして薬物を購入した事実を明らかにしたり、当該携帯電話の通話履歴を精査し、多数の客との間で行われた密売の日時・場所との対応関係を照合したり、あるいは、密売グループの共犯者相互の間で当該携帯電話で通話をしている状況等を精査したりすることなどを通じて、当該携帯電話が傍受の実施の対象とすべき通信手段に当たることを疎明したりすることなどが考えられよう。

エ　一つの電話回線を複数人で共用している場合や複数の回線を利用してそれぞれ複数の固定電話で通信を行うことができる形態の電話についても、犯人による犯罪関連通信に用いられると疑うに足りる通信手段として特定される限り、傍受の実施の対象となり得る。もっとも、その通信手段が不特定多数の者によって犯罪に関連しない通信にも用いられているという場合には、当該通信手段を実際に傍受の実施の対象とした場合の弊害も考慮すべきであり、通信手段が特定されたことから直ちにこれを傍受の実施の対象とすることは適当でない場合もあると考えられることには留意が必要であろう。

2　数人の共謀によるものであると疑うに足りる状況があることを要しない罪（2項）

　前記1(3)のとおり、被疑事実に含まれる対象犯罪については、数人の共謀によるものであると疑うに足りる状況にあることが必要とされるが、本条2項は、「別表第一に掲げる罪であって、譲渡し、譲受け、貸付け、借受け又は交付の行為を罰するもの」、具体的には、薬物又は銃器等の譲渡し、譲受け、貸付け、借受け又は交付の罪については、数人の共謀によるものであると疑うに足りる状況があることを要しないとする。これらの罪は、それ自体が共犯により行われるものでなくとも、譲り渡す者と譲り受ける者との間など、必ず複数の者の間で犯罪の実行に関する意思の連絡を伴うものであり、犯罪関連通信が行われる蓋然性が類型的に高い犯行である。また、実際には譲渡し、譲受け等の行為が組織的に行われている場合であっても、傍受を行う時点において、それが数人の共謀であることの疎明が困難である事案が少なくないと考えられる。例えば、大口の薬物または銃器等の売買等では、秘密保持の必要等から暴力団の組長など幹部が単独で扱っているなどの事案が想定されるが、そのような事案において、被疑事実に係る事実が単独犯行であったとしても、それを理由に通信傍受ができないものとすることに合理性は見出し難い。そこで、本項は、そうした譲渡し、譲受け等の罪については、それが数人の共謀によるものであると疑うに足りる状況がある場合

でなくとも傍受ができるものとしている。

3 人の住居等においてする傍受の原則禁止（3項）

　本項は、本条による傍受は、通信事業者等の看守する場所で行う場合を除き、人の住居又は人の看守する邸宅、建造物若しくは船舶内においてはすることができず、住居主若しくは看守者又はこれらの者に代わるべき者の承諾を要することを規定している。

　「人の住居又は人の看守する邸宅、建造物若しくは船舶」は、捜索差押えの際の立会いに関する刑訴法114条、住居侵入罪に関する刑法130条の場合と同義である。これらの場所における通信の傍受をすることを許すものとすると、そのために人の住居等に強制的に立ち入り、そこに長時間滞在することも、これに伴って必要なものとして許されることとなるが、これを許すのは住居等の平穏の保護の観点から適当ではない上、人の住居等の電話等が犯人による犯罪関連通信に用いられると疑うに足りる場合において、住居主等の承諾が得られず、強制的な立入りを要するようなときは、通常、当該住居主等と犯人との結び付きが高度である場合も多く、これを認める実際上の意味は小さいと考えられることによる。

　住居主等の承諾を得て傍受をする場合において、承諾があることは、その人の住居等を傍受の実施の場所とする傍受令状を発付することができる要件でもあることとなる。

　通信事業者等の看守する場所で通信傍受を行う場合には、通信事業者等の承諾を要しない。通信事業者等が電気通信設備を設置している場所は、個人の私的な空間ではないのが通常であり、また、事業自体に公共的性格が強いものも多く、少なくとも当該電気通信設備を他人の通信の用に供する事業を営むなどの社会的な活動を行っていること等に鑑み、傍受を実施する捜査官の立入りや滞在を受忍すべきものとすることに合理性もあると考えられることから、その承諾は不要とされたのである。

2 令状請求の手続

> （令状請求の手続）
> 第4条　傍受令状の請求は、検察官（検事総長が指定する検事に限る。以下この条及び第7条において同じ。）又は司法警察員（国家公安委員会又は都道府県公安委員会が指定する警視以上の警察官、厚生労働大臣が指定する麻薬取締官及び海上保安庁長官が指定する海上保安官に限る。以下この条及び第7条において同じ。）から地方裁判所の裁判官にこれをしなければならない。
> 2　検察官又は司法警察員は、前項の請求をする場合において、当該請求に係る被疑事実の全部又は一部と同一の被疑事実について、前に同一の通信手段を対象とする傍受令状の請求又はその発付があったときは、その旨を裁判官に通知しなければならない。
> 3　第20条第1項の許可又は第23条第1項の許可の請求は、第1項の請求をする際に、検察官又は司法警察員からこれをしなければならない。

　本条は、傍受令状等の請求の手続を規定している。傍受令状請求書の記載事項や請求の際に提供すべき資料等については、規則3条及び4条に定めがある（参考資料編を参照）。

1　傍受令状の請求権者及び請求先（1項）

(1)　傍受令状の請求権者は、「**検察官**」及び「**司法警察員**」である。検察官については「検事総長が指定する検事」に、司法警察員については「国家公安委員会又は都道府県公安委員会が指定する警視以上の警察官、厚生労働大臣が指定する麻薬取締官及び海上保安庁長官が指定する海上保安官」にそれぞれ限られている。これは、通信の傍受は、真に必要な場合に限って行われるべきであり、傍受令状の請求の要否の判断については、特に慎重を期すべきであると考えられることによる。

傍受令状の請求は、「地方裁判所の裁判官」に対してしなければならず、簡易裁判所の裁判官に対して請求することはできない。すなわち、傍受令状を発付する権限を有するのは、地方裁判所の裁判官である。傍受令状の発付の要件が厳格に定められ、その審査は特に慎重になされるべきと考えられることなどによる。

(2)　関係する最高裁判所規則の規定
　ア　検事総長は、本項の規定により傍受令状を請求することができる検察官を指定したとき及びその内容に変更を生じたときは、最高裁判所にその旨を通知しなければならない（規則2条1項）。また、国家公安委員会、都道府県公安委員会、厚生労働大臣又は海上保安庁長官も、本条1項の規定により傍受令状を請求することができる司法警察員を指定したとき及びその内容に変更を生じたときは、国家公安委員会、厚生労働大臣又は海上保安庁長官においては最高裁判所に、都道府県公安委員会においてはその所在地を管轄する地方裁判所にその旨を通知しなければならない（規則2条2項）。

　イ　傍受令状を請求するには、傍受の理由及び必要があることを認めるべき資料を、裁判官に提供しなければならない（規則4条1項）。

(3)　関係する国家公安委員会規則の規定等
　ア　警察庁が都道府県警察の長等宛てに発出した通達（留意事項）においては、傍受令状の請求等をすることができる都道府県警察の警察官の指定は、①都道府県警察（方面）本部の刑事部、組織犯罪対策部若しくは暴力団対策部、生活安全部、交通部又は警備部（警視庁にあっては、公安部）に勤務する警視以上の警察官（方面本部にあっては、これらに対応する部門に勤務する警視以上の警察官）、又は②警察署に勤務する警視以上の警察官について行うものとされ、その他の警察官について指定する必要があると認めるときは、事前に警察庁に報告するものとされている（留意事項第1の2）。

イ　警察官が傍受令状の請求をする際には、「傍受の理由及び必要その他傍受令状請求書に記載すべき事項について十分に検討してその検討結果を順を経て警察本部長に報告し、事前にその承認を受けて行わなければならない」こととされている（国公委規3条1項）。また、捜査全般の状況を把握している警察官が裁判官の下に出頭し、裁判官の求めに応じ、陳述し、又は書類その他の物を提示しなければならない（同条7項）。

2　同一の被疑事実について前に同一の通信手段を対象とする傍受令状の請求又は発付があった場合にとるべき措置（2項）

傍受令状の請求をする場合において、当該請求に係る被疑事実の全部又は一部と同一の被疑事実について、前に同一の通信手段を対象とする傍受令状の請求又はその発付があったときは、その旨を裁判官に通知しなければならない。これは、8条において、傍受令状の請求に係る被疑事実に前に発付された傍受令状の被疑事実と同一のものが含まれるときは、同一の通信手段については、更に傍受をすることを必要とする特別の事情があると認めるときに限り、再度の傍受令状を発付することができるものとされていることから、このような場合において、裁判官が特に慎重に傍受令状の発付の許否を審査することができるようにするためである。

3　一時的保存を命じて行う通信傍受及び特定電子計算機を用いる通信傍受の許可の請求（3項）

(1)　裁判官の許可の請求

「第20条第1項の許可」、すなわち一時的保存を命じて行う通信傍受をするについて必要とされる同項の「裁判官の許可」又は「第23条第1項の許可」、すなわち特定電子計算機を用いる通信傍受をするについて必要とされる同項の「裁判官の許可」の請求は、傍受令状の請求をする際、「検察官又は司法警察員からこれをしなければならない」。これらの許可の請求

権者である「検察官」及び「司法警察員」についても、傍受令状の請求権者と同一の範囲の者に限定されている（本条1項参照）。また、これらの許可の請求先は、傍受令状の請求先と同じく、地方裁判所の裁判官である。

　これらの許可の請求は、傍受令状の請求をする際にしなければならず、発付後にこれらの許可の請求をすることはできない。傍受令状に記載された「傍受の実施の方法」（6条1項）が傍受令状による傍受の許可の一部をなすものであって傍受令状発付後に新たな傍受令状の発付によることなく変更されることは予定されていないのと同様である。

　なお、傍受令状に23条1項の許可をする旨の記載がある場合、すなわち、特定電子計算機を用いる通信傍受の許可の記載がある場合には、同項に規定する方法によるほか、傍受の実施をすることはできない（同条3項）。そのため、同条1項の許可を請求する場合に、同時に20条1項の許可（一時的保存を命じて行う通信傍受の許可）を請求をすることはできない。

(2) 関係する最高裁判所規則の規定

　前記1(2)のとおり、傍受令状を請求するには、傍受の理由及び必要があることを認めるべき資料を、裁判官に提供しなければならないこととされているが（規則4条1項）、その際に本項の許可の請求をするには、「その請求が相当であることを認めるべき資料をも提供しなければならない」（同条2項）。

4　傍受令状請求書の記載事項（規則3条）

　傍受令状請求書には、①被疑者の氏名、②被疑事実の要旨、罪名及び罰条、③傍受すべき通信、④傍受の実施の対象とすべき通信手段、⑤傍受の実施の方法及び場所、⑥傍受ができる期間（5条1項参照）、⑦請求者の官公職氏名、⑧請求者が4条1項の規定による指定を受けた者である旨、⑨7日を超える有効期間を必要とするときは、その旨及び事由、⑩請求に係る被疑事実の全部又は一部と同一の被疑事実について、前に同一の通信手段を対象とする傍受令状の請求又はその発付があったときは、その旨（前記2参照）を

記載する（規則３条１項１号から10号まで）。なお、このうち「被疑者の氏名」（①）が明らかでないときは、その旨を記載すれば足りる（同条２項）。また、５条４項後段の申立て（指定期間及び指定期間以外の期間における傍受の実施の場所をそれぞれ定められたい旨の申立て。詳細は同項を参照）をするときは、「当該申立てをする旨及びその理由」を記載するとともに、「傍受の実施の場所」（⑤）については「指定期間における傍受の実施の場所及び指定期間以外の期間における傍受の実施の場所」を記載することとなる（規則３条１項５号）。

　さらに、傍受令状の請求をする際に20条１項の許可を請求するときは、⑪その旨及びその理由並びに通信管理者等に関する事項（５条４項参照）を、23条１項の許可を請求するときは、⑫その旨及びその理由並びに通信管理者等に関する事項及び傍受の実施に用いるものとして指定する特定電子計算機を特定するに足りる事項（９条２号ロ参照）を、それぞれ、前記①から⑩までに加えて記載することを要する（規則３条１項11号及び12号）。

5　傍受令状の請求に当たっての事前準備（通信事業者等との調整等）

　都道府県警察が傍受令状の請求をする場合の実務においては、これに先立ち通信事業者等との間で所要の調整が行われるのが通常である。20条１項又は23条１項の許可を受けず、従来の方式（傍受の実施（５条２項参照）の際に常時立会人を立ち会わせ（13条１項参照）、通信が行われたときにリアルタイムでその内容の聴取等をする方式。以下本書において「従来方式」という。）により通信傍受をする場合においても、あらかじめ、通信事業者等との間で、傍受の実施をするためその施設に警察官が赴く日時を調整したり、傍受の実施の場所や立会人（同条）の確保を要請したりする必要があるほか、傍受に必要な処分等（11条）の内容や、通信事業者等に対して要請する協力（12条）の内容、電話番号等の探知（17条）等に関しても、必要に応じて、十分な事前協議をしておく必要がある。

　また、一時的保存を命じて行う通信傍受や特定電子計算機を用いる通信傍受を行うために必要な裁判官の許可を請求するに際しては、その「請求が相

当であることを認めるべき資料」を裁判官に提供する必要があるから（規則4条2項。前記3⑵参照。なお、この相当性の判断の具体的な在り方等については5条3項の解説を参照）、通信事業者等と事前に十分に協議して、必要な資料の提供を受けておく必要があろう。例えば、23条1項の許可の請求をするに際しては、裁判官に対して、特定電子計算機として用いようとする機器の仕様に関する資料、当該機器を製造した業者が仕様に沿って製造したことを証する文書など、当該機器が同条2項各号に掲げる機能を全て備えたものであって、改ざんされる余地のないものであることが技術的に確保されていることを示す資料を提供するほか、通信管理者等の設備・技術・人員面での態勢に関する資料を提供することが考えられ、そうした通信管理者等の側の設備等に関する資料は、通信事業者等から得ておく必要があろう。

6 傍受に従事する警察官の分掌及びその指名等（通信傍受規則）

通信傍受規則（平成12年国家公安委員会規則第13号）は、傍受を行う事件の捜査に従事する警察官の分掌やその指名についての規定を置いている。

警察本部長は、傍受を行う事件の捜査について、「捜査主任官」を指名し（国公委規5条1項）、捜査主任官は、警察本部長の指揮を受け、傍受の実施、再生の実施、通信記録物等の管理その他の通信の傍受に関する事務を統括する（同条2項）。傍受を行う事件の捜査全般の状況を把握して捜査方針を立てるなどの職務の重要性から、通常、警視以上の階級にある警察官を指名することが適当とされている（留意事項第2の1）。

また、警察本部長は、傍受の実施ごとに、警部以上の警察官の中から「傍受実施主任官」を指名する（国公委規5条3項）。傍受実施主任官は、捜査主任官の命を受け、傍受の実施及び再生の実施並びにこれらに付随する事務に従事する職員を指揮監督する（同条4項）。傍受実施主任官の役割は多岐にわたる。具体的には、①傍受令状の通信管理者等への提示（10条）、②傍受の実施について「必要な処分」の実施（11条）、③通信事業者等に対する「必要な協力」の要請（12条）、④立会人（13条）に対する説明（国公委規12条1項、同条5項）、⑤傍受又は再生をした通信の記録媒体への記録（24条1項、

26条1項・2項)、⑥記録媒体の裁判官への提出（25条4項、26条4項）等の通信傍受の手続の適正確保のための諸手続の実施について責任を負い、また、⑦傍受の実施に関する警察本部長の指示（国公委規8条）に従ってスポット傍受（国公委規2条2号）又はスポット再生（同条8号）を行い、傍受すべき通信に該当するかどうかの判断（14条）を適正に行う（留意事項第2の2）。

　このほか、警察本部長は、捜査の適正を確保するための指導に関する事務を所掌する警察本部の課（適正捜査指導担当課）に所属する警部以上の警察官の中から「傍受指導官」を指名することとされており（国公委規6条1項）、傍受指導官は、傍受の実施及び再生の実施並びにこれらに付随する事務に従事する職員に対して、適正な傍受の実施及び再生の実施に必要な指導教養を行うものとされている（同条2項）。

③ 傍受令状の発付

> （傍受令状の発付）
> 第5条　前条第1項の請求を受けた裁判官は、同項の請求を理由があると認めるときは、傍受ができる期間として10日以内の期間を定めて、傍受令状を発する。
> 2　裁判官は、傍受令状を発する場合において、傍受の実施（通信の傍受をすること及び通信手段について直ちに傍受をすることができる状態で通信の状況を監視することをいう。以下同じ。）に関し、適当と認める条件を付することができる。
> 3　裁判官は、前条第3項の請求があったときは、同項の請求を相当と認めるときは、当該請求に係る許可をするものとする。
> 4　裁判官は、前項の規定により第20条第1項の許可をするときは、傍受の実施の場所として、通信管理者等（通信手段の傍受の実施をする部分を管理する者（会社その他の法人又は団体にあっては、その役職員）又はこれに代わるべき者をいう。以下同じ。）の管理する場所を定めなければならない。この場合において、前条第3項の請求をした者から申立てがあり、かつ、当該申立てに係る傍受の実施の場所の状況その他の事情を考慮し、相当と認めるときは、指定期間（第20条第1項に規定する指定期間をいう。以下この項において同じ。）における傍受の実施の場所及び指定期間以外の期間における傍受の実施の場所をそれぞれ定めるものとする。

　本条1項及び2項は傍受令状の発付の手続について、3項は一時的保存を命じて行う通信傍受及び特定電子計算機を用いる通信傍受に係る裁判官の許可（20条1項の許可及び23条1項の許可）の要件等について、4項は一時的保存を命じて行う通信傍受に係る許可をする際の傍受の実施の場所の定め方等について、それぞれ規定している。

1　傍受令状の発付の手続（1項・2項）

　傍受令状は、4条1項の請求を受けた裁判官（地方裁判所の裁判官）が、その**「請求を理由があると認めるとき」**、すなわち、請求に係る通信傍受に関し、3条に規定する要件が存在すると認めるときに発するものとされる。その際、裁判官は、**「傍受ができる期間」**として10日以内の期間を定めることとされており、この期間は傍受令状に記載される（6条1項）。

　裁判官は、傍受令状を発する場合において、「傍受の実施」に関し、適当と認める条件を付することができる（本条2項）。

　「傍受の実施」とは、「通信の傍受をすること及び通信手段について直ちに傍受をすることができる状態で通信の状況を監視すること」をいう。これは、①対象とする特定の通信手段を用いて行われている通信を傍受すること及び②そのような通信が行われた場合には直ちに傍受をすることができるよう、必要な機器の準備等をした上で、通信が行われるか否かを見守ることをいう。具体的には、電話であれば、例えば、対象とする特定の回線で行われる通信を傍受することができる通信事業者等の設備に傍受に必要な（捜査機関側の）機器を接続し、当該回線に係る発信あるいは着信があったときには直ちに傍受することができる状態で、通話が行われるか否かを見守ることを意味する。

　本条2項により傍受の実施に関して裁判官が付する**「条件」**としては、例えば、傍受の実施をすることができる時間帯を限定することなどが考えられる。

　なお、本法による通信傍受においては、立会人（13条1項）には、傍受をしている通信の内容を確認する役割まで負わせるものではなく、立会人は、傍受の実施における外形的な事柄のチェックを行うこと等の役割を担うものとされていることから、傍受令状においては、本法の制定以前に行われた検証許可状による電話傍受の場合のように、立会人に通信を傍受させて一定の場合にこれを切断することを認めるような条件を付することはできない。

2 一時的保存を命じて行う通信傍受及び特定電子計算機を用いる通信傍受に係る裁判官の許可の要件等（3項）

　裁判官は、「前条第3項の請求」、すなわち、一時的保存を命じて行う通信傍受や特定電子計算機を用いる通信傍受に係る裁判官の許可（20条1項の許可又は23条1項の許可）の請求があったときは、これを**「相当と認めるとき」**に、その請求に係る許可をする（本条3項）。

　「一時的保存を命じて行う通信傍受」においては、暗号化等の技術的措置等により通信傍受の実施の適正を担保することとされており（20条から22条まで参照）、また、「特定電子計算機を用いる通信傍受」においては、従来方式の下では立会人による立会いや記録媒体の封印により担保されている通信傍受の実施の適正を特定電子計算機の機能（23条2項）等の技術的措置等により担保することとされている（同条及び26条参照）。こうしたことから、いずれの手続においても、実際に通信傍受の実施の適正が担保されるか否かは、捜査機関がこれらの手続において実際に用いようとする機器の機能等の技術的措置等が十分なものであるか否かによることとなる。そこで、これらの点について事前に司法審査を要することとされ、裁判官が、相当と認めた場合にのみ、その許可をするものとされたものである。

　この相当性の判断は、具体的には、まず、「一時的保存を命じて行う通信傍受」についての許可の請求がされた場合には、通信管理者等（本条4項）が実際に通信の暗号化及び一時的保存に用いようとする機器の機能等の技術的措置の内容や、一時的保存をされた暗号化信号を記録する記録媒体の管理の方法等が、通信傍受の実施の適正を担保する上で十分なものであるかという観点からなされるものと考えられる。その判断に当たっては、例えば、通信管理者等において、適切に通信の暗号化をすること、暗号化信号の一時的保存に用いる記録媒体や変換符号・対応変換符号を適切に管理することなどを含め、20条から22条までに規定されている手続を適正に行うのに十分な設備・技術・人員面での態勢が整っているかなどが考慮される。

　また、「特定電子計算機を用いる通信傍受」についての許可の請求がされた場合には、捜査機関が特定電子計算機として用いようとする機器の機能等

を含め、捜査機関が実際に講じようとする技術的措置等が、立会人による立会いや記録媒体の封印に代わって通信傍受の適正を担保する上で十分なものであるかという観点から、相当性の判断がなされることとなるものと考えられ、その判断に当たっては、例えば、捜査機関が準備した機器が特定電子計算機に該当するか（23条2項各号に掲げる機能を全て有しているか）、通信管理者等において、適切に通信を暗号化して特定電子計算機に伝送することなどを含め、同条に規定されている手続を適正に行うのに十分な設備・技術・人員面での態勢が整っているかなどが考慮される。また、この手続は、特定電子計算機の機能等により通信傍受の実施の適正を担保するものであるから、捜査機関が用いる機器の機能を構成するプログラム等が令状審査後に改ざんされる余地のないものであるかという観点から、捜査機関が特定電子計算機として用いようとする機器に、製造業者等による適切な改ざん防止措置が講じられているかといった点も、相当性の判断に当たって考慮されることとなる。

こうした相当性の判断には、相応の資料が必要となることから、裁判官の許可を請求するに際しては、その「請求が相当であることを認めるべき資料」を裁判官に提供することとされている（規則4条2項）。

なお、裁判官は、相当性の判断に当たっては、「事実の取調」（38条、刑訴法43条3項）として、追加の資料の提出を求めることのほか、必要な場合には、情報通信に関する技術者等に意見を求めること、捜査機関が用いようとする機器について鑑定をさせることなどもできると考えられる。

3　一時的保存を命じて行う通信傍受の傍受の実施の場所等（4項）

(1)　本項前段

裁判官は、一時的保存を命じて行う通信傍受の許可（20条1項の許可）をするときは、傍受の実施の場所として、「通信管理者等…の管理する場所」を定めなければならない（本項前段）。

「**通信管理者等**」とは、「通信手段の傍受の実施をする部分を管理する者（会社その他の法人又は団体にあっては、その役職員）又はこれに代わるべき者」をいう。

「通信手段の傍受の実施をする部分」とは、傍受の実施の対象とすべき通信手段（6条1項参照）のうち、現に傍受の実施（その意義については本条2項の解説参照）をする部分をいう。通信が複数の通信事業者等により媒介される場合、例えば、市内通話の部分はA社により媒介され、市外通話の部分はB社により媒介される場合や、特定の通信手段による通信の実現のため、その管理に複数の事業者が関与する場合、例えば、移動体通信事業者X、仮想移動体通信事業者Y、仮想移動体サービス提供者Zが関与する場合などにおいて、「傍受の実施」（すなわち、通信の傍受及びそのための通信状況の監視）を前記のA社やXの通信設備においてするときは、当該通信設備の部分が「傍受の実施をする部分」に当たり、これを管理するA社やX（の役職員）が、「**通信手段の傍受の実施をする部分を管理する者**」である。

「通信管理者等」は、実際上は、「通信事業者等」（2条3項）である場合が多いと考えられる。通信事業者等ではない場合としては、自己の業務のために特定かつ少数の者の通信を媒介する通信設備を設置している者、自己の業務のためではなく不特定又は多数の者の通信を媒介する通信設備を設置している者などが考えられる。

「**これに代わるべき者**」とは、「通信手段の傍受の実施をする部分を管理する者」に代わって通信手段の傍受を実施する部分を管理する地位にある者をいう。前記のA社やXが当該通信設備の運営・管理の業務を外部のD社に委託している場合のD社などがこれに当たり得る。

本項前段の「**通信管理者等…の管理する場所**」とは、このような「通信管理者等」が管理・支配している場所をいうものである。例えば、通信管理者等がその業務を行う場所として継続的に使用している施設は、通常、これに当たると考えられる。

本項前段が、一時的保存を命じて行う通信傍受を許可する場合における「傍受の実施の場所」として「通信管理者等…の管理する場所」を定めなければならないものとするのは、この場合の「傍受の実施」は、当該通信手段により行われた通信を暗号化して一時的保存をすることであり（20条1項参照）、機器により自動化して行う場合には無人でも行われ得るもの

であること、暗号化信号の一時的保存をした記録媒体は、復号がなされるまでの間、引き続き同じ場所で保管されることが多いと考えられることなどから、通信管理者等が管理をしていない場所でこうした「傍受の実施」をすることは適切でないと考えられることによる。

　こうした本項前段の趣旨から、ここで「傍受の実施の場所」として定められる場所は、通信管理者等において通信の暗号化及び一時的保存をする際に取り扱うこととなる電気通信設備その他の機器を適切に管理することができるような場所であることが必要と考えられ、その場所を単に事実上管理・支配をしているというにとどまらず、通信管理者等が当該場所における事務を運営し、物的設備の維持・管理を行う場所であることが必要であると考えられる。

(2) 本項後段
　ア　一時的保存を命じて行う通信傍受の許可（20条1項の許可）を受けたときは、捜査機関は、通信管理者等に命じて指定期間（同項参照）に行われる通信について暗号化及び一時的保存をさせる方法により傍受の実施をすることができることとなるとともに、それ以外の期間については、自ら傍受の実施の場所において従来方式による傍受の実施をすることができることとなる。本項後段は、そのような20条1項の許可をする場合において、同項の許可の請求をした者から申立てがあり、相当と認めるときは、**「指定期間における傍受の実施の場所」**、すなわち、通信管理者等が通信の暗号化及び一時的保存をする場所と、**「指定期間以外の期間における傍受の実施の場所」**、すなわち、捜査機関が自ら従来方式による傍受の実施をする場所をそれぞれ定めることができるものとする。

　　これは、「指定期間以外の期間における傍受の実施の場所」は多数の機器や（捜査官を含む）多数の人員を収容することができる通信事業者等の施設の比較的広い場所とする一方で、「指定期間における傍受の実施の場所」は通信設備等が設置された施錠可能な小区域とし、そこで機器により無人で行うこととするなどすることが、それぞれの通信傍受の適切な実施の観点からも通信管理者等の負担の軽減の観点からも相当で

ある場合が考えられることから、そうした申立てがあり、相当と認めるときは、これらをそれぞれ定めることとするのが適切と考えられることによる。

21条1項の規定による再生の実施は、「指定期間以外の期間における傍受の実施の場所」において行われることとなる（同項参照）。

イ　本項後段の申立てをすることができるのは、「前条第3項の請求をした者」であるが、20条1項の許可がなされる場合にする申立てであるから、一時的保存を命じて行う通信傍受の許可の請求をした検察官又は司法警察員を意味する。

申立ての「相当」性の判断は、申立てに係る場所をそれぞれの期間における傍受の実施の場所として定めることが、それぞれその期間における傍受の実施の適正を確保する上で適切であると認められるかという観点からされることになる。その際に考慮される事情としては、例えば、施錠設備の状況など、申立てのあったそれぞれの場所の状況、通信管理者等がとろうとする通信の暗号化及び一時的保存の方法、施設や人員の提供の可否その他の通信管理者等の事業上の事情等が考えられる。なお、「指定期間における傍受の実施の場所」及び「指定期間以外の期間における傍受の実施の場所」は、いずれも通信管理者等の管理する場所でなければならない（本項前段）。

本項後段の申立ては、傍受令状の請求及び20条1項の許可の請求と併せてすることになる。その際、傍受令状請求書には、前記のとおり、「当該申立てをする旨及びその理由並びに指定期間における傍受の実施の場所及び指定期間以外の期間における傍受の実施の場所」を記載し（規則3条1項5号）、申立てが相当であることを認めるべき資料を裁判官に提供する（規則4条3項、国公委規3条6項）。

警察官が申立てをする場合には、事前に警察本部長に報告してその承認を受け（国公委規3条5項）、また、当該事件の捜査全般の状況を把握している警察官が裁判官の下に出頭し、裁判官の求めに応じ、陳述し、又は書類その他の物を提示しなければならない（同条7項）。

4 傍受令状の記載事項

> （傍受令状の記載事項）
> 第6条　傍受令状には、被疑者の氏名、被疑事実の要旨、罪名、罰条、傍受すべき通信、傍受の実施の対象とすべき通信手段、傍受の実施の方法及び場所、傍受ができる期間、傍受の実施に関する条件、有効期間及びその期間経過後は傍受の処分に着手することができず傍受令状はこれを返還しなければならない旨並びに発付の年月日その他最高裁判所規則で定める事項を記載し、裁判官が、これに記名押印しなければならない。ただし、被疑者の氏名については、これが明らかでないときは、その旨を記載すれば足りる。
> 2　裁判官は、前条第3項の規定により第20条第1項の許可又は第23条第1項の許可をするときは、傍受令状にその旨を記載するものとする。

　本条は、傍受令状の記載事項等を規定する。本条1項の「**その他最高裁判所規則で定める事項**」は、規則5条に定められており、「**請求者の官公職氏名**」（同条1号）、「**有効期間内であっても、その理由又は必要がなくなったときは、直ちにこれを返還しなければならない旨**」（同条2号）及び「**法第5条第3項の規定により法第23条第1項の許可をするときは、傍受の実施に用いるものとして指定された特定電子計算機を特定するに足りる事項**」（同条3号）である。

　傍受令状には、他の令状と同様に、裁判官が記名押印をする。

1　傍受令状の記載事項（1項）

(1)　傍受令状の記載事項のうち、「**傍受すべき通信**」については、傍受することができる通信とそれ以外の通信とを識別することができるよう、できる限り具体的に特定した記載を行う必要がある。

「傍受の実施の対象とすべき通信手段」については、携帯電話であればその電話番号、電子メールであれば、そのアドレス等によって特定して記載する。

「傍受の実施の方法及び場所」については、例えば、従来方式により電話の傍受を実施する場合には、「甲所在の乙株式会社〇〇モニター室において、監視制御用装置を用いて、携帯電話番号〇〇〇〇に係る通信のみを送出する保守用線に記録装置を接続することにより実施する。」などと記載することが考えられる。

また、一時的保存を命じて行う通信傍受が許可される場合には、例えば、「甲所在の乙株式会社〇〇モニター室において、通信管理者等に命じて、監視制御用装置を用いて、携帯電話番号〇〇〇〇に係る通信のみを一時記録装置に送出させ、同装置及び変換符号を用いて、同通信の暗号化をさせて一時的保存をさせ、その後、前記〇〇モニター室において、前記一時記録装置及び対応変換符号を用いて復号をさせた上で、復元された通信の再生をして内容を聴取する方法により実施する。」などと記載することが考えられる。

特定電子計算機を用いる通信傍受が許可がされる場合には、例えば、「甲所在の乙株式会社〇〇モニター室において、通信管理者等に命じて、監視制御用装置を用いて、携帯電話番号〇〇〇〇に係る通信のみを送信装置に送出させ、同装置及び変換符号を用いて、同通信の暗号化をさせて丙所在の通信傍受室に設置された特定電子計算機に伝送させた上で、同特定電子計算機及び対応変換符号を用いて、受信するのと同時に復号をし、復元された通信の内容を聴取する方法により、又は受信するのと同時に一時的保存をし、その後に復号をし、復元された通信の再生をして内容を聴取する方法により実施する。」などと記載することが考えられる。

「傍受の処分に着手することができず」とは、傍受の実施を開始することができないという意味である。

(2)　傍受令状には、「被疑事実の要旨、罪名、罰条」を記載する。捜索差押許可状又は検証許可状においてはこれらの記載を要しないが（刑訴法

219条1項)、傍受令状においては、それらの記載が傍受すべき通信をより的確に特定するのに資する場合が多いと思われること、限定された対象犯罪に該当することを明示する意味があることなどが考慮されたものである。

なお、傍受の実施に当たり、傍受令状を通信管理者等に示す際、被疑事実の要旨はこれを示す必要がない（10条1項ただし書）。これは、捜査に対する支障及び関係者のプライバシーの保護を考慮したものである。

2 一時的保存を命じて行う通信傍受又は特定電子計算機を用いる通信傍受の許可をする場合におけるその旨の記載（2項）

裁判官は、一時的保存を命じて行う通信傍受又は特定電子計算機を用いる通信傍受の許可（20条1項の許可又は23条1項の許可）をするときは、傍受令状に「その旨」を記載する。検察官又は司法警察員は、これらの手続についての許可を受けたときは、通信管理者等に対し、通信の暗号化、暗号化信号の一時的保存や伝送といった一定の作為を命じることができ、命令を受けた通信管理者等は、これらの作為を法的に義務付けられることとなるため、裁判官が、そのような許可をしたことについて傍受令状に明示することとし、そのような許可の存在が通信管理者等に示されるようにしたものである。

「その旨を記載する」とは、20条1項又は23条1項の許可をする旨を記載することを意味する。具体的には、例えば、一時的保存を命じて行う通信傍受の許可をするときは、傍受令状に「犯罪捜査のための通信傍受に関する法律第20条第1項の規定による通信の傍受をすることを許可する。」などと記載することが考えられる。

本条2項の記載は、被疑事実の要旨と異なり、傍受令状の提示の際に通信管理者等に示さなければならない（10条1項本文）。

5 傍受ができる期間の延長

> （傍受ができる期間の延長）
> 第7条　地方裁判所の裁判官は、必要があると認めるときは、検察官又は司法警察員の請求により、10日以内の期間を定めて、傍受ができる期間を延長することができる。ただし、傍受ができる期間は、通じて30日を超えることができない。
> 2　前項の延長は、傍受令状に延長する期間及び理由を記載し記名押印してこれをしなければならない。

本条は、傍受ができる期間の延長について規定している。

1　傍受ができる期間の延長（1項）

(1)　傍受ができる期間は、傍受令状の発付の際、10日以内の期間が定められるが（5条1項）、捜査の進捗状況によってはこの期間の満了後も引き続き通信傍受を実施する必要性がある場合も考えられることから、裁判によって傍受ができる期間を延長することができるものとされている。

傍受ができる期間の延長の裁判は、傍受令状の発付と同様、検察官又は司法警察員の請求により、地方裁判所の裁判官が行う。

この請求をすることができる検察官及び司法警察員の範囲は、傍受令状の請求権者の範囲と同じである（4条1項）。

傍受ができる期間の延長は、犯罪の嫌疑に関する要件その他3条に定める傍受令状発付の要件が満たされていることを前提として、なお事案の真相を解明するために傍受を行う必要があると認められる場合に、これをすることができる。

傍受ができる期間の延長は、10日以内の期間を定めて行う。この延長の回数に制限はないが、傍受ができる期間は、通じて30日を超えることができない（本項ただし書）。

(2) 傍受ができる期間の延長の請求は、書面でしなければならず（規則6条1項）、その書面には、延長を必要とする事由及び延長を求める期間を記載する（同条2項）。この請求をする場合には、傍受令状を差し出し、かつ、延長を必要とする事由があることを認めるべき資料を提供しなければならない（同条3項、国公委規4条2項）。

　警察官が傍受ができる期間の延長の請求をするときは、これを必要とする事由及び延長を求める期間について十分に検討し、その検討結果を警察本部長まで報告して事前にその承認を受けなければならない（国公委規4条1項）。また、捜査全般の状況を把握している警察官が裁判官の下に出頭し、裁判官の求めに応じ、陳述し、又は書類その他の物を提示しなければならない（国公委規4条3項、3条7項）。

2　延長の裁判の傍受令状への記載等（2項）

　傍受ができる期間の延長の裁判は、裁判官が傍受令状に延長する期間及び理由を記載し、記名押印してこれをしなければならない。被疑者の勾留の期間の延長の裁判の場合と同じである（刑訴規則153条1項参照）。

　裁判官は、傍受ができる期間の延長の請求を理由があるものと認めて延長の裁判をしたときは、延長する期間及び理由を記載した傍受令状を裁判所書記官をして請求者に交付させなければならず（規則7条1項）、裁判所書記官は、傍受令状を請求者に交付する場合には、傍受令状に交付の年月日を記載して記名押印しなければならない（同条2項）。

　裁判官がこの請求を却下するには、請求書にその旨を記載し、記名押印して請求者に交付すれば足り、また、裁判官は、延長の裁判をし、又は請求を却下したときは、速やかに請求書を請求者に返還しなければならない（同条3項、刑訴規則140条、141条）。

6 同一事実に関する傍受令状の発付

> （同一事実に関する傍受令状の発付）
> 第8条　裁判官は、傍受令状の請求があった場合において、当該請求に係る被疑事実に前に発付された傍受令状の被疑事実と同一のものが含まれるときは、同一の通信手段については、更に傍受をすることを必要とする特別の事情があると認めるときに限り、これを発付することができる。

　本条は、前に発付された傍受令状の被疑事実と同一のものを含む被疑事実に関し同一の通信手段について傍受令状の請求があった場合の発付の要件について規定している。

　前に発付された傍受令状の被疑事実と同一の被疑事実について同一の通信手段を対象とする傍受令状が同じ要件の下で発付されるとすれば、傍受令状により傍受ができる期間が最長でも30日（7条1項）に限定される意義は失われる。他方で、当初の傍受令状による傍受の実施の開始後に生じた事情変更により当該傍受令状により傍受ができる期間内には傍受すべき通信が行われなかったものの、その期間の経過後になって傍受すべき通信が行われることが判明し、これを傍受する必要が生じた場合や、傍受ができる期間の経過後に事案の解明のために重要な証拠となる通信が行われることが新たに判明したような場合など、同一の被疑事実で同一の通信手段について再度傍受を行う必要がある場合があり得る。そこで、本条は、捜査の必要と通信の傍受により権利・利益の制約を受ける者の人権保障との適正な調和を図る観点から、「更に傍受をすることを必要とする特別の事情」のある場合に限り、同一の被疑事実に関し同一の通信手段について更に傍受令状を発することができるものとするものである。

　傍受令状の「**請求に係る被疑事実に前に発付された傍受令状の被疑事実と同一のものが含まれるとき**」とは、請求に係る傍受令状の被疑事実の中に、前に発付された傍受令状の被疑事実と公訴事実の同一性の範囲内にあるもの

があることをいう。

　「同一の通信手段」とは、電話番号等によって特定される傍受の対象とすべき通信手段が同一であることをいう。

　「**更に傍受をすることを必要とする特別の事情**」としては、例えば、電話（自宅に設置された固定電話）の使用者が長期の旅行に出て傍受ができる期間内には在宅せず当該電話を使用しない状態となるなど傍受の実施の開始後に生じた事情変更により傍受ができる期間内に傍受すべき通信が行われる見込みがなくなったため早期に傍受の実施を終了したが、その後において当該通信手段により傍受すべき通信が行われることが判明した場合や、傍受ができる期間の満了まで傍受の実施をし、関連性が認められる通信が傍受できていたが、事案の解明に至らなかったところ、事案の解明のために重要な証拠となる通信がその後に行われることが判明したような場合等が考えられる。

7 変換符号及び対応変換符号の作成等

> （変換符号及び対応変換符号の作成等）
> 第9条　裁判所書記官その他の裁判所の職員は、次の各号に掲げる場合には、裁判官の命を受けて、当該各号に定める措置を執るものとする。
> 一　傍受令状に第20条第1項の許可をする旨の記載があるとき　同項の規定による暗号化に用いる変換符号及びその対応変換符号を作成し、これらを通信管理者等に提供すること。
> 二　傍受令状に第23条第1項の許可をする旨の記載があるとき　次のイからハまでに掲げる措置
> 　イ　第23条第1項の規定による暗号化に用いる変換符号を作成し、これを通信管理者等に提供すること。
> 　ロ　イの変換符号の対応変換符号及び第26条第1項の規定による暗号化に用いる変換符号を作成し、これらを検察官又は司法警察員が傍受の実施に用いるものとして指定した特定電子計算機（第23条第2項に規定する特定電子計算機をいう。）以外の機器において用いることができないようにするための技術的措置を講じた上で、これらを検察官又は司法警察員に提供すること。
> 　ハ　ロの検察官又は司法警察員に提供される変換符号の対応変換符号を作成し、これを保管すること。

　本条は、一時的保存を命じて行う通信傍受の許可（20条1項の許可）又は特定電子計算機を用いる通信傍受の許可（23条1項の許可）がされ、傍受令状にその旨の記載がある場合において、裁判所書記官その他の裁判所の職員が裁判官の命を受けて執る措置（変換符号及び対応変換符号の作成等）について規定している。

　本条各号に規定する変換符号及び対応変換符号は、一時的保存をされた通信の内容を検察官又は司法警察員が知り得ない状態を確保したり（2条4項、20条1項、23条1項2号参照）、傍受の原記録として裁判官により保管される

こととなる記録媒体に記録される通信等の記録を改変できないようにしたりするために用いられるもの（26条１項参照）であり、一時的保存を命じて行う通信傍受及び特定電子計算機を用いる通信傍受においてその実施の適正を担保する上で重要な意味を持つことから、その作成等についても適正を確保する必要性は高く、本条は、これを公正・中立な立場にある裁判官の命により裁判所の職員が行うものとしている。

「特定電子計算機」（本条２号ロ）の意義やその機能・役割については、23条及び26条の解説参照。

1　裁判官の命を受けて裁判所の職員が執る措置（本条柱書）

「裁判所書記官その他の裁判所の職員」とは、裁判官以外の裁判所の職員を指し、例示されている「裁判所書記官」のほか、裁判所事務官等がこれに該当する。

本条各号に定める措置は、「裁判官の命を受けて」執ることとされている。

この措置は、手続の適正を担保する観点から裁判官が裁判所の職員に命じて裁判所の事務として行わせる、傍受令状の発付等の裁判作用とは別の事実行為である。本条各号の要件を満たすこと、すなわち、傍受令状に20条１項の許可をする旨の記載又は23条１項の許可をする旨の記載があることは、本条各号の措置を執ることを裁判所の職員に命じる裁判官により、その際に確認済みであるから、命を受けた裁判所の職員が改めて判断する必要はない。また、これらの措置を執る「裁判所の職員」は、文言上、前記の各許可をした裁判官が所属する地方裁判所の職員に限定されていない。

2　１号の措置

(1)　傍受令状に20条１項の許可をする旨の記載があるときに執る措置は、「同項の規定による暗号化に用いる変換符号及びその対応変換符号を作成し、これらを通信管理者等に提供すること」である。

この変換符号は、同項による暗号化（指定期間に行われる通信の内容を伝

達する原信号の暗号化）に用いられるとともに、同条2項による暗号化（指定期間内における通話の開始及び終了の年月日時に関する情報に係る原信号の暗号化）に用いられる。対応変換符号は、これらの暗号化信号の復号（21条1項・2項）に用いられる。

(2)　本法の「暗号化」（2条4項）は、電気通信等の際の情報セキュリティの確保や改ざんの防止等のために一般に用いられている暗号技術を用いてすることを想定したものであるところ、一般に、電子計算機により処理されるデータの暗号化や復号に用いられる「鍵」は、用いられる暗号化の方式に適合した鍵を作成するコンピュータ・プログラム等により電子的なデータとして作成されるのが通常である。裁判所の職員が本号の変換符号及び対応変換符号の作成等の措置を執るに当たっても、鍵の作成プログラムを搭載した電子計算機により鍵のデータを作成するなどの方法によることとなる。

　作成された変換符号及び対応変換符号の提供の方法については、特に規定されておらず、例えば、作成された変換符号及び対応変換符号を持ち運び可能な記録媒体に記録した上で、通信管理者等に直接交付する方法のほか、捜査機関にその運搬及び交付を行わせる方法が考えられる。

　なお、裁判官が、検察官又は司法警察員から、提供された変換符号又は対応変換符号のデータが破損し、あるいはこれを紛失したなどとしてその再提供を求められた場合において、必要があると認めるときは、再度、裁判所の職員に命じて、当該求めに係る変換符号及び対応変換符号を新たに作成させ、これを提供させることができる。ただし、当初に提供された変換符号又は対応変換符号を用いた不正な復号がそれ以後に暗号化がなされた通信について行われないよう、当初に提供された変換符号及び対応変換符号とは異なる一対の変換符号及びその対応変換符号を新たに作成して提供する必要はあろう。

3　2号の措置

(1) 傍受令状に23条1項の許可をする旨の記載があるときに執る措置は、次の①から③までの措置である。

① 同項による通信の暗号化に用いる変換符号（A）を作成し、これを通信管理者等に提供する（本号イ）。
② 次の対応変換符号（A）及び変換符号（B）を作成し、これらを検察官又は司法警察員が傍受の実施に用いるものとして指定した特定電子計算機（「指定特定電子計算機」）以外の機器において用いることができないようにするための技術的措置を講じた上で、検察官又は司法警察員に提供する（本号ロ）。
　ア　①の変換符号（A）の対応変換符号（A）
　イ　26条1項の規定による暗号化（記録媒体に記録する際の暗号化）に用いる変換符号（B）
③ ②イの変換符号（B）の対応変換符号（B）を作成し、これを保管する（本号ハ）。

　①の変換符号（A）は23条1項による暗号化に、②アの対応変換符号（A）は同項1号又は同条4項による復号にそれぞれ用いられる。また、②イの変換符号（B）は26条1項による暗号化に用いられ、裁判所の職員が保管することとなる③の対応変換符号（B）は、傍受の実施の状況を記載した書面等（27条2項、28条2項）の提出を受けた裁判官が27条3項又は28条3項による審査をする場合や、傍受記録に記録されている通信の当事者が32条1項により傍受の原記録の聴取等をする場合等に用いられる。

(2) これらの変換符号（A・B）及び対応変換符号（A・B）の作成の方法については、本条1号による場合と同様である。また、本号イによる通信管理者等への変換符号（A）の提供の方法については、本条1号の場合と同様、特に規定されておらず、通信管理者等に直接交付する方法や、捜査

機関にその運搬及び交付を行わせる方法が考えられる（もっとも、変換符号（A）が共通鍵方式によるものである場合には、それが不正に利用されないことを確保するための措置を講じることが相当であろう。）。

　本号ロにより②アの対応変換符号（A）及び同イの変換符号（B）を検察官又は司法警察員に提供する際は、指定特定電子計算機以外の機器においてこれらを用いることができないようにするための技術的措置を講じなければならないこととされている。

　この技術的措置が講じられることにより
ア　②アの対応変換符号（A）を指定特定電子計算機以外の機器に入力し、通信管理者等が①の変換符号（A）により暗号化して伝送した暗号化信号（23条1項）を、当該機器でも受信した上で不正に復号し、記録を残さずに通信の内容を知る
イ　②アの変換符号Bが共通鍵方式のものである場合に、これを指定特定電子計算機以外の機器に入力し、指定特定電子計算機により暗号化された上で記録媒体に記録された通信の記録（26条1項）を不正に復号し、その記録内容を改変する
といった不正行為は行い得ないことが確保されるとともに、
ウ　23条1項1号による傍受及び同条4項による再生並びに26条1項による記録媒体に対する記録に、裁判官による審査を経た指定特定電子計算機が用いられること
が確保されることとなる。そして、これらのことが確保されることにより、特定電子計算機を用いる通信傍受において、通信傍受が一つの通信について一回に限り特定電子計算機によって行われ、傍受又は再生された全ての通信が改変不能な形で記録媒体に記録されることが確保されることとなる。

　本号ロの「技術的措置」としては、例えば、捜査機関が保有する全ての特定電子計算機にそれぞれ固有の認証情報をあらかじめ書き込んでおくとともに、当該認証情報の改変等を防止する機能を組み込んでおき、これを前提として、具体的な事件において裁判所の職員が②の対応変換符号（A）及び変換符号（B）を提供する際は、これらを記録した記録媒体や対応変

換符号（A）及び変換符号（B）について、指定特定電子計算機に固有の認証情報に対応する認証のための措置を講じ、当該記録媒体を指定特定電子計算機に接続した場合にのみ当該対応変換符号（A）及び変換符号（B）が読み出されるようにすることなどが考えられる。

8 傍受令状の提示

> （傍受令状の提示）
> 第10条　傍受令状は、通信管理者等に示さなければならない。ただし、被疑事実の要旨については、この限りでない。
> 2　傍受ができる期間が延長されたときも、前項と同様とする。

　本条は、傍受令状の提示やその相手方について規定している。
　傍受令状は、そのうち被疑事実の要旨が記載された部分を除き、通信管理者等（5条4項参照）に示さなければならない（本条1項）。傍受ができる期間が延長されたときも同様である（同条2項）。
　通信傍受という処分の性質上、事前に通信の当事者に令状を提示したのでは捜査の目的を達することができないことから、本法は、通信の当事者に対する提示は不要とする一方で、通信管理者等は、その管理する通信手段について傍受の実施をされ、当該通信手段に対する管理権の制約を受けることに加え、傍受の実施の場所の管理者でもあるのが通常であり、その管理する場所への捜査官の立入り・滞在、その管理する電気通信設備への傍受のための機器の接続などの制約を受けることから、この者に傍受令状を提示しなければならないものとすることにより、その保護を図るとともに、傍受の実施の手続の公正を担保しようとするのである。
　なお、強制処分により権利・利益の制約を受ける者に令状を事前に提示することは、憲法上の要請ではなく（同法35条は令状の提示について何ら規定していない。）、その具体的な取扱いは、捜査の必要性と、権利・利益の制約を受ける者の人権保障及び手続の公正担保の要請との間で適正な調和を図るべく、法律に委ねられているものと解される（刑訴法222条、114条2項は住居主等に令状を提示することなく捜索等を行い得る場合があることを想定している。）。本法は、通信の当事者に対する令状の提示を不要とする一方で、傍受の実施の適正を担保するため、通信管理者等に対する令状の提示、その立会い、傍受の原記録の封印等及びその裁判官による保管、実施状況を記載した書面の

提出といった慎重な手続を定めることに加え、傍受記録に記録された通信の当事者に対しては、事後的に通知をし、傍受の状況を確認して不服申立てをする機会を保障している(注)。

　被疑事実の要旨については通信管理者等に示すことを要しない。これを通信管理者等に示すと被疑者のプライバシーの保護や捜査の秘密の保持の上で支障が生じるおそれがある一方で、被疑事実の要旨を提示しなくとも、その余の傍受令状の記載事項（6条）が示されることにより、通信管理者等が受忍すべき権利の制約の範囲は明らかになると考えられるからである（通信管理者等は、傍受の実施や再生の実施に立ち会うこととなる（13条1項、21条1項）が、立会人が傍受すべき通信に該当するか否かの判断を行うことは予定されていないので、そのために被疑事実の要旨を提示する必要もない。）。

（注）最高裁判所平成11年12月16日決定（刑集53巻9号1327頁）は、検証許可状による電話傍受を合憲としたが、このときも通信の当事者に対して令状は提示されていない。その原審である札幌高裁平成9年5月15日判決（同号1481頁）は、「令状の事前呈示そのものは、もともと憲法の令状主義自体の要請ではない上、検証許可状につき執行の際の事前呈示（刑訴法110条）の準用を定めた刑訴法222条1項は、検証許可状の執行手続の執行手続の公正を担保しようとの趣旨に出たものであって、公正の確保に優越する正当な利益があるときや他の方法によって公正が確保できるとき、例外を許さない規定であるとは解されない。例えば、電話を利用した覚せい剤の組織的密売事犯においては、その速やかな防遏は社会的要請であるところ、通話の一方当事者は不特定多数の客であって事前呈示はまず不可能であり、他方の当事者は密売組織の構成員である受付担当者であって、これに事前呈示をすれば検証が不能となることが明らかである以上、人の看守する建造物での検証においては看守者又はこれに代わるべき者が立ち会うこととされており（刑訴法222条1項、114条2項）、この者が立ち会うことにより一応手続の公正の担保が図られているから、検証許可状が事前に呈示されていないからといって、電話傍受等が違法になるとまではいえない。」と判示している。

　同様に、検証許可状による電話傍受の事案に関する東京高裁平成4年10月15日判決（高等裁判所刑事判例集45巻3号85頁、判時1443号154頁）は、「刑訴法222条1項が準用する同法110条は、同法114条の規定と相まって、検証の公正を担保しようとの趣旨に出たものであるから、例外を許さない規定であるとは解されない。本件においては、通話の一方当事者は客であって誰であるか詳らかでなく、他方の当事者は密売組織の側の電話受付係であって、検証許可状を示せば検証が不能となることが明らかである上、消防署員2名の立会いを得て執行に及んでいて、手続の公正の担保が一応図られていると認められるから、通話の当事者に検証許可状を示さなかったからといって、本件検証にこれを違法とするほどの瑕疵があるとはいい難い。」と判示している。

9 必要な処分等

> （必要な処分等）
> 第11条　傍受の実施については、電気通信設備に傍受のための機器を接続することその他の必要な処分をすることができる。
> 2　検察官又は司法警察員は、検察事務官又は司法警察職員に前項の処分をさせることができる。

　本条は、傍受の実施について「必要な処分」を行うことができること等を規定している。捜索・差押え等の場合に必要な処分をすることができる旨の規定（刑訴法111条、222条1項等）があることに対応するものである。本条は、20条1項又は23条1項の規定による傍受の実施にも適用され、21条1項又は23条4項の規定による再生の実施に準用される（各条項参照）。

1　傍受の実施について必要な処分（1項）

　「必要な処分」とは、傍受を行うために合理的に必要かつ相当な処分をいう。具体的には、電気通信設備に傍受のための機器を接続することのほか、傍受を行うために通信事業者等の電気通信設備を操作すること、傍受の実施の場所への無関係な者の立入りを防止することなどが考えられる。

2　検察事務官・司法警察職員にさせてする処分（2項）

　検察官又は司法警察員は、検察事務官又は司法警察職員に前項の処分をさせることができる。これは、検察官又は司法警察員の指示により、検察事務官又は司法警察職員が自らの権限と責任において必要な処分を行うことを明らかにするものである。例えば、司法警察員が司法巡査に対して無関係な者の傍受の実施場所への立入りの防止を指示をした場合、指示を受けた司法巡査は、当該場所に立ち入ろうとする個々の者に立入りを許してよいかを自ら

の権限と責任において判断することとなり、特定の者の立入りを拒否した場合、その処分の主体は当該司法巡査ということになる（33条2項が検察事務官又は司法巡査のした処分を不服申立ての対象としているのも、これを前提としたものである。）。

10 通信事業者等の協力義務

> （通信事業者等の協力義務）
> 第12条　検察官又は司法警察員は、通信事業者等に対して、傍受の実施に関し、傍受のための機器の接続その他の必要な協力を求めることができる。この場合においては、通信事業者等は、正当な理由がないのに、これを拒んではならない。

　本条は、傍受の実施に関し、通信事業者等に必要な協力を求めることができ、通信事業者等は正当な理由なく拒んではならないこと等を規定している。前条と同様に、20条1項又は23条1項の規定による傍受の実施にも適用され、21条1項又は23条4項の規定による再生の実施に準用される（各条項参照）。

　通信傍受は、その実施に当たり、傍受令状に記載された「傍受の実施の対象とすべき通信手段」に用いられている回線の特定・抽出等、技術的な問題を伴うものであり、そのあらゆる面で捜査機関が自力で執行をすることは困難であるのみならず、傍受の対象になっていない他の通信の秘密の保護の面からも適当ではない。例えば、傍受の実施の対象とすべき通信手段を用いて行われる通信のみの傍受ができるように電気通信設備等の設定を行うことなどについて、当該設備等を管理する通信事業者等の協力を得ることは、傍受の実効性及び人権保障のいずれの観点からしても、必要かつ適切である。また、通信事業者等は、通信の当事者との関係では、通信の秘密を守る義務があることから、傍受を実施する者（捜査機関）に協力することができる法的根拠を明確にしておくことが望ましい。加えて、通信事業者等は、自己及びそれに近い者のためにのみ電気通信設備を設置している者とは異なり、公共的性格が強いものもあり、その反面として協力義務を課すことに合理性があると考えられる。本条は、これらの観点から、通信事業者等に協力義務があることを定めている。

1　傍受の実施に関し「必要な協力」

「必要な協力」とは、個々の通信の傍受を実施するために合理的に必要な協力をいう。具体的には、傍受のための機器を接続すべき回線を特定することのほか、そのための電気通信設備等の設定等の操作をすること、通信事業者等が情報セキュリティ確保の観点からその取り扱う通信について暗号化等の措置を講じているような場合にこれを解除することなどが考えられる。

なお、一般的に傍受を可能とするためのシステムやネットワークを構築したり、そのためのソフトウェアを開発したりすること等は、個々の通信の傍受を実施するために必要な協力とは言えないので、本条の協力義務の対象とはならない。

2　協力を拒否する「正当な理由」

「正当な理由」がある場合としては、例えば、通信事業者等が有する設備や技術により可能な範囲を超えた協力を求められた場合、通信事業者等の業務に著しい支障を来す場合などが考えられる。

11 立会い

> （立会い）
> 第13条　傍受の実施をするときは、通信管理者等を立ち会わせなければならない。通信管理者等を立ち会わせることができないときは、地方公共団体の職員を立ち会わせなければならない。
> 2　立会人は、検察官又は司法警察員に対し、当該傍受の実施に関し意見を述べることができる。

　本条は、傍受の実施をする場合における立会いについて規定している。本条は、20条1項の規定による傍受の実施、23条1項の規定による傍受の実施には適用されないが、21条1項の規定による再生の実施に準用される（各条項参照）。

1　傍受の実施への通信管理者等の立会い（1項）

(1)　立会人は、第一次的には「通信管理者等」であり、通信管理者等を立ち会わせることができる限り、その者を立ち会わせなければならない。

　これは、次の理由による。すなわち、通信管理者等は、その管理する通信手段について傍受を実施され、当該通信手段に対する管理権の制約を受けることに加え、傍受の実施の場所の管理者でもあるのが通常であり、その管理する場所への捜査官の立入り・滞在、その管理する電気通信設備への傍受のための機器の接続などの制約を受けることから、その保護を図るとともに、傍受の実施の手続の公正を担保する観点から、通信管理者等を立ち会わせることとするのが適当と考えられる。また、立会人には、傍受の実施に立ち会い、傍受のための機器を接続する通信手段が令状により許可されたものに間違いないかや、令状により傍受が許可された期間等が遵守されているかなど、外形的な事柄についてチェックするなどの役割が期待されるところ、通信事業者等はその取り扱う通信の当事者のためにもこ

れらのチェックをすることができると考えられ、通信の当事者の権利保護の観点からも、通信管理者等が立ち会うこととするのが適当と考えられるからである。

(2) 「通信管理者等を立ち会わせることができないとき」は地方公共団体の職員を立ち会わせなければならない。通信管理者等が立会いを拒否した場合のほか、通信管理者等の職員が少人数であるなどのため傍受の実施をする期間の全てにおいて常時立会いを行うだけの人員を確保することができない場合等が想定される。傍受の実施の適正確保という立会いの趣旨からして、「地方公共団体の職員」には地方公務員である警察官は含まれない。

(3) 本条による立会人は、傍受の実施がされている間、その現場に臨場し、傍受のための機器を接続する通信手段が傍受令状により許可されたもの（傍受の実施の対象とすべき通信手段）に間違いないか、傍受令状により許された傍受ができる期間、時間等が遵守されているか、該当性判断のための傍受（14条）が適正な方法で行われているか、傍受をした通信について全て録音等（24条）がされているかなどの外形的な事柄についてチェックし、また、傍受をした通信等を記録した記録媒体の封印を行う（25条）こと等により、通信傍受の実施について、その適正を期する役割を担うものである。

　立会人には、傍受をしている通信の内容を確認する権限等はなく、傍受すべき通信に該当するかどうかの判断をして該当しない通信については傍受を中断するといったことを立会人に認めるものではない。これは、立会人が捜査機関が傍受をしている通信の内容の聴取又は閲覧を行って傍受すべき通信に該当するかどうかの判断を的確に行うためには、それまでの捜査によって把握した犯罪組織の実態、指揮命令系統、組織内の人間関係等事件の具体的な証拠関係など全ての情報を正確に把握している必要があるところ、捜査に責任を負わない第三者にそのような捜査情報を提供すること自体不適当である上、立会人にそこまでの関与を求めることは、立会人に過度の負担を課すことになるし、関係者のプライバシーを保護するとい

う観点からも適当ではないと考えられたことによるものである。本法制定以前に行われた検証許可状による電話傍受においては、令状において、傍受の対象外の通話については立会人をして電源スイッチを切断させることとされていたが、検証許可状による場合、傍受の実施の方法や記録の作成・保管、通知等の事後措置、不服申立手続等、関係者の権利保護に関する規定もないことなどから、その適正の担保のための措置として立会人の切断権に依存せざるを得ない面があったが、本法による通信傍受においては、傍受した全ての通信を記録し、立会人が封印をした上、裁判官がこれを保管することとし、通知制度及び不服申立て等の制度を設けるなどの法整備を行い、捜査官の責任と立会人の役割を明確にして立会人の負担を軽減しつつ、記録という客観的な手段によって傍受の内容の適正を担保することとしているのである。

(4) 立会人は、傍受の実施をしている間、常時立ち会わせなければならない。したがって、通信管理者等の立会いも地方公共団体の職員の立会いも得られない場合には、立会人が確保されるまでの間、傍受の実施を中断しなければならない。本法制定の際に国会に提出された政府原案においては、立会人を得られないやむを得ない事情がある場合の例外に関する規定が置かれていたが、衆議院法務委員会における修正により、常時立会いの例外は認めないこととされたものである。

立会人は一人である必要はなく、複数の者を立ち会わせてもよい。また、立会人に交代があってもよい。

(5) 立会人は、傍受の実施の手続の適正を担保するために立ち会う者であるが、通信傍受を実施する主体は飽くまでも捜査機関であり、傍受に違法があるとして民事上の責任が発生することがあるとしても、その責めを負うのは捜査機関であって、立会人が民事上の責任を負うことはないと考えられる。

2　立会人による意見の陳述（2項）

(1)　立会人は、検察官又は司法警察員に対し、当該傍受の実施に関し意見を述べることができる。立会人が傍受の実施の適正を確保するという役割を適切かつ効果的に果たすことができるようにするためである。

　立会人は、前記のとおり、傍受の実施における外形的な事柄のチェックを行うこと等の役割を担うものであるから、立会人の意見も、このような外形的な事項に関連して述べられることになる。

(2)　立会人が意見を述べた場合、検察官又は司法警察員は、その内容を検討した上、必要な場合には是正等の措置を講ずることになる。

　立会人が述べた意見は、傍受の実施の終了後及び傍受ができる期間の延長を請求する時に裁判官に提出される「傍受の実施の状況を記載した書面」等に記載される（27条1項3号、28条1項6号）。この書面に記載された立会人の意見は、裁判官による傍受ができる期間の延長の可否の判断（7条）や、不服申立てがあった場合の傍受又は再生に関する処分の取消し等の判断（33条2項）、公判における違法収集証拠排除の判断の資料などになり得る。

3　立会人に対する事前説明等（通信傍受規則）

　警察官が傍受の実施をするに当たっては、立会人に対し、あらかじめ、①本条、25条（記録媒体の封印等）その他立会人に係る主要な法令の規定、②傍受令状に記載されている傍受の実施の対象とすべき通信手段、傍受の実施の方法及び場所、傍受ができる期間並びに傍受の実施に関する条件、③傍受のための機器の概要及びその使用方法、④スポット傍受に関して警察本部長が指定する時間等、⑤25条1項の封印の具体的方法に関する事項、⑥そのほか、立会人が適切な立会いをするため参考となるべき事項を説明することとされている（国公委規12条1項）。傍受実施主任官（4条の解説の**6**参照）は、立会人に対して、捜査主任官が作成した要領に基づき、これらの事項をわか

りやすく説明した上で、当該説明を十分に理解したかどうかを確認し、立会人が十分理解したと答えた場合には、立会人に対し、その旨を所定の用紙に記載して署名することを求めることとされている（留意事項第7の4(3)）。

立会人が意見を述べたときは、立会人に意見書の提出を求めなければならず（国公委規12条3項）、その意見を勘案して、必要に応じ、傍受の実施の適正を確保するための措置を講じなければならない（同条2項）。立会いをしていた期間中に立会人の意見が述べられなかったときも、その旨を記載した意見書の提出を求めなければならない（同条4項）。

なお、立会人の氏名やそれが推知されるような事項をみだりに公にしてはならず、万が一立会人であった者に後難が及ぶおそれがあると認められるときは、必要に応じ、その者の保護のための措置を講じなければならない（留意事項第7の4(5)）。

12 該当性判断のための傍受

> （該当性判断のための傍受）
> 第14条　検察官又は司法警察員は、傍受の実施をしている間に行われた通信であって、傍受令状に記載された傍受すべき通信（以下単に「傍受すべき通信」という。）に該当するかどうか明らかでないものについては、傍受すべき通信に該当するかどうかを判断するため、これに必要な最小限度の範囲に限り、当該通信の傍受をすることができる。
> 2　外国語による通信又は暗号その他その内容を即時に復元することができない方法を用いた通信であって、傍受の時にその内容を知ることが困難なため、傍受すべき通信に該当するかどうかを判断することができないものについては、その全部の傍受をすることができる。この場合においては、速やかに、傍受すべき通信に該当するかどうかの判断を行わなければならない。

本条は、傍受の実施をしている間に行われた通信が傍受令状に記載された傍受すべき通信に該当するかどうかを判断するための傍受等について規定している。

通信傍受は、傍受令状に記載された「傍受すべき通信」が行われたときにこれを傍受して証拠として収集することを目的として、通信の秘密を制約して行われる処分であり、裁判官が発する傍受令状は、そのために、そうした通信が行われる蓋然性が認められる通信手段（傍受の実施の対象とすべき通信手段）について、傍受すべき通信が行われたときは直ちに傍受できるように、それにより行われる通信の状況を監視すること（傍受の実施をすること）をも認めるものである。このとき、傍受の実施をしている間に行われた通信が傍受すべき通信に該当することが明らかであるときは、これを傍受することは傍受令状により許されているから（3条1項）、その範囲を制限する理由はない（国公委規2条1号はこれを「令状記載傍受」と呼ぶ。）。また、傍受すべき通信に該当しないことが明らかなときは、その傍受を続ける理由はな

く、直ちに傍受を止めなければならない。これらの場合に対し、傍受を始めた当初の時点で、それが傍受すべき通信に該当するかどうかが明らかでないときは、傍受者がその判断するためには一定量の通信（あるいは一定の時間の通信）の傍受をすることが必要になる。また、外国語による通信や暗号化された通信は、傍受の時にその内容を知ること自体が困難であるため、その時点で傍受すべき通信に該当するかどうかの判断をすることができないから、その全部を傍受（通信を「受けること」。2条2項参照）した上で、速やかに翻訳や復号、解読をして傍受すべき通信に該当するかどうかを判断することとするのが適切と考えられる。

　本条は、こうした観点から、傍受の実施をしている間に行われた通信が傍受すべき通信に該当するかどうかが明らかでない場合に、これに該当するかどうかを判断する目的ですることが許される傍受の範囲や、傍受後に執るべき措置等を規定するものである。

1　該当性判断のための傍受（1項）

(1)　本項は、傍受の実施をしている間に行われた通信であって、傍受令状に記載された傍受すべき通信に該当するかどうか明らかでないものについては、「傍受すべき通信に該当するかどうかを判断するため、これに必要な最小限度の範囲に限り」、当該通信の傍受をすることができると規定する。本項による傍受は、結果として傍受すべき通信ではないものを傍受することとなるものであり、3条1項による傍受ではなく、本来は傍受の理由がないものであるから、そうした傍受が該当性判断のために「必要な最小限度の範囲に限」られるような方法によって行われること（最小化されること）を要請するものである。

　法文上は、最小化の方法は限定されていないが、本法の制定当時からその一方法として想定され、制定後の実務において実践されているのが、いわゆる「スポット傍受」の方法である（国公委規2条2号、13条参照。これらの規定の具体的内容については後記(3)参照）。

　これは

① まず、通信が開始された時点で、傍受すべき通信に該当するかどうかを判断するため、本項による傍受を開始し、聴取した内容（や通信当事者が誰であるか）等から傍受すべき通信に該当すると判断されたときは、3条1項による傍受すべき通信の傍受に移行して傍受を継続するが、傍受すべき通信に該当しないと判断されたときは、直ちに本項による傍受を中止する

② 本項による傍受を一定の時間継続しても傍受すべき通信に該当するかどうか明らかとならない場合も、量的に「必要な最小限度の範囲」を超えることとなるものとして、本項による傍受を一時中止するが、その後も通話（18条参照）が一定の時間継続しており、その間も通信が継続していて、話題あるいは通話の当事者が変わるなどして、傍受すべき通信が行われる、あるいは行われている可能性があるときは、本項による傍受を再開する、ということを繰り返す

というものである。

(2) 本項による傍受は、傍受すべき通信が行われると認めるに足りる事情があるとして傍受令状に明示された通信手段を用いて行われる通信について、傍受すべき通信に該当するものを選別するために必要最小限度の範囲で行うものであり、憲法が要請する令状主義に反するものではない。捜索・押収の場合においても、令状に記載された「押収すべき物」を発見するために捜索場所を捜索する必要があり、その過程では犯罪の実行に関連しないプライバシーの利益が制約されることとなり、押収すべき物が文書類である場合には、目的物を選別するためにそこに存在する各文書の内容を確認することもある。その過程で結果的には目的物ではない文書の内容についてもプライバシーの利益が制約されることとなるが、このような捜索は、捜索する場所において押収すべき物を発見するために必要なものであり、押収すべき物が存在すると認めるに足りる事情がある場所について、当該場所及び物を明示した令状によって、押収する物を発見するのに必要な範囲で行うものであるから、憲法35条にいう「正当な理由に基づいて発せられ、且つ捜索場所を明示する令状」に基づくものとして許され

る。本項による傍受も、これと同様に考えることができる。

　なお、傍受をした通信は全て記録媒体に記録されるから（24条1項前段）、本項により傍受されたが結果として傍受すべき通信には該当しないと判断されたものも、裁判官に提出される「傍受の原記録」（29条6項）には記録として残されることとなるが、検察官又は司法警察員が引き続き保有することとなる「傍受記録」（傍受をした通信の内容を刑事手続において使用するための記録。29条1項・2項・5項）を作成する際には、傍受すべき通信に該当する通信等と同一の通話の機会に行われたもの以外は消去され（同条3項）、捜査機関の手元には残らないこととなる。

(3)　国公委規13条は、スポット傍受（法14条1項の規定による傍受）の具体的な手順等を規定している。

　これによれば、スポット傍受は、スポット傍受の開始時からあらかじめ設定した時間が経過すると自動的にスポット傍受が中断される機能、スポット傍受をしている旨を標示する機能（立会人が視認により確認できるようにするためのものである。）、その他スポット傍受の適正を確保するための機能を有する機器を用いて行うものとされ（国公委規13条1項）、スポット傍受をしている場合において、傍受すべき通信に該当することが明らかである通信が行われていると認めるに至ったときは、スポット傍受を終了して「令状記載傍受」（3条1項による傍受）を開始するものとしている（国公委規13条4項1号）。

　他方、傍受すべき通信に該当しないことが明らかであるものが行われていると認めるに至った場合には、直ちに傍受を終了しなければならない（同条7項）。

　スポット傍受は、その開始時からあらかじめ警察本部長が指定した時間内に中断しなければならないが（同条5項）、スポット傍受を中断した時点からあらかじめ警察本部長が指定した時間が経過した後において、中断時に行われていた通話が引き続き行われており、該当性判断のために必要と認めるときは、スポット傍受を開始するものとされている（同条6項）。これらの警察本部長が指定する時間は、あらかじめ、捜査主任官に対し文

書によって指示される（国公委規8条1項1号）。

　前記のとおり、スポット傍受やその際の該当性判断は、「傍受実施主任官」が行う（4条の解説の**6**参照）。実務上、中断なしで傍受の実施や再生の実施を何日も行うような場合には、警察本部長によって複数名が指名され、交代制で傍受の実施に当たる。スポット傍受に当たっては、犯罪の組織的背景、既に傍受された通信の内容、通信の相手方（それを推知する資料としての法17条1項により探知した通信の相手方の電話番号等）その他スポット傍受をしている通信の該当性判断に資する事項を考慮してしなければならない（国公委規13条2項）。

【スポット傍受のイメージ図】

○犯罪関連通信等があった場合

　　　　　　　　　　　　　　　　　犯罪関連通信等と判断
　　　　　　　　　　　　　　　　　　　　↓
通話開始

A秒	B秒	C秒	令状記載傍受として傍受可能
傍受	中断	傍受	

○犯罪関連通信等の該当性が判断できない場合

通話開始　　　　　　　　　　　　　　　　　　　　　　通話終了

A秒	B秒	C秒	B秒	C秒
傍受	中断	傍受	中断	傍受

2 外国語による通信等の全部傍受（2項）

(1) 本項は、傍受の実施をしている間に行われた通信が、外国語による通信又は暗号その他その内容を即時に復元することができない方法を用いた通信であって、傍受の時にその内容を知ることが困難なため、傍受すべき通信に該当するかどうかを判断することができないものであった場合の取扱いについて規定する。具体的には、その全部の傍受をすることができるものとする一方で、その後速やかに傍受すべき通信に該当するかどうかの判断を行わなければならないとする。

「外国語による通信」とは、その内容の叙述に外国の言語が用いられ、その内容を知るため日本語への翻訳が必要な通信である。

「暗号その他その内容を即時に復元することができない方法を用いた通信」とは、暗号等の一定の方法を用いることによりその内容を通信の当事者ではない第三者には判読できない形に変換した上で行われる通信であって、傍受の時点、すなわち、捜査官が当該通信を「受ける」（2条2項参照）時点において、即時にその内容を復元して判読することができないものである。ファクシミリによる通信（音を用いるアナログ通信）や、電子メール（パケットに分割したデータをインターネット上で分散配送するデジタル通信）は、当該通信に係る信号の一部のみを受けた（傍受した）段階では、当該通信の内容を復元することはできず、当該通信に係る信号全体を受けた上で、これを機器により所定の方式に従って変換・再構成し、紙に印字するなり画面に表示するなりしなければ、人がその内容を知ることは困難であるのが通常であり、そのような場合には、「その他その内容を即時に復元することができない方法を用いた通信であって、傍受の時にその内容を知ることが困難なため、傍受すべき通信に該当するかどうかを判断することができないもの」に当たる。

なお、日本語による通信にとどまっている限りは、符丁や隠語が織りまぜられるなどして第三者にとっては意味や趣旨が判然とはしないものとなっているとしても、そのこと自体で当該通信が「暗号…を用いた通信」に当たることとなるものではない。

(2)　本項の規定により全部を傍受した通信については、傍受後、速やかに、「外国語による通信」については日本語に翻訳した上で、また、「暗号その他その内容を即時に復元することができない方法を用いた通信」については解読その他の方法によりその内容を復元した上で、それぞれについて、傍受すべき通信に該当するかどうかの判断をしなければならない。この判断は、「速やかに」行わなければならないから、傍受後直ちに内容を復元することに支障がないものについては、傍受の実施の中断や終了を待つことなく復元し、該当性の判断を行うことが必要となる場合もあり得ると考えられる。

　傍受後の該当性判断の結果、傍受すべき通信に該当する通信等、傍受記録に残すこととなる通信（29条3項1号・3号、同条4項1号・3号）が含まれていない場合には、本項により傍受した通信は、傍受記録とする記録媒体からは消去され、傍受の原記録にのみその記録が残されることとなる。

　傍受記録の作成の際なおその内容の復元に措置を要するものは、その時点で消去することは要しないが（29条3項2号、4項2号）、その後において傍受すべき通信等に該当しないことが判明したときは、その時点で、傍受記録から消去する（同条5項）。

13 他の犯罪の実行を内容とする通信の傍受

> （他の犯罪の実行を内容とする通信の傍受）
> 第15条　検察官又は司法警察員は、傍受の実施をしている間に、傍受令状に被疑事実として記載されている犯罪以外の犯罪であって、別表第一若しくは別表第二に掲げるもの又は死刑若しくは無期若しくは短期1年以上の懲役若しくは禁錮に当たるものを実行したこと、実行していること又は実行することを内容とするものと明らかに認められる通信が行われたときは、当該通信の傍受をすることができる。

　本条は、傍受令状により傍受の実施をしている間に、傍受令状に被疑事実として記載されている犯罪以外の犯罪であって重大なものの実行を内容とするものと明らかに認められる通信が行われた場合におけるその傍受について規定している。

　傍受令状による適法な傍受の実施中に、たまたま、被疑事実ではない他の重大な犯罪の実行を内容とする通信であることが明白な通信が行われた場合、その場で保全しなければ、その機会が失われてしまうため、証拠として緊急に保全する必要性が特に大きく、また、そのような通信であることが明白である場合には、現行犯逮捕（刑訴法213条）の場合と同様、その傍受の可否について裁判官の判断を経ずに傍受しても令状主義に反するものではないと考えられる。そこで、本条は、傍受の実施をしている間に、傍受令状に記載のない他の犯罪の実行を内容とするものと明らかに認められる通信が行われたときは、これを傍受することができるものとする。

1　本条による傍受の対象となる他の犯罪の範囲等

　本条による傍受の対象となる他の犯罪は、本条による通信の傍受が傍受令状に記載のない犯罪に関するものを傍受するものであって、裁判官による事前の審査を経ていないものであることに鑑み、当該通信を証拠として保全す

る必要性が特に高い場合に限るのが適当であることから、「別表第一若しくは別表第二に掲げる」犯罪又は「死刑若しくは無期若しくは短期1年以上の懲役若しくは禁錮に当たる」犯罪という特に重大な犯罪に限定されている(「短期1年以上」とされたのは、本法制定の際の衆議院法務委員会における修正によるもの(政府原案においては「長期3年以上」とされていた。)である。)。なお、これらの犯罪については「数人の共謀によるもの」(3条1項)であることや「あらかじめ定められた役割の分担に従って行動する人の結合体により行われるもの」であること(同項)は要しない。

「犯罪を実行したこと、実行していること又は実行することを内容とするものと明らかに認められる通信」とは、犯罪を行ったことを告白する通信など、犯罪を実行したことそれ自体を内容とする通信や、現に犯罪を実行している複数の者の間の相互の状況連絡のための通信、これから犯罪を実行しようとする複数の者の間の共謀形成のための通信等、それ自体から一定の犯罪が実行され、実行されようとすることが判明するような通信をいうものであり、3条1項による傍受の対象である「犯罪関連通信」(同項)よりも傍受できる通信の範囲が限定されている。

この傍受は、他の犯罪の実行を内容とするものと「明らかに認められる通信」が現に「傍受の実施をしている間に…行われたとき」にすることができるものであり、14条1項の規定による傍受のように、他の犯罪の実行を内容とする通信に該当するかどうか明らかでない場合に、これに該当するかどうかを判断するために傍受をすることは許されない。

2 本条の通信への該当性についての裁判官による事後的な審査

本条による傍受が行われた場合には、傍受をされた通信の当事者による不服申立てを待つまでもなく、傍受の実施の終了時又は傍受ができる期間の延長の請求時に傍受の実施の状況を記載した書面等の提出を受けた裁判官が職権で事後的に審査を行い、本条に規定する通信に該当しないと認めるときは、当該傍受の処分を取り消すものとされており(27条3項及び28条3項)、これにより、傍受の実施の一層の適正を担保するものとされている。

14 医師等の業務に関する通信の傍受の禁止

> （医師等の業務に関する通信の傍受の禁止）
> 第16条　医師、歯科医師、助産師、看護師、弁護士（外国法事務弁護士を含む。）、弁理士、公証人又は宗教の職にある者（傍受令状に被疑者として記載されている者を除く。）との間の通信については、他人の依頼を受けて行うその業務に関するものと認められるときは、傍受をしてはならない。

　本条は、医師等との間の通信であって他人の依頼を受けて行うその業務に関するものの傍受を禁止するものである。これは、依頼者との個人的な信頼関係に基づいて個人の秘密を委託されることによって成り立つ社会生活上不可欠な特定の職業に対する社会的な信頼の保護を図るものであり、刑訴法105条の押収拒絶権と同じ趣旨の規定である。

　本条は、20条1項又は23条1項2号の規定により一時的保存がされた通信であって復号により復元されたものについて21条1項又は23条4項の規定による再生をする場合に準用される（21条6項、23条4項）。

1　傍受の禁止の対象となる通信の範囲

　「**医師、歯科医師、助産師、看護師、弁護士（外国法事務弁護士を含む。）、弁理士、公証人又は宗教の職にある者**」は、刑訴法105条と同様、制限的な列挙である。

　他方、前記の医師等が「**傍受令状に被疑者として記載されている者**」である場合は、その者との間の通信については、傍受が禁止されない。業務者自身が傍受令状に被疑者として記載されている場合には、本条によって信頼を保護するに値する業務とはいえず、実体的真実の発見を業務に対する社会的な信頼の保護に優先させたとしても、両者の適正な調和を崩すものとは言えないからである。

本条の対象となる通信は、「他人の依頼を受けて行うその業務」に関するものと認められるものに限られる。これは、単に医師、弁護士等の業務とすると、例えば、診療所や弁護士事務所の経営に関する通信等も入ることとなることから、委託者の依頼を受けて行うその本来的な業務に限定する趣旨である。刑訴法105条においても、押収拒絶権の対象となるのは、業務上委託を受けたため保管等をするものとされている。

　他方、「他人の依頼を受けて行うその業務に関するもの」であれば、他人の秘密に関するものであるか否かを問わずに禁止の対象となる。これは、押収拒絶権の場合には業務者が「他人の秘密に関するもの」であるかどうかを判断することもできるが、通信傍受の場合には、傍受を行う捜査官がその判断をするほかない一方で、捜査官がその場で即座に他人の秘密に該当するかどうかを的確に判断することは困難と思われることから、業務者との間の通信であって他人の依頼を受けて行うその業務に関するものは、傍受することはできないものとするのが適当と考えられたことによる。

2　通信傍受と報道との関係

　報道機関との間の通信は、本条による傍受の禁止の対象とされていない。報道機関には様々な形態のものがあり得、また、報道機関による取材及び報道機関に対する情報提供は、原則、報道に資することを前提としたものと考えられることから、個人の秘密を委託されることによって成り立つ医師や弁護士等の場合と同一に論ずることはできないからである。もとより、本法による通信傍受は、犯罪関連通信に用いられる疑いのある特定の通信手段を犯罪捜査のために傍受するものであり、報道機関に対してその取材源を明らかにすることを求める措置ではない。

　他方、報道機関には、犯罪に関する情報を含めて種々の情報が集約されるものであることから、たとえ報道機関が設置、使用している電話等に犯罪に関する情報が寄せられることが判明したとしても、そのような報道機関の特質に照らし、また、報道の自由を尊重するという観点からも、原則として、報道機関が設置、使用している電話等を傍受の実施の対象とすべきでない

（ただし、報道に従事する特定の記者が当該犯行の共犯であるような例外的な場合においては、その使用する電話等が犯人による犯罪関連通信に用いられるものと認定され、傍受の対象となることはあり得る。）。

　また、被疑者が使用している電話を傍受の実施の対象としている場合に、たまたま報道機関が取材のために電話をかけてきたというような場合においては、取材のための通信であることが判明するまでの間に犯罪関連通信等を傍受している場合を除き、取材のための通信であることが判明すれば、報道の自由を尊重するとの観点から、直ちにその傍受を止めるべきであり、それにより傍受する通信を必要最小限の範囲にとどめるべきである。

　この点について、警察庁は、上記と同旨の内容を含む通達を発しており、被疑者が使用している携帯電話等を傍受の対象としている場合に、「たまたま、報道機関が取材のために電話をかけてきたというような場合においては、被疑者が犯行告白を行うなどしたために取材のための通信であることが判明するまでの間に令状記載傍受等を開始しているという希有な場合を除き、取材のための通信であることが判明すれば、報道の自由を尊重するとの観点から、直ちに、傍受又は再生を終了しなければならない」としている（留意事項第6の2）。

　なお、国公委規8条1項は、傍受の実施に当たって警察本部長が捜査主任官にあらかじめ文書により指示すべき事項の一つに、「報道の取材のための通信が行われていると認めた場合に留意すべき事項」を挙げている（同項2号）。

15 相手方の電話番号等の探知

> （相手方の電話番号等の探知）
> 第17条　検察官又は司法警察員は、傍受の実施をしている間に行われた通信について、これが傍受すべき通信若しくは第15条の規定により傍受をすることができる通信に該当するものであるとき、又は第14条の規定による傍受すべき通信に該当するかどうかの判断に資すると認めるときは、傍受の実施の場所において、当該通信の相手方の電話番号等の探知をすることができる。この場合においては、別に令状を必要としない。
> 2　検察官又は司法警察員は、通信事業者等に対して、前項の処分に関し、必要な協力を求めることができる。この場合においては、通信事業者等は、正当な理由がないのに、これを拒んではならない。
> 3　検察官又は司法警察員は、傍受の実施の場所以外の場所において第1項の探知のための措置を必要とする場合には、当該措置を執ることができる通信事業者等に対し、同項の規定により行う探知である旨を告知して、当該措置を執ることを要請することができる。この場合においては、前項後段の規定を準用する。

　本条は、傍受の実施をしている間に行われた通信の相手方の電話番号等の探知について規定している。

1　通信の相手方の電話番号等の探知（1項）

(1)　傍受令状による傍受の実施の対象となる通信手段は、電話番号等（3条1項参照）により特定される一方（同項、6条1項）、これを用いて行われる通信の「**相手方の電話番号等**」、すなわち、傍受の実施の対象としている通信手段から行う通信の発信先あるいは当該通信手段に対して行われる通信の発信元において用いられている通信手段に係る電話番号等は、当該

通信を傍受することによっては必ずしも明らかでない場合がある（傍受した信号に発信先（元）に関する情報が含まれない場合等）が、この情報は、後記のとおり、傍受の目的の実現及び傍受の的確な実施のために必要となり得るものである。これを**「探知」**すること（具体的には、例えば、傍受の実施の場所に設置された通信設備等を操作してこれを探り、特定することなど）は、傍受令状により許可された「傍受の実施」（5条2項）に付随して行うことが想定されるものではあるものの、これに含まれない、これとは別の処分であるところ、本項は、検察官又は司法警察員は、本項に定める一定の要件の下では、別に令状を必要としないで、これを行うことができるものとするものである。

　なお、探知された電話番号等に係る契約者等については、別に捜査関係事項照会等により特定することになる。

(2)　本項による「通信の相手方の電話番号等の探知」は、傍受の実施をしている間に行われた通信について、①これが傍受すべき通信（3条1項）若しくは他の犯罪の実行を内容とする通信（15条）に該当するものであるとき、又は②傍受すべき通信に該当するかどうかの判断（14条）に資すると認められるときにすることができる。

　このうち、①に当たるときは、犯罪の証拠となる通信が行われたのであるから、当該通信の内容を証拠として利用するには、その相手方の当事者の身元やその者の通信時の所在等を明らかにしなければならず、それにはその電話番号等を探知することが必要不可欠である。また、②に当たるときは、まさに傍受を適正かつ的確に実施するために探知が必要である。このように、本項の探知は、傍受の実施に付随して、傍受の目的の実現及び傍受の的確な実施のため探知が必要である場合に、これを認めるものである。

(3)　これに加え、本項による探知は、③傍受の実施をしている間に行われた通信について、④傍受の実施の場所においてのみ、行うことができるものとされている。これ以外の場所における探知は、本条3項による。

これらの要件は、本項の探知をするについては「別に令状を必要としない。」こととされていることに関連する。

　すなわち、一般に、他の強制処分に付随し、これに実質的に包含され新たな法益侵害というに足りない強制処分については、改めて別個に令状を必要としないものとされているところ、傍受令状は、傍受の実施をしている間に行われる通信の当事者の通信の秘密を制約すること、並びに傍受の実施の場所への立入り及び滞在、通信回線への機器の接続など傍受の実施の場所を管理する者の利益を制約することを許可するものである。

　このうち、保護されるべき通信の秘密には、通信の意味内容のみならず、通信の各当事者の電話番号等や通信の行われた日時など通信の外形的状況に関する事項も含まれるが、傍受令状により傍受の実施をしている間に行われた通信であって、傍受が許されるもの（該当性判断のためにするものを含む。）については、傍受の実施の対象である通信手段を発信元とするものか発信先とするものかを問わず、通信の相手方の通信の秘密についても当然に制約が許されることから、この場合において、当該通信の相手方の電話番号等を探知したとしても、これにより制約される通信の秘密は、既に制約が許された通信の秘密（既に開かれたプライバシーないし秘密）の一部をなすものにすぎず、新たな法益侵害とはいえない。

　また、傍受の実施の場所を管理する者との関係でも、前記のとおり、傍受令状により、傍受の実施に必要かつ相当な範囲で、当該場所への立入り及び滞在、通信回線への機器の接続、通信事業者等の管理する機器の操作などが許され、傍受令状には、傍受の実施の方法及び場所が記載されるため、その利益の制約が許される範囲も特定されている。これに加え、相手方の電話番号等を探知するために、傍受の実施の場所において捜査機関が自ら通信事業者等の管理する機器の操作等を行ったとしても、やはり別個に令状を必要とするような新たな法益侵害はない。

　そこで、本項は、前記①又は②並びに③及び④の要件を満たす場合において行う探知については、別に令状を必要としないものとするのである[注]。

2　通信事業者等に対する必要な協力の求め（2項）

　本項は、「前項の処分」、すなわち、傍受の実施の場所において検察官又は司法警察員がする通信の相手方の電話番号等の探知に関し、検察官又は司法警察員は、通信事業者等に対して、「必要な協力」を求めることができ、この場合、通信事業者等は、正当な理由なくこれを拒んではならないことを規定している。

　その趣旨は12条（通信事業者等の協力義務）の場合と同様であり、「通信事業者等」、「必要な協力」及び「正当な理由」の意義も同条の場合と同様である。前記のとおり、「探知」は「傍受の実施」に付随するものではあるものの、これとは別の処分であることから、同条とは別個に規定されたものである。

　本条1項の探知は検察官又は司法警察員が自ら行うものであるが、通信事業者等の施設において傍受の実施をする場合、当該通信事業者等は、事業上必要な範囲で、傍受の実施の対象とする通信手段からの発信先の電話番号等や当該通信手段に対する通信の発信元の電話番号等を知り得るのが通常であり、また、捜査官が通信事業者等の協力なしにこれを抽出することはかえって大きな不利益を生じさせることとなりかねないことから、実務的には、本項の「必要な協力」として当該相手方電話番号等の情報の提供を求め、その提供を受けることで「探知」することが考えられる。

（注）このような考え方は、捜索押収についての令状主義を定めた憲法35条が、同法33条の場合を除くものとし、逮捕の場合には令状なくして捜索押収ができるものとしている点にも認められ、憲法上も承認されたものである。また、この考え方に基づく制度の例としては、身柄を拘束されている被疑者の指紋・足型の採取、身長・体重の測定、写真撮影をするのに身体検査令状を要しないとしている刑訴法218条3項がある。警察官職務執行法2条4項が、刑事訴訟に関する法律により逮捕されている者の身体について凶器を所持しているかどうかを調べることができるとされているのも、保安上の必要が加わっているとはいえ、同様の考え方に基づくものとされる。

3 傍受の実施の場所以外の場所における探知のための措置（3項）

　前記のとおり、本条1項の探知は「傍受の実施の場所」においてすることとされるが、探知のためにそれ以外の場所において何らかの措置を執ることが必要となる場合があり得る。例えば
○　通信事業者等の施設Aを傍受の実施の場所として傍受を行う場合において、本条1項の探知をするために、「傍受の実施の場所」として記載されていない施設B（当該通信事業者等の施設である場合を含む。）において何らかの措置を執ることが必要となる場合
○　通信手段の傍受の実施をする物理的な部分（傍受のための機器を接続する電気通信設備等）を管理する通信管理者等と、傍受の対象となる通信手段を用いて行われた通信の相手方の電話番号等の情報を取り扱う通信事業者等とが異なっており（後者の通信事業者等が仮想移動体通信事業者である場合など）、通信管理者等（仮想移動体通信事業者がその通信設備を借り受けている移動体通信事業者など）が当該電話番号等の情報を事業上取り扱っていないため、これを取り扱う通信事業者等による措置が必要となる場合

などが考えられる。

　本項は、そのような場合があることを考慮し、検察官又は司法警察員は、傍受の実施の場所以外の場所において本条1項の探知のための措置を必要とする場合には、当該措置を執ることができる通信事業者等に対し、同項の規定により行う探知である旨を告知して、当該措置を執ることを要請することができ、この場合、当該通信事業者等は正当な理由なくこれを拒んではならないことを規定している。

　傍受の実施の場所以外の場所において前記の措置を執るとすると、傍受令状により制約が許される利益とは別個の利益を制約することとなるから、別の令状によることなく、これを行うことはできない。もっとも、前記のとおり、探知による通信の秘密の制約は、傍受の処分に付随し、これに実質的に包含され、新たな法益侵害というに足りないものであり、別に令状によることなく許されるものであるから、通信事業者等は、捜査機関に協力をして、相手方の電話番号等を探知した上でこれを捜査機関に通知したとしても、通

信の秘密の保持に関する義務に触れることはない。

　そこで、本項は、傍受の実施の場所以外において探知のための措置を必要とする場合には、捜査機関は、別の令状なく自ら強制的に当該措置を執ることはできないものの、当該措置を執ることができる通信事業者等に対し、当該措置を執ることを要請することができるものとし、かつ、要請を受けた通信事業者等に対しては、当該措置を執ることを義務付けるものとしたものである。

　通信事業者等に対する「告知」や「要請」の方法に限定はないが、傍受令状の執行に当たりその提示を受ける機会のない当該通信事業者等は、この「告知」により、要請される措置の内容とその要請が法令の規定に基づくものであることを知ることとなるのであるから、「告知」及び「要請」は、相手方となる通信事業者等においてそうしたことを理解することができるよう、書面を用いるなど、確実性の高い方法により行うのが望ましいといえよう。

　なお、国公委規17条は、本項又は20条4項（23条1項において準用する場合を含む。）による要請は、当該要請に係る通信を特定するために必要な事項を告知してするものとしている（留意事項第7の7⑵は、「必要な事項」として「傍受の実施の対象としている通信手段（電話番号等により特定）、通信の開始時刻等」を挙げる。）。また、警察官がこの要請をする場合には、要請を受けた通信事業者等が当該要請が傍受令状により傍受の実施をしている警察によるものであることを確認できるように、要請の際に、①傍受令状に記載された裁判官の氏名、傍受ができる期間等を告知すること、②通信事業者等からの回答を警察本部等に設置された特定の内線番号の電話に対して行うよう連絡すること等、適当な措置を執る必要があるとされている（留意事項第7の7⑵）。

16 傍受の実施を中断し又は終了すべき時の措置

> （傍受の実施を中断し又は終了すべき時の措置）
> 第18条　傍受令状の記載するところに従い傍受の実施を中断し又は終了すべき時に現に通信が行われているときは、その通信手段の使用（以下「通話」という。）が終了するまで傍受の実施を継続することができる。

　本条は、傍受の実施を中断し又は終了すべき時に現に通信が行われている場合において執り得る措置について規定している。

　傍受の実施の「**中断**」とは、その後において再開することを予定して傍受の実施を止めることをいい、その「**終了**」とは、当該傍受令状による傍受の実施を最終的にやめることをいう。なお、該当性判断のための傍受（14条1項）を最小化のために一旦止めることは、「傍受」を一時止めるにとどまり、通信の状況の監視は続いているから、傍受の実施の「中断」には当たらない。

　「**傍受令状の記載するところに従い傍受の実施を中断し又は終了すべき時**」とは、傍受令状に記載された傍受ができる期間の終期が到来したことにより傍受の実施を「終了すべき時」や、傍受令状において傍受の実施に関する「条件」（5条2項）として、例えば1日のうち「午後5時から午後11時までの間」のように、傍受の実施をすることができる時間帯を限定する条件が付されている場合において、当該時間帯の終期（前記の例では午後11時）が到来したことにより傍受の実施を「中断すべき時」のことである。

　「**通話**」とは、通信手段の使用であり、その「**開始**」（20条2項等参照）及び「**終了**」とは、1回の継続した通信手段の使用の「開始」及び「終了」を意味する。具体的には、固定電話であれば受話器を上げてからこれを置くまで、携帯電話（スマートフォン）の発信者側であれば特定の相手方との通信の開始のための発信を開始した時から通信切断処理の完了まで、ファクシミリによる通信であれば1回の送受信の開始から終了まで、電子メールであれば1通のメールの送受信が、一つの（1回の）「通話」に当たる[注]。

本条は、「傍受の実施を中断し又は終了すべき時」の前に「通話」が開始され、それが当該時刻を超えて継続される場合には、その通話が終了するまでは、引き続き、傍受の実施を継続することができるとするものである。

(注) 近時はインターネットを介した様々な形態の通信手段が生まれ、普及しているところ、それらの新たな通信手段における「通話」の個数（あるいはその「開始」及び「終了」の時点）についても、それらの通信手段の機能や利用の実態を踏まえて検討することとなる。例えば、インターネット上のソーシャル・ネットワーキング・サービスにおいて短文メッセージを即時にやり取りすることができるような通信では、個々の短文メッセージが「電子メール」と同様に機能し、利用されているのであれば、個々の送受信が1回の「通話」に当たると考えることとなろう。また、インターネットを通じて接続する端末間で映像と音声を同時に送受信し、それにより会話をすることを可能としつつ、同時に同じ画面上で短文メッセージの送受信（チャット）をすることもできるような「ウェブ会議」の場合には、そうした「会議」の開始（あるいはそれへの参加の開始）から終了までの一続きの通信が、その間にその当事者間で行われた短文メッセージの送受信も含め、一つの（1回の）「通話」と見ることもあり得るし、あるいは、映像と音声の送受信による一続きの「通話」と、個々の短文メッセージの送受信という「通話」とが同時並行で行われている（「通話」はその個数だけある）と見ることもあり得ると考えられる。

17　傍受の実施の終了

> （傍受の実施の終了）
> 第19条　傍受の実施は、傍受の理由又は必要がなくなったときは、傍受令状に記載された傍受ができる期間内であっても、これを終了しなければならない。

　本条は、傍受令状に記載された傍受ができる期間内であっても、傍受の理由又は必要がなくなったときは、傍受の実施を終了しなければならないことを規定している。

　「**傍受の理由**」とは、3条1項の規定により犯罪関連通信の傍受をすることを許す理由であり、具体的には、①同項1号から3号までのいずれかに該当する場合であること（対象犯罪等が犯され、犯されると疑うに足りる十分な理由があること等）、②犯罪関連通信が行われると疑うに足りる状況があること、及び③傍受の実施の対象としている通信手段が「被疑者が通信事業者等との間の契約に基づいて使用しているもの（犯人による犯罪関連通信に用いられる疑いがないと認められるものを除く。）」又は「犯人による犯罪関連通信に用いられると疑うに足りるもの」であることである。

　「**傍受の必要**」とは、他の方法によっては、犯人を特定し、又は犯行の状況若しくは内容を明らかにすることが著しく困難であること、その他犯人を特定し、又は犯行の状況若しくは内容を明らかにするために傍受をする必要があることである。

　傍受令状により一旦は「傍受ができる期間」として通信の傍受を許可された期間内であっても、傍受の実施の開始後の事情の変更により、傍受が許可された根拠がなくなったり、それを行う必要性自体がなくなったりしたときは、傍受の実施を継続する根拠（あるいは正当性）がなくなることから、傍受ができる期間の終期の到来を待たず、これを終了しなければならないこととするものである。

18 一時的保存を命じて行う通信傍受の実施の手続

(一時的保存を命じて行う通信傍受の実施の手続)
第20条　検察官又は司法警察員は、裁判官の許可を受けて、通信管理者等に命じて、傍受令状の記載するところに従い傍受の実施をすることができる期間(前条の規定により傍受の実施を終了した後の期間を除く。)内において検察官又は司法警察員が指定する期間(当該期間の終期において第18条の規定により傍受の実施を継続することができるときは、その継続することができる期間を含む。以下「指定期間」という。)に行われる全ての通信について、第9条第1号の規定により提供された変換符号を用いた原信号(通信の内容を伝達するものに限る。)の暗号化をさせ、及び当該暗号化により作成される暗号化信号について一時的保存をさせる方法により、傍受をすることができる。この場合における傍受の実施については、第13条の規定は、適用しない。
2　検察官又は司法警察員は、前項の規定による傍受をするときは、通信管理者等に命じて、指定期間内における通話の開始及び終了の年月日時に関する情報を伝達する原信号について、同項に規定する変換符号を用いた暗号化をさせ、及び当該暗号化により作成される暗号化信号について一時的保存をさせるものとする。
3　検察官又は司法警察員は、第1項の規定による傍受をするときは、次条第7項の手続の用に供するため、通信管理者等に対し、同項の手続が終了するまでの間第1項の規定による傍受をする通信の相手方の電話番号等の情報を保存することを求めることができる。この場合においては、第17条第2項後段の規定を準用する。
4　通信管理者等が前項の電話番号等の情報を保存することができないときは、検察官又は司法警察員は、これを保存することができる通信事業者等に対し、次条第7項の手続の用に供するための要請である旨を告知して、同項の手続が終了するまでの間これを保存することを要請することができる。この場合においては、第17条第3項後段の規定を準用する。

5 　検察官及び司法警察員は、指定期間内は、傍受の実施の場所に立ち入ってはならない。
6 　検察官及び司法警察員は、指定期間内においては、第１項に規定する方法によるほか、傍受の実施をすることができない。
7 　第１項の規定による傍受をした通信の復号による復元は、次条第１項の規定による場合を除き、これをすることができない。

　本条には、本条から22条までに共通するものとして「（一時的保存を命じて行う通信傍受の実施の手続）」との見出しが付されており、この３箇条が、この手続について規定している。
　一時的保存を命じて行う通信傍受の実施の手続は、裁判官の許可を受けて
① 　通信管理者等に命じて、傍受の実施をすることができる期間のうち捜査機関が指定する期間内に行われる通信を暗号化させた上で一時的に保存させ（本条１項）
② 　その後、通信管理者等に命じてこれを復号させた上で、通信管理者等の立会いの下、復元された通信を再生してその内容の聴取等をする（21条１項）
ものであり、②において再生した通信は、全て記録媒体に記録しなければならず（24条１項）、当該記録媒体は、立会人である通信管理者等により封印され、裁判官に提出されて保管されることとなる（25条２項・４項）。
　この方式による通信傍受の概要を図示すると、次のとおりである。

〈従来方式の通信傍受（参考）〉

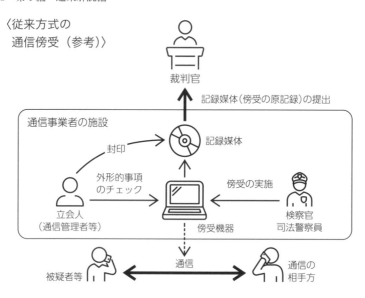

〈一時的保存を命じて行う通信傍受〉

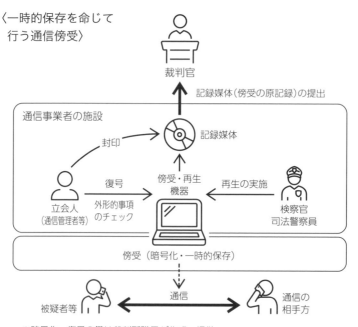

※暗号化・復号の鍵は裁判所職員が作成・提供

この手続は、暗号化等の技術的措置により、一時的保存の時点では捜査機関が通信の内容を知り得ない状態を確保しつつ、事後的に通信の内容の聴取等をすることを可能としたものであり、通信が行われたときにリアルタイムでその内容の聴取等をするまでの必要がない事案においても、捜査機関と立会人が、傍受の実施の期間中、常に待機し、通話がされるのを長時間にわたって待ち続けなければならない事態を解消し、通信事業者等の負担の軽減と捜査の効率化を図るものである。前記①の通信の暗号化及び一時的保存を機器により自動化し、無人で行うこととした場合には、深夜等、立会人の確保に困難が生じ得る時間帯等において行われる通信についても傍受を実施することが可能となる。また、捜査機関は、傍受令状の記載するところに従い傍受の実施をすることができる期間内において、従来方式による通信傍受とこの手続のいずれによるかを一定の期間ごとに区切って選択することが可能となる（本条6項も参照）。

本法において、「傍受」とは、現に行われている他人間の通信について、その内容を知るため、当該通信の当事者のいずれの同意も得ないで、これを受けることをいうところ（2条2項）、本条から22条までの手続においては、通信を暗号化し、暗号化信号の一時的保存をする行為がこの「傍受」の定義に該当することから、本条においてこれを「傍受」と位置付けた上で、その「傍受」をしたものについて次条により「再生」をしてその内容の聴取等をするものとされている。そのため、この手続においては、一定の期間内に特定の通信手段を用いて行われる全ての通信を「傍受」することになるが、その全ての通信の内容を捜査機関が知りことを許容するものではなく、その時点では、通信管理者等によりその管理する変換符号を用いた通信の暗号化がなされているため、捜査機関がその内容を知ることはできず、かつ、復号後の再生により捜査機関がその内容を知ることのできる通信の範囲は、従来方式による場合にその内容を知ることのできる通信の範囲と同じ（21条1項、3項〜6項）であるから、この手続による場合と従来方式による場合とで、通信の秘密に対する制約の程度に実質的な差異はない。

1 通信管理者等に命じて通信の暗号化及び一時的保存をさせる方法による通信の傍受等（1項）

⑴ 通信管理者等に対する一時的保存の命令

　本項は、検察官又は司法警察員が、裁判官の許可を受けて、通信管理者等に命じて通信の暗号化及び一時的保存をさせる方法により行う傍受等について規定する（裁判官の許可の要件については5条3項を、許可があった場合の傍受令状の記載については6条2項を、許可の請求については4条3項をそれぞれ参照。）。

　本項による傍受の主体は「検察官又は司法警察員」であるが、通信の暗号化及び一時的保存は、「**通信管理者等に命じて**」させることとされ、自らこれをすることはできない。これは、通信の暗号化及び一時的保存をする場合においては

① それらが、傍受令状により傍受を許可された通信手段について、その許可された期間内に行われた通信に限って行われること

② 一時的保存をされた暗号化信号が適切に保管・管理されること

を確保する必要があり、特定電子計算機（23条参照）を用いずにその手続の適正を担保するためには、当該通信手段の傍受の実施をする部分を管理するものである通信管理者等が前記①及び②の役割を担うこととするのが適切であることによる。

　本項において通信管理者等が行うこととされている通信の暗号化及び一時的保存は、裁判官の許可を受けて捜査機関が行う強制処分の一部であり、捜査機関が法令に基づいて命じるものであるから、通信管理者等は、本項の命令を受けたときは、当該命令に係る暗号化及び一時的保存をする法的義務を負う。なお、本項による命令については、12条により通信事業者等に対して傍受の実施に関し必要な協力を求める場合と異なり、「正当な理由がないのに、これを拒んではならない。」旨の規定がない。これは、本項により捜査機関が命じる行為は通信の暗号化及び一時的保存に限られており、裁判官が捜査機関に対してそれらの行為を命令することを許可にしたにもかかわらず、これに基づき捜査機関が命じたそれらの行為を通信

管理者等が拒否することについて、正当な理由がある場合というのは、基本的に想定されないことによる。

また、電気通信事業者は、通信管理者等として本項による命令を受けたときは、その効果として、その取り扱う通信の当事者に対して負う通信の秘密を守る義務（電気通信事業法4条）が、当該命令を履行する上で必要な範囲で解除されることとなると考えられる。もとより、本項により通信管理者等がする行為は、裁判官の発する傍受令状によりその許可を受けた捜査機関が、法令に基づいて通信管理者等に命じて行わせるものである。したがって、当該行為により通信の当事者等に損害が生じたとしても、その民事上の責任を負い得るのは国又は地方公共団体であって（国家賠償法1条）、通信管理者等は、命じられたとおり通信の暗号化及び一時的保存をする限り、その責任を負うことはないと考えられる。

なお、この手続は、基本的には、通信管理者による任意の協力を得て行うことが想定されていることから、命令の不履行に対する罰則等は設けられていないが、傍受令状にこの手続を許可する旨の記載があるときは、期間の指定をしないで（指定期間以外の期間に）従来方式による傍受をすることもできるから、仮に通信管理者等の協力が得られない場合には、捜査機関がこの方式により自力で傍受を行うことも、法的には可能である。

(2) 本項による傍受の実施をする期間の指定等

本項による傍受の対象となる通信は、「指定期間…に行われる全ての通信」である。

本項にいう「指定期間」の意味するところのうち、**「傍受令状の記載するところに従い傍受の実施をすることができる期間」**とは、基本的には、5条1項により裁判官が定め、傍受令状に記載した「傍受ができる期間」であるが、同条2項により傍受の実施に関する条件として傍受の実施をすることができない時間帯が指定され、傍受令状に記載されているときは、傍受ができる期間のうち当該時間帯を除いたものが、これに当たる（18条の解説参照）。

「検察官又は司法警察員が指定する期間」は、「傍受令状の記載するところに従い傍受の実施をすることができる期間」内で、検察官又は司法警察員が通信管理者等に対して指定する期間である。期間の指定は、検察官又は司法警察員が、本項による傍受をする必要があると認めるときに、その期間を通信管理者等に伝達することにより行う。日単位で行うことも、時間単位で行うこともでき、例えば、ある日の深夜から翌日の早朝にかけての時間帯のみ本項による傍受の実施をすることとする場合には、通信管理者等に対し、「令和○年○月1日午後11時から同月2日午前6時までの間」などと指定して、その間に行われる全ての通信について本項による暗号化及び一時的保存をするよう命じることとなる。

　もっとも、検察官又は司法警察員が指定する期間は、「傍受令状の記載するところに従い傍受の実施をすることができる期間」内におけるものでなければならないから、例えば、初めから傍受ができる期間の終期を超えて期間を指定したり、傍受の実施に関する条件として傍受令状に記載された傍受の実施をすることができない時間帯を含む期間を指定することはできない。適法に指定し得る期間を超えた期間の指定がされた場合には、通信管理者等は、その超える期間に行われた通信については、暗号化及び一時的保存をする義務を負わないこととなる。また、通信管理者等が適法に指定された期間を超える期間に行われた通信について暗号化及び一時的保存をした場合には、権限なく行われたものであるから、検察官又は司法警察員は、その復号を命じることはできず、その傍受の処分は、33条2項による取消し等の請求の対象となり得る。

　また、傍受ができる期間内であっても、傍受の理由又は必要がなくなったときは、傍受の実施を終了しなければならず（19条）、その終了後の期間に傍受の実施をすることはできないため、そのような状況においては、指定した期間の終期を待たずに傍受の実施を終了しなければならない。そのため、「指定期間」の意味するところのうち「傍受令状の記載するところに従い傍受の実施をすることができる期間」から「前条の規定により傍受の実施を終了した後の期間」が除かれている（「指定期間」はその分だけ検察官又は司法警察員が指定した期間よりも短くなり得る。）。

他方、「指定期間」には、「当該期間の終期において第18条の規定により傍受の実施を継続することができるときは、その継続することができる期間」が含まれる（この「当該期間」は検察官又は司法警察員が指定した期間である。「指定期間」は結果として検察官又は司法警察員が指定した期間よりも長くなり得る。）。例えば、傍受令状に記載された傍受ができる期間の終期が、指定された期間の終期とされている場合において、当該終期に現に通信が行われているため、18条の規定により通話が終了するまで傍受の実施を継続することができるときは、その傍受の実施を継続することができる期間が「指定期間」に含まれ、その間に行われた通信についても、指定期間における傍受として、本項による傍受が実施されることとなる。そのような期間を指定する場合には、通信管理者等に伝達する際に、当該期間の終期に現に通信が行われているときはその通話が終了するまで通信の暗号化及び一時的保存を継続する必要があることも、併せて説明しておくのが適切であろう。

⑶　通信の暗号化及び一時的保存

　　本項による傍受は、通信管理者等に命じて、指定期間に行われる全ての通信について、「第9条第1号の規定により提供された変換符号を用いた原信号（通信の内容を伝達するものに限る。）の暗号化をさせ、及び当該暗号化により作成される暗号化信号について一時的保存をさせる方法により」するものとされている。

　　「第9条第1号の規定により提供された変換符号」は、同号により裁判所の職員が作成して通信管理者等に提供した変換符号であり、この変換符号を用いた暗号化がされることにより、通信に係る原信号は「その対応変換符号」（同号）を用いなければ復元できないものとなる。

⑷　本項による傍受の実施

　　本項による傍受の実施については、13条（立会い）は適用されず、通信管理者等の立会いは不要である（本項後段）。本項による傍受の実施（5条2項）は

① 通信管理者等をして、指定期間に行われる通信について、その暗号化及びそれにより作成される暗号化信号の一時的保存をさせる方法により、傍受をすること
② 通信管理者等をして、指定期間中、通信が行われた場合には直ちにその暗号化及びそれにより作成される暗号化信号の一時的保存をすることができるよう、それに必要な機器の準備等をした上で、通信が行われるか否かを監視させること（機器を設置して所要の設定をすることにより通信が行われたときに自動的に把握される状態に置くことを含む。）

を意味し、暗号化や一時的保存は通信管理者等がするものであるから、そのような傍受の実施について13条による立会いを要求する意味がないからである。

本項による傍受の実施の具体的な「場所」は、傍受令状の発付の際に裁判官が定め（5条4項前段）、傍受令状に記載される。「指定期間…における傍受の実施の場所」と「指定期間以外の期間における傍受の実施の場所」がそれぞれ定められ（同項後段）、傍受令状に記載されている場合には、本項による傍受の実施は、前者の場所においてする（前者の場所に必要な機器を設置してする）こととなる。

11条（必要な処分等）、12条（通信事業者等の協力義務）、18条（傍受の実施を中断し又は終了すべき時の措置）及び19条（傍受の実施の終了）は、本項による傍受の実施についても適用される。したがって、検察官又は司法警察員は、本項による傍受の実施について「必要な処分」をすることができ（11条）、また、通信事業者等に対して、本項による傍受の実施に関し「必要な協力」を求めることができる（12条）。

他方、14条から16条までは、本項による傍受が指定期間「に行われる全ての通信について」することができるとするものであることに照らし、当然に適用されない。また、本項による傍受の実施をしている間に行われた通信については、暗号化をされ、捜査機関はその内容を知ることができないから、17条1項による電話番号等の探知の要件を満たすことがなく、同項による探知はすることができない（これに代わる電話番号等の情報の保存の求め及び要請については本条3項、4項）。

第 2 章　通信傍受の要件及び実施の手続（20条）　105

2　指定期間内の通話の日時等に関する情報の一時的保存（2項）

(1)　ある通信が傍受され、その内容の聴取等がされたとしても、当該通信がいつになされた通話の機会に行われたものであるかが不明であれば、当該通信と被疑事実との関連性等を適切に判断することは困難である。また、一時的保存後の再生が該当性判断のために必要な最小限度の範囲（21条3項）でされたものであるか否かを事後的に検証できるようにする上でも、傍受の対象となる通信手段を用いてされた通話の開始及び終了の年月日時の情報は、必要不可欠である。

　そこで、本項は、後に再生の実施をする際等にこれらのために必要となる情報を確保しておく観点から、前項による傍受をするときは、通信管理者等に命じて、指定期間内における通話の開始及び終了の年月日時に関する情報を伝達する原信号について、暗号化及び一時的保存をさせることとするものである。

　本項による暗号化及び一時的保存をされた通話の開始及び終了の年月日時に関する情報は、21条1項による再生の実施の際に、通信管理者等により復号・復元され（同条2項）、再生の実施の際の該当性判断（同条3項）に用いられる。また、その通話の開始及び終了の年月日時は、28条1項の書面に記載される。

(2)　本項による暗号化及び一時的保存の対象は、「**指定期間内における通話の開始及び終了の年月日時に関する情報を伝達する原信号**」である。例えば、通信事業者等の電気通信設備内に記録・保存されている当該通話の開始及び終了の年月日時に関するデータや、通信管理者等が本項による暗号化及び一時的保存に用いる機器においてそれらの処理に伴い作成される処理時刻に関するデータ（ログ）等が考えられる。

　本項による暗号化に用いられる変換符号は、前項「に規定する変換符号」であり、同項による通信の内容を伝達する原信号の暗号化に用いられるものと同じもの（9条1号。前記1(3)参照）である。

3　通信の相手方の電話番号等の情報の保存の求め（3項）

(1)　本条1項による傍受をする場合には、同項による傍受の実施をしている間に行われた通信が「傍受すべき通信」等に該当すると判断されるに至ったり、あるいは、これが傍受すべき通信に該当するかどうかの判断をするため、その通信の相手方の電話番号等を知るための行為（17条1項の「探知」に当たる行為）を行う必要が生じたりするのは、一時的保存の終了後、すなわち、当該通信の終了後となるが、通信の発信者である相手方の電話番号等に関する情報は、通信事業者の下では、一旦は把握されて記録されたとしても短期間で消去されることが多く、一時的保存をした通信の相手方の電話番号等を知るための行為を行う時までの間に消去されてしまう可能性がある。

　そこで、本項は、本条1項による傍受をするときは、通信管理者等に対し、一時的保存をする通信の相手方の電話番号等の情報を保存することを求めることができることとしている。これにより一時的保存をされた電話番号等の情報は、21条7項に規定する場合にその開示を受けることができることとされており、通信管理者等に対しては、その開示の手続が終了するまでの間保存することを求めることができる。

(2)　本項により保存することを求めることができるのは、本条「**第1項の規定による傍受をする通信の相手方の電話番号等の情報**」であり、同項による傍受は指定期間内に行われる全ての通信についてなされるから、その全ての通信の相手方の電話番号等の情報の保存を求めることができる。

　本項による求めを受けた通信管理者等は、本項に規定する情報を、21条7項「の手続が終了するまでの間」保存すれば足り、開示後はその保存を続ける必要はない。

　本項による求めについては、17条2項後段が準用される。したがって、本項による求めがなされたときは、通信管理者等は、正当な理由がないのにこれを拒んではならない。「正当な理由」の意義は17条2項の場合と同様であり、これに当たる場合としては、例えば、本項により求められた措

置が、通信管理者等の有する設備や技術によって可能な範囲を超えている場合や、通信管理者等の業務に著しい支障を来す場合等が考えられる。

4　他の通信事業者等に対する電話番号等の情報の保存の要請（4項）

⑴　通信管理者等は、通常は、傍受の実施の対象となる電話等の通信手段を契約に基づきその利用者に利用させている通信事業者等であるから、その事業上、当該通信手段を用いて行われる通信の相手方の電話番号等を取り扱っており、その保存をすることも可能であるが、通信サービスの提供の形態によっては、その保存をすることができるのが通信管理者等以外の者である場合もあり得る（17条3項の解説参照）。そこで、本項は、そのような場合には、その保存をすることができる通信事業者等に対し、これを保存することを要請することができるものとしている。

⑵　本項による要請は、通信事業者等に対し、21条7項の手続の用に供するための要請である旨を告知して行う（告知や要請の方法については、17条3項の解説も参照）。

　本項により要請することができるのは、「同項の手続が終了するまでの間これを保存すること」、すなわち、21条7項の手続が終了するまでの間、前項の電話番号等の情報を保存することであり、その要請の対象となる情報や保存すべき期間については、前項の場合と同様である。

　本項による要請については、17条2項後段を準用する同条3項後段を準用することとされており、本項による要請を受けた通信事業者等は、正当な理由なくこれを拒むことができない。

5　指定期間内における傍受の実施の場所への立入りの禁止（5項）

　本項は、検察官及び司法警察員は、指定期間内は、傍受の実施の場所に立ち入ってはならないと規定する。これは、仮にそのような立入りができるとすると、捜査機関が、通信管理者等による通信の暗号化がなされる前に通信の内容を知ることが可能になることから、そのような事態が生じないようにするためである。

　「指定期間における傍受の実施の場所」と「指定期間以外の期間における傍受の実施の場所」がそれぞれ定められ（5条4項後段）、傍受令状に記載されている場合には、検察官及び司法警察員は、指定期間内において、前者の場所に立ち入ってはならないこととなる。

　検察官又は司法警察員が指定期間内に傍受の実施の場所に立ち入ろうとするときは、その指定を解除し、本条1項による傍受の実施を中断させなければならない。

　本項により傍受の実施の場所への立入りを禁止されるのは「検察官及び司法警察員」であるが、11条2項により同条1項の処分を行う検察事務官及び司法巡査や、検察官又は司法警察員の通信傍受法上の権限行使を補助する検察事務官及び司法巡査も、検察官及び司法警察員と同様に、指定期間内は傍受の実施の場所に立ち入ることができない。

6　指定期間内における他の方法による傍受の実施の禁止（6項）

　本項は、検察官又は司法警察員は、指定期間内においては、本条1項に規定する方法によるほか、傍受の実施をすることができないと規定する。

　傍受令状に本条1項の許可をする旨の記載がある場合には、同項により、指定期間について、通信管理者等に命じて通信の暗号化及び一時的保存をさせる方法により傍受の実施をすることができるほか、指定期間以外の期間については、従来方式による傍受の実施をすることも可能であるが、本項は、指定期間内においては同一の通信手段について従来方式による傍受の実施を重ねてすることができないことを明らかにするものである。

7　他の方法による復号の禁止（7項）

　本項は、本条1項による傍受をした通信の復号による復元は、21条1項による場合を除き、これをすることができないと規定している。

　本条1項による傍受をした通信は、9条1号により提供された変換符号により暗号化されており、その復号は、通信管理者等が保持する対応変換符号を用いない限り、物理的に不可能であることから、その復号による通信の復元は、当該対応変換符号を用いる（すなわち「21条1項による」）以外に方法はないが、本項は、この点を法規範上も明確にするものである。

第21条　検察官又は司法警察員は、前条第1項の規定による傍受をしたときは、傍受の実施の場所（指定期間以外の期間における傍受の実施の場所が定められているときは、その場所）において、通信管理者等に命じて、同項の規定により一時的保存をされた暗号化信号について、第9条第1号の規定により提供された対応変換符号を用いた復号をさせることにより、同項の規定による傍受をした通信を復元させ、同時に、復元された通信について、第3項から第6項までに定めるところにより、再生をすることができる。この場合における再生の実施（通信の再生をすること並びに一時的保存のために用いられた記録媒体について直ちに再生をすることができる状態で一時的保存の状況の確認及び暗号化信号の復号をすることをいう。以下同じ。）については、第11条から第13条までの規定を準用する。

2　検察官又は司法警察員は、前項の規定による再生の実施をするときは、通信管理者等に命じて、前条第2項の規定により一時的保存をされた暗号化信号について、前項に規定する対応変換符号を用いた復号をさせることにより、同条第2項の規定により暗号化をされた通話の開始及び終了の年月日時に関する情報を伝達する原信号を復元させるものとする。

3　検察官又は司法警察員は、第1項の規定による復号により復元された通信のうち、傍受すべき通信に該当する通信の再生をすることができるほか、傍受すべき通信に該当するかどうか明らかでないものについては、傍受すべき通信に該当するかどうかを判断するため、これに必要な最小限度の範囲に限り、当該通信の再生をすることができる。

4　検察官又は司法警察員は、第1項の規定による復号により復元された通信のうち、外国語による通信又は暗号その他その内容を即時に復元することができない方法を用いた通信であって、再生の時にその内容を知ることが困難なため、傍受すべき通信に該当するかどうかを判断することができないものについては、その全部の再生をすることができる。この場合においては、速やかに、傍受すべき通信に該当する

かどうかの判断を行わなければならない。
5　検察官又は司法警察員は、第1項の規定による復号により復元された通信の中に、第15条に規定する通信があるときは、当該通信の再生をすることができる。
6　第16条の規定は、第1項の規定による復号により復元された通信の再生をする場合について準用する。
7　検察官又は司法警察員は、前条第1項の規定による傍受をした通信について、これが傍受すべき通信若しくは第5項の規定により再生をすることができる通信に該当するものであるとき、又は第3項若しくは第4項の規定による傍受すべき通信に該当するかどうかの判断に資すると認めるときは、同条第3項の規定による求め又は同条第4項の規定による要請に係る電話番号等のうち当該通信の相手方のものの開示を受けることができる。この場合においては、第17条第1項後段の規定を準用する。
8　第1項の規定による再生の実施は、傍受令状に記載された傍受ができる期間内に終了しなかったときは、傍受令状に記載された傍受ができる期間の終了後できる限り速やかに、これを終了しなければならない。
9　第1項の規定による再生の実施は、傍受の理由又は必要がなくなったときは、傍受令状に記載された傍受ができる期間内であっても、その開始前にあってはこれを開始してはならず、その開始後にあってはこれを終了しなければならない。ただし、傍受の理由又は必要がなくなるに至るまでの間に一時的保存をされた暗号化信号については、傍受すべき通信に該当する通信が行われると疑うに足りる状況がなくなったこと又は傍受令状に記載された傍受の実施の対象とすべき通信手段が被疑者が通信事業者等との間の契約に基づいて使用しているものではなくなったこと若しくは犯人による傍受すべき通信に該当する通信に用いられると疑うに足りるものではなくなったことを理由として傍受の理由又は必要がなくなった場合に限り、再生の実施をすることができる。

本条は、前条1項により一時的保存をされた暗号化信号の復号やそれにより復元された通信の再生等について規定する。

一時的保存を命じて行う通信傍受の実施の手続においては、一定の期間（「指定期間」。前条1項）内に特定の通信手段を用いて行われる全ての通信の「一時的保存」がされるが（同項）、この時点（同項による傍受の実施の時点）では「暗号化」されているため、捜査機関がその内容を知ることはできず、本条1項による「復号」がされ、復元された通信について「再生」がされて初めて、その内容を知り得ることとなる（「暗号化」、「復号」、「一時的保存」及び「再生」の意義については、2条4項から6項まで及びその解説参照）。

本条による「再生の実施」（本条1項後段。後記1参照）は、一時的保存の過程を経ることで、言わば、従来方式による「傍受の実施」（通信が行われるときにリアルタイムに行うもの）を時間軸をずらして行うものであり、本条は、そのような性質を考慮して、再生の実施について、従来方式による傍受の実施に適用される規定と同様の内容を規定している（本条3項から9項まで。詳細は各項の解説を参照）。

1 一時的保存をされた暗号化信号の復号、復元された通信の再生等（1項）

(1) 通信管理者等に対する暗号化信号の復号の命令等

本項は、検察官又は司法警察員が、傍受の実施の場所において、①通信管理者等に命じて、前条1項の規定により「一時的保存をされた暗号化信号」について、9条1号の規定により通信管理者等に提供された「対応変換符号を用いた復号」をさせること、及び、これと同時に、②それにより「復元された通信」について、「第3項から第6項までに定めるところにより、再生をする」こと等について規定する。本項による「再生」（あるいは「再生の実施」）は、「**前条第1項の規定による傍受をしたとき**」においてするものとされており、同項に規定する「裁判官の許可」があることが、その前提とされている。①及び②のいずれについてもその実施主体は「検察官又は司法警察員」であること、もっとも、①は「通信管理者等に

命じて」行わせるものであり、検察官や司法警察員が自らこれをすることはできないこと、通信管理者等は命令を受けることによりこれを実施すべき法的義務を負うこととなることなどは、前条1項の場合と同様である（同項の解説参照）。

なお、一時的保存をされた暗号化信号が複数ある場合における復号は、必ずしも、一時的保存がされた順にしなければならないものではなく、いずれを先に復号させても差し支えない。

本項による「復号」は、「**第9条第1号の規定により提供された対応変換符号**」、すなわち裁判所の職員が同号の規定により作成して通信管理者等に提供した、前条1項による暗号化に用いる変換符号の対応変換符号を用いて行われ、これにより、同項による傍受をした通信（その際に暗号化の対象となった通信。傍受をした通信が外国語等通信（14条2項参照）であったのであれば外国語等通信）が復元されることとなる。

(2) 復元された通信の「再生」

本項による「再生」は、通信管理者等に命じて復号をさせたことにより「復元された通信」について、本条「**第3項から第6項までに定めるところにより**」するものとされており、再生することができる通信の範囲は、これらの項に具体的に定められている。

すなわち
① 傍受すべき通信に該当する通信を再生すること（3項。従来方式における傍受の場合の3条1項に対応するもの）
② ①に該当するかどうかを判断するために再生すること（3項・4項。従来方式における傍受の場合の14条1項・2項に対応するもの）
③ 他の犯罪の実行を内容とすることが明らかな通信を再生すること（5項。従来方式における傍受の場合の15条に対応するもの）

ができるものとされている一方で、医師等の業務に関する通信を再生することは禁止されている（6項。従来方式における傍受の場合の16条に対応するもの）。

本項による再生は、通信管理者等に復号をさせることにより、通信を復元させた上で、これと「**同時に**」することとされている。したがって、復号により復元された通信を再生せずに保存しておき、その後において再生をすることはできない。

(3)　復号をさせ、再生をする「場所」

本項による復号及び再生は、「傍受の実施の場所」においてすることとされ、「指定期間における傍受の実施の場所」と「指定期間以外の期間における傍受の実施の場所」がそれぞれ定められ（5条4項後段）、傍受令状に記載されている場合には、後者の場所においてすることとなる。

(4)　本項による「再生の実施」

本項（前段）による「再生の実施」については、傍受の実施についての規定である11条（必要な処分等）、12条（通信事業者等の協力義務）及び13条（立会い）が準用される。

「**再生の実施**」とは、①通信の再生をすること並びに②一時的保存のために用いられた記録媒体について直ちに再生をすることができる状態で一時的保存の状況の確認及び暗号化信号の復号をすることをいい、その概念の構造は、「傍受の実施」（5条2項）と同様である。すなわち、①は通信の再生そのものを指し、②はこれに付随して必要となる行為として、復号がされた場合には直ちに再生することができるよう、それに必要な機器の準備等をした上で、一時的保存がなされた暗号化信号の有無等を確認し、その存在等が確認された暗号化信号について復号をすることを指す。例えば、暗号化信号の「復号」及び復元された通信の「再生」に用いられている電子計算機のモニター上に、一時的保存がなされた暗号化信号のデータファイルの個数やその状態等を表示させて確認し、確認された暗号化信号のデータファイルについて復号をし、復元された通信について当該電子計算機又は別の電子計算機を用いて再生することなどが「再生の実施」に当たる行為である。本項（前段）による再生の実施には、通信管理者等を立ち会わせなければならない（本項後段が準用する13条1項）。立会人は再生

の実施に関し意見を述べることができる（同条2項）。立会人の氏名及び職業並びにその述べた意見は、傍受の実施の終了後及び傍受ができる期間の延長を請求する時に裁判官に提出される書面に記載される（28条1項5号及び6号）。

　立会人の役割は、基本的に、従来方式による傍受の実施についての立会人の役割（13条1項の解説参照）と同様である。すなわち、再生の実施は、傍受令状に傍受の実施の対象とすべき通信手段として記載された通信手段によって行われた通信を、通信管理者等が暗号化し、一時的保存をした後に行われるものであるから、対象となる通信手段が傍受令状に記載されたものに間違いがないかといった点や、傍受ができる期間が遵守されているかといった点については、改めてチェックをする必要はないのであるが、立会人は、再生の実施がなされている間は、その現場に臨場し

① 通信管理者等が復号により復元した通信について、本条3項・4項による該当性判断のための再生が、適正な方法で行われているか

② 再生した通信について、全て録音等の記録がされているか（24条）

といった外形的な事項についてチェックし、また、

③ 再生した通信等を記録した記録媒体の封印を行う（25条2項）

こと等により、本項（前段）による再生の実施について、その適正を期する役割を担うものである。

　再生の実施に立ち会わせる通信管理者等は、本項による復号をさせる通信管理者等と別の者である必要はなく、同じ者にこれらを行わせることとしても差し支えない。

　前記のとおり、本項（前段）による再生の実施には、11条及び12条も準用されることから、検察官又は司法警察員は、再生の実施について必要な処分をすることができ、通信事業者等に対し、再生の実施に関し必要な協力を求めることができる。

2　指定期間内の通話の日時等に関する情報の復号による復元（2項）

　本項は、「前条第2項により一時的保存をされた暗号化信号」、すなわち、「指定期間内における通話の開始及び終了の年月日時に関する情報を伝達する原信号」（同項）が暗号化されて一時的保存をされたものについて「復号」をさせることにより、当該原信号を復元させること等を規定する（復元された原信号の用途等については、20条2項の解説参照）。

　本項による復号は、「前項の規定による再生の実施をするとき」に、「通信管理者等に命じて」させることとなり、その際は、前項による復号に用いられるのと同じ対応変換符号が用いられる。

3　傍受すべき通信に該当する通信の再生及び該当性判断のための再生（3項）

　本項は、本条1項による復号により復元された通信のうち、①「傍受すべき通信に該当する通信」の再生をすることができること、及び②「傍受すべき通信に該当するかどうか明らかでないもの」については、「傍受すべき通信に該当するかどうかを判断するため、これに必要な最小限度の範囲に限り」再生することができることを規定する。

　前記のとおり、本項による再生の実施は、言わば、従来方式による傍受の実施を時間軸をずらして行うものであり、本項は、一時的保存がされた後に本条1項による復号によって復元された通信が

① 「傍受すべき通信に該当する通信」であるときは、従来方式における傍受において3条1項により犯罪関連通信の傍受が許されるのと同様に、これを再生することができるものとし、

② これに該当するかどうかが直ちに明らかとならないものについては、従来方式における傍受において14条1項によりその判断に必要な最小限度の範囲に限って傍受が許されるのと同様に、それと同程度の再生をすることができるものとする

ものである。

14条1項の場合と同様に、後者（②）における再生の最小化の方法は、法文上は限定されていないが、同項の場合における「スポット傍受」（同項の解説参照）と同様の、言わば「スポット再生」の方法により実施することが想定されたものである。

国公委規14条は、「スポット再生」（本項による再生であって、傍受すべき通信に該当するかどうか明らかでない通信に係るもの）の具体的な手順等を規定している。

これによれば、スポット再生は、スポット再生の開始時からあらかじめ設定した時間が経過し、又はスポット再生を開始した部分からあらかじめ設定した部分までの範囲を表示すると自動的にスポット再生が中断される機能、スポット再生をしている旨を標示する機能その他スポット再生の適正を確保するための機能を有する機器を用いて行うものとされ（同条1項）、「通話ごと」にスポット再生をするものとされる（同条3項）。

そして、スポット再生をしている場合において、当該スポット再生に係る通信が、「傍受すべき通信に該当することが明らかである」と認めるに至ったときは、スポット再生を終了して「令状記載再生」（本項による再生であって傍受すべき通信に該当する通信に係るもの）を開始するものとし（同条4項1号）、傍受すべき通信に該当しないことが明らかであるものが行われていると認めるに至った場合は、直ちに再生を終了するものとしている（同条7項）。

また、スポット傍受の場合と同様に、再生の最小化のため、スポット再生の開始時からあらかじめ警察本部長が指定した時間内に中断しなければならず（同条5項）、その一方で、中断時点からあらかじめ警察本部長が指定した時間が経過した後において、中断時に行われていた通話が引き続き行われており、該当性判断のために必要と認めるときは、スポット再生を開始するものとしている（同条6項）。

【スポット再生のイメージ図】

○犯罪関連通信等があった場合

通話再生開始

　　　　　　　　　　　　　　　　　　犯罪関連通信等と判断
　　　　　　　　　　　　　　　　　　　　　↓

A秒	B秒	C秒	令状記載再生として再生可能
再生	中断	再生	

○犯罪関連通信等の該当性が判断できない場合

通話再生開始　　　　　　　　　　　　　　　　　　　　　　　　通話終了

A秒	B秒	C秒	B秒	C秒
再生	中断	再生	中断	再生

4　外国語による通信等の全部再生（4項）

　本項は、本条1項による復号により復元された通信のうち、「外国語による通信」又は「暗号その他その内容を即時に復元することができない方法を用いた通信」であって、「**再生の時にその内容を知ることが困難なため、傍受すべき通信に該当するかどうかを判断することができないもの**」については、その全部の再生をすることができ、再生をした通信については、速やかに該当性判断を行わなければならないことを規定する。

　従来方式における傍受の場合の14条2項に対応するものであり、「外国語による通信」等の意義については、同項のものと同じである。

5　他の犯罪の実行を内容とする通信の再生（5項）

　本項は、本条1項による復号により復元された通信の中に「第15条に規定する通信」があるときの当該通信の再生について規定する。

　「第15条に規定する通信」とは、「傍受令状に被疑事実として記載されている犯罪以外の犯罪であって、別表第一若しくは別表第二に掲げるもの又は死刑若しくは無期若しくは短期1年以上の懲役若しくは禁錮に当たるものを実行したこと、実行していること又は実行することを内容とするものと明らかに認められる通信」（同条）を指す。

6　医師等の業務に関する通信の再生の禁止（6項）

　本項は、本条1項による復号により復元された通信の再生をする場合について、16条の規定を準用することを規定するものである。

　同条の場合と同様に、復元された通信が医師等の業務に関するものと認められるときは、これを再生することは禁止される。

7　傍受をした通信の相手方の電話番号等の開示（7項）

(1)　通信の相手方の電話番号等の開示を受けることができる要件等

　　本項は、前条1項の規定による傍受（暗号化及び一時的保存）をした通信の相手方の電話番号等の開示を受けるための要件等を規定している。従来方式による場合における17条に対応するものである。

　　本項により電話番号等の開示を受けることができる場合は、17条1項により電話番号等の探知をすることができる場合に準ずる形で規定されている。すなわち、本項により通信の相手方の電話番号等の開示を受けることができるのは、前条1項による傍受をした通信について

①　これが傍受すべき通信若しくは本条5項により再生をすることができる通信（他の犯罪の実行を内容とする通信）に該当するものであるとき、又は

② 本条3項若しくは同条4項による傍受すべき通信に該当するかどうかの判断（該当性判断）に資すると認めるとき

である。

本項による開示は、これらの場合において必要があるものとして受けることができることとされているものであるから、開示を受けることができる時期は、再生の実施をしている間に限られず、①の開示は再生の実施の終了後においても受けることができ、②の開示は再生の実施の開始前又は終了後のいずれであっても受けることができる。

また、17条1項の場合と異なり、電話番号等の開示を受けることのできる場所は、「傍受の実施の場所」に限られない。これは、本項の場合には、捜査機関は、通信管理者等が保存する電話番号等の開示を受けるのみであり、同条1項による「探知」の場合と異なり、これを実施することができる場所を限定する必要がないためである（同項の解説も参照）。

なお、本項による開示については、17条1項後段が準用され、別に令状を必要としない。その趣旨は、同項の場合と同様である。

(2) 開示を受けることができる電話番号等

本項により開示を受けることができる「通信の相手方の電話番号等」は、前条「第3項の規定による求め…に係る電話番号等」、すなわち、（前条1項による通信の暗号化及び一時的保存を行う）通信管理者等に対して同条3項によって求め、その情報の保存がなされた電話番号等、又は、「同条第4項の規定による要請に係る電話番号等」、すなわち、通信事業者等に対して前条4項によって要請し、その情報の保存がなされた電話番号等のうち、「当該通信の相手方のもの」であって、前記(1)の要件を満たすものである。

前条3項による求めに基づいて通信管理者等により保存されたもの及び同条4項による要請に基づいて通信事業者等により保存されたもの以外の電話番号等の情報については、本項により開示を受けることはできない。

8　再生の実施を終了すべき時期（8項）

　本項は、傍受令状に記載された傍受ができる期間内に再生の実施が終了しなかったときは、傍受ができる期間の終了後できる限り速やかにこれを終了させなければならないことを規定している。

　前条1項による一時的保存は、その後復号がされるまでの中間的・暫定的なものであるから、再生の実施は、一時的保存後速やかに行われるべきものであり、通常は、傍受令状に記載された傍受ができる期間内に行われることになると考えられるが、傍受ができる期間の終了時まで一時的保存をした場合等においては、再生の実施は、傍受ができる期間の終了後に行われることとなる。もっとも、一時的保存が飽くまで中間的・暫定的なものであることに鑑みれば、そのような場合でも、一時的保存後、再生の実施がされないまま漫然とその保存が継続されることとなるのは適切でないことから、再生の実施は、傍受ができる期間内に終了しなかったときは、できる限り速やかに終了しなければならないこととされたのである。

　「再生の実施…を終了」するとは、再生の実施を最終的にやめることをいう。再生の実施が「傍受ができる期間内に終了しなかったとき」としては、傍受ができる期間内に再生の実施を開始したものの、その期間内に終了しなかった場合のほか、傍受ができる期間内に再生の実施を開始しておらず、したがって終了もしていない場合が考えられる。後者の場合、傍受ができる期間の終了後、できる限り速やかに再生の実施を開始し、あるいは、それらが不要であると判断される場合には、その時に再生の実施を終了しなければならない。なお、仮に、傍受ができる期間の終了後、再生の実施を開始しないまま、本項によれば再生の実施を終了すべき時期と客観的に認められる時期を徒過したときは、もはや再生の実施を開始しても本項の義務を履行することができないことから、再生の実施を開始すること自体ができないこととなる。その結果、再生の実施は、開始を経ずに終了したこととなり、22条2項の「前条第1項の規定による再生の実施を終了するとき」に該当するため、復号していない暗号化信号は、通信管理者等に命じて、全て消去させなければならないこととなる。

9 再生の実施の終了（9項）

(1) 本項は、傍受の理由又は必要がなくなった場合には再生の実施をしてはならないこと、すなわち、その開始前にあっては開始してはならず、開始後にあっては終了しなければならないこと等について規定している。19条は、傍受の理由又は必要がなくなったときは、傍受令状に記載された傍受ができる期間内であっても、傍受の実施を終了しなければならないと規定するが、そのような場合には、一時的保存をされた暗号化信号について復号をし、復元された通信の再生をする理由又は必要もないこととなるからである。傍受の「理由」及び「必要」の意義は同条と同じである。

「再生の実施…を開始」するとは、再生の実施を始めることをいい、再生の実施を中断した後、これを再開する場合を含む。再生の実施は、復号がされた場合には直ちに再生することができるよう、必要な機器の準備等をした上で、「一時的保存の状況の確認」を始めることにより「開始」することとなる。その後に復号及び再生をしたか否かは問わない。

(2) 未復号の暗号化信号がある場合の措置（本項ただし書）

傍受の理由又は必要がなくなった場合であっても、それまでの間に一時的保存をした暗号化信号であって、いまだ復号がされていないものが存在することがあり得る。

そのような場合のうち、例えば、3条1項各号に定める犯罪の十分な嫌疑の要件を欠くに至ったために「傍受の理由」がなくなった場合については、通信傍受を実施する根拠自体が失われていることから、いまだ復号されていない暗号化信号がある場合であっても、その復号をすることは相当でないと考えられる。

これに対し
① 傍受すべき通信に該当する通信が行われると疑うに足りる状況がなくなったこと、

又は
② 傍受令状に記載された傍受の実施の対象とすべき通信手段が、被疑者

が通信事業者等との間の契約に基づいて使用しているものではなくなったこと若しくは犯人による傍受すべき通信に該当する通信に用いられると疑うに足りるものではなくなったこと

を理由として、「傍受の理由又は必要」がなくなった場合については、犯罪の十分な嫌疑の要件はなお満たされており、傍受の必要性も失われていない上、その時点においていまだ復号されていない暗号化信号について一時的保存がされた当時においては、傍受すべき通信に該当する通信が行われる蓋然性があり、また、当該通信手段は被疑者が使用するもの等であったのであるから、当該暗号化信号には、傍受すべき通信に該当する通信に係るものが含まれている蓋然性があることとなる。

そこで、これらの場合には、傍受の理由又は必要がなくなった場合であっても、それまでの間に一時的保存をされた暗号化信号について再生の実施をすることができることとされている。

「傍受すべき通信に該当する通信が行われると疑うに足りる状況がなくなった」とは、3条1項に定める通信傍受の要件のうち、「犯罪関連通信…が行われると疑うに足りる状況があり」に対応するものであり、この要件が欠けるに至ったことを指す。

また、「傍受令状に記載された傍受の実施の対象とすべき通信手段が被疑者が通信事業者等との間の契約に基づいて使用しているものではなくなったこと若しくは犯人による傍受すべき通信に該当する通信に用いられると疑うに足りるものではなくなったこと」とは、3条1項に定める通信傍受の要件のうち、傍受の実施の対象とすべき通信手段に関するもの、すなわち、電話番号等によって特定された通信手段であって、「被疑者が通信事業者等との間の契約に基づいて使用しているもの（犯人による犯罪関連通信に用いられる疑いがないと認められるものを除く。）又は犯人による犯罪関連通信に用いられると疑うに足りるもの」との要件に対応するものであり、この要件が欠けるに至ったことを指す。

本項ただし書に該当し得る場合としては、例えば、携帯電話について傍受の実施をしていたところ、被疑者及びその共犯者が一斉に携帯電話の使用をやめた場合（前記①）、傍受の実施の対象としていた携帯電話が、傍

受の実施をしている間に当該被疑事件とは全く無関係の第三者に譲渡され、犯罪に関する通信に使われる可能性がなくなった場合（前記②）等が考えられる。

　なお、本項ただし書による再生の実施の対象となるのは、**「傍受の理由又は必要がなくなるに至るまでの間に一時的保存をされた暗号化信号」**であり、傍受の理由又は必要がなくなるに至った後に一時的保存をされた暗号化信号は、その対象とならない。

第2章　通信傍受の要件及び実施の手続（22条）　125

> 第22条　通信管理者等は、前条第1項の規定による復号が終了したときは、直ちに、第20条第1項の規定により一時的保存をした暗号化信号を全て消去しなければならない。前条第2項の規定による復号が終了した場合における第20条第2項の規定により一時的保存をした暗号化信号についても、同様とする。
> 2　検察官又は司法警察員は、前条第1項の規定による再生の実施を終了するとき又は同条第9項の規定により再生の実施を開始してはならないこととなったときに、第20条第1項及び第2項の規定により一時的保存をされた暗号化信号であって前条第1項及び第2項の規定による復号をされていないものがあるときは、直ちに、通信管理者等に命じて、これを全て消去させなければならない。

　本条は、前条1項又は2項による復号が終了した場合における暗号化信号の消去等について規定している。

1　復号が終了した場合における暗号化信号の消去（1項）

　本項前段に規定する「第20条第1項の規定により一時的保存をした暗号化信号」とは、通信の内容を伝達する原信号の暗号化により作成され一時的保存をされた暗号化信号であり、本項後段に規定する「第20条第2項の規定により一時的保存をした暗号化信号」とは、指定期間内における通話の開始及び終了の年月日時に関する情報を伝達する原信号の暗号化により作成され一時的保存をされた暗号化信号である。これらの暗号化信号は、検察官又は司法警察員の命令により通信管理者等が復号をするまでの間に限り、一時的に保存されているものであるから、その復号が終了したときは、通信管理者等がその保存を継続する必要はなく、また、一時的保存の目的を達して不必要になった暗号化信号が漫然と保存され続けることは適切でもない。そこで、これらの暗号化信号について復号が終了したときは、直ちに全て消去しなけ

ればならないこととされたのである。

「前条第1項の規定による復号が終了したとき」とは、20条1項による暗号化により作成され、一時的保存をされた暗号化信号について、前条1項により通信管理者等による復号がされ、これが終了したときである（本項後段の場合には、前条2項による復号が終了したときということになる。）。

復号が終了したときは、一時的保存をされた暗号化信号を、「直ちに」「全て消去」しなければならないこととされているから、例えば、一通話ごとに一つの音声データファイルとして作成された原信号を暗号化した暗号化信号のデータファイルが複数存在し、それらについて一時的保存をしている場合、これら全てのデータファイルの復号を終了したときにまとめて消去すれば足りるものではなく、そのうち一つの暗号化信号のデータファイル全部の復号を終えたときは、その都度、当該データファイル全部を消去しなければならない。

本項による暗号化信号の消去は、本条2項による場合と異なり、検察官又は司法警察員が通信管理者等に命じてさせるものとはされていない。したがって、通信管理者等は、暗号化信号の復号が終了したときは、検察官又司法警察員の指示がなくとも、これを消去しなければならない。

2 再生の実施を終了する場合等における暗号化信号の消去（2項）

本項は、再生の実施を終了する場合等における、いまだ復号されていない暗号化信号の消去について規定している。再生の実施を終了するときなど、以後暗号化信号の復号がなされないこととなったときは、通信管理者等がその保存を継続する必要はなく、また、適切でもない。そこで、検察官又は司法警察員は、直ちに、通信管理者等に命じて、その消去を命じなければならないこととされたのである。

なお、本条1項の場合と異なり、検察官又は司法警察員が通信管理者等に命じて暗号化信号を消去させることとされているのは、再生の実施が終了したことや傍受の理由又は必要がなくなったために再生の実施をしてはならなくなったことは、通信管理者等としては、捜査機関から知らされなければ知

ることは困難であると考えられることによるものである。

　本項により検察官又は司法警察員が通信管理者等に対して暗号化信号の消去を命じなければならないのは
① 「前条第1項の規定による再生の実施を終了するとき又は同条第9項の規定により再生の実施を開始してはならないこととなったとき」であって
② 「第20条第1項及び第2項の規定により一時的保存をされた暗号化信号であって前条第1項及び第2項の規定による復号をされていないものがあるとき」
である。

　①のうち「前条第1項の規定による再生の実施を終了する」理由は問わない。傍受の理由又は必要がなくなったため、同条9項により再生の実施を終了しなければならなくなった場合のほか、そのような場合ではないものの捜査機関が自ら再生の実施を終了することとした場合が含まれる。「同条第9項の規定により再生の実施を開始してはならないこととなったとき」は、傍受の理由又は必要がなくなったため、同項により再生の実施を開始してはならなくなった場合を指す。

　②の「第20条第1項及び第2項の規定により一時的保存をされた暗号化信号であって前条第1項及び第2項の規定による復号をされていないものがあるとき」とは、通信の内容を伝達する原信号の暗号化により作成され一時的保存をされた暗号化信号並びに指定期間内における通話の開始及び終了の年月日時に関する情報を伝達する原信号の暗号化により作成され一時保存をされた暗号化信号であって未だ復号をされていないものがあるときのことである。

　本項による消去命令の対象となる暗号化信号は、その時点で通信管理者等が保管している一時的保存をされた暗号化信号であって復号されていないものの全てである。

19 特定電子計算機を用いる通信傍受の実施の手続

(特定電子計算機を用いる通信傍受の実施の手続)
第23条　検察官又は司法警察員は、裁判官の許可を受けて、通信管理者等に命じて、傍受の実施をしている間に行われる全ての通信について、第9条第2号イの規定により提供された変換符号を用いた原信号(通信の内容を伝達するものに限る。)の暗号化をさせ、及び当該暗号化により作成される暗号化信号を傍受の実施の場所に設置された特定電子計算機に伝送させた上で、次のいずれかの傍受をすることができる。この場合における傍受の実施については、第13条の規定は適用せず、第2号の規定による傍受については、第20条第3項及び第4項の規定を準用する。
　一　暗号化信号を受信するのと同時に、第9条第2号ロの規定により提供された対応変換符号を用いて復号をし、復元された通信について、第3条及び第14条から第16条までに定めるところにより、傍受をすること。
　二　暗号化信号を受信するのと同時に一時的保存をする方法により、当該暗号化信号に係る原信号によりその内容を伝達される通信の傍受をすること。
2　前項に規定する「特定電子計算機」とは、次に掲げる機能の全てを有する電子計算機をいう。
　一　伝送された暗号化信号について一時的保存の処理を行う機能
　二　伝送された暗号化信号について復号の処理を行う機能
　三　前項第1号の規定による傍受をした通信にあってはその傍受と同時に、第4項の規定による再生をした通信にあってはその再生と同時に、全て、自動的に、暗号化の処理をして記録媒体に記録する機能
　四　傍受の実施をしている間における通話の開始及び終了の年月日時、前項第1号の規定による傍受をした通信の開始及び終了の年月日時、第4項の規定による再生をした通信の開始及び終了の年月日

時その他政令で定める事項に関する情報を伝達する原信号を作成し、当該原信号について、自動的に、暗号化の処理をして前号の記録媒体に記録する機能

五　第3号の記録媒体に記録される同号の通信及び前号の原信号について、前2号に掲げる機能により当該記録媒体に記録するのと同時に、暗号化の処理をすることなく他の記録媒体に記録する機能

六　入力された対応変換符号（第9条第2号ロの規定により提供されたものに限る。）が第2号に規定する復号以外の処理に用いられることを防止する機能

七　入力された変換符号（第9条第2号ロの規定により提供されたものに限る。）が第3号及び第4号に規定する暗号化以外の処理に用いられることを防止する機能

八　第1号に規定する一時的保存をされた暗号化信号について、第2号に規定する復号をした時に、全て、自動的に消去する機能

3　検察官及び司法警察員は、傍受令状に第1項の許可をする旨の記載がある場合には、同項に規定する方法によるほか、傍受の実施をすることができない。

4　検察官又は司法警察員は、第1項第2号の規定による傍受をしたときは、傍受の実施の場所において、同号の規定により一時的保存をした暗号化信号について、特定電子計算機（第2項に規定する特定電子計算機をいう。第6項及び第26条第1項において同じ。）を用いて、第9条第2号ロの規定により提供された対応変換符号を用いた復号をすることにより、第1項第2号の規定による傍受をした通信を復元し、同時に、復元された通信について、第21条第3項から第6項までの規定の例により、再生をすることができる。この場合における再生の実施については、第11条、第12条及び第21条第7項から第9項までの規定を準用する。

5　第1項第2号の規定による傍受をした通信の復号による復元は、前項の規定による場合を除き、これをすることができない。

6　検察官又は司法警察員は、第1項第2号の規定により一時的保存を

> した暗号化信号については、特定電子計算機の機能により自動的に消去されるもの以外のものであっても、第4項の規定による再生の実施を終了するとき又は同項において準用する第21条第9項の規定により再生の実施を開始してはならないこととなったときに、第4項の規定による復号をしていないものがあるときは、直ちに、全て消去しなければならない。

　本条は、「特定電子計算機を用いる通信傍受の実施の手続」について規定している。

　特定電子計算機を用いる通信傍受の実施の手続は、裁判官の許可を受けて、通信管理者等に命じて、傍受の実施をしている間に行われる通信を暗号化させた上で捜査機関の施設等に設置された「特定電子計算機」に伝送させ

① これを受信すると同時に復号し（本条1項1号）、又は
② これを受信すると同時に一時的に保存し、その後、特定電子計算機を用いて復号して再生し（同項2号、同条4項）

それぞれ、その内容の聴取等をするものであり、①において傍受され又は②において再生された通信は、全て、特定電子計算機の機能により自動的に暗号化され、改変できない形で記録媒体に記録され、裁判官に提出されて保管されることとなる（26条1項・4項）。

　「**特定電子計算機**」とは、本条2項各号に掲げる機能の全てを有する電子計算機であり、これを用いてする本条の手続による場合には、通信管理者等による立会い（13条1項）及び記録媒体の封印（25条）は不要となる（本条1項後段、26条）。これは、この手続においては、通信管理者等による暗号化、特定電子計算機の利用その他の技術的措置等により、立会人がある場合と同程度に通信傍受の実施の適正が担保されることによる。

　すなわち、従来方式においては、立会人は、①傍受のための機器を接続する通信手段が傍受令状により許可されたものに間違いないか、②傍受令状により傍受を許可された期間が守られているか、③該当性判断のための傍受が適正な方法で実施されているか、④傍受をした通信について全て記録がされ

ているかといった外形的な事項についてチェックする役割のほか、⑤裁判官に提出される傍受をした通信を記録した記録媒体について、改変を防止するための封印を行う役割を担うものとされている（13条の解説参照）。

　特定電子計算機を用いる通信傍受の実施の手続においては、①及び②については通信の伝送を通信管理者等が担うことにより（本条1項柱書き）、④及び⑤については特定電子計算機が有する傍受又は再生をした通信を自動的に暗号化しつつ記録媒体に記録する機能（本条2項3号）により、それぞれその適正が担保されることとなる。さらに、③については、元々、最終的には通信の内容を踏まえなければ判断することが困難であり、従来方式においても、その適正は、基本的には、傍受した通信が全て傍受の原記録に記録されて、事後的な検証が可能となることにより担保されているが（24条の解説参照）、本手続においては、特定電子計算機の機能により、傍受し又は再生した通信が、その経過を明らかにするに足りる事項とともに、全て、改変できない形で自動的に記録媒体に記録され（同号・同項4号）、事後的に検証され得ることとなることにより、その適正が担保されることとなる。

　このように、特定電子計算機を用いる通信傍受の実施の手続においては、従来方式の下で立会人が果たしている役割が技術的措置等により代替されることから、その立会いや封印を不要としても、通信傍受の実施の適正が担保されるのである。

　この方式による通信傍受の概要を図示すると、次のとおりである。

〈特定電子計算機を用いて行う通信傍受〉

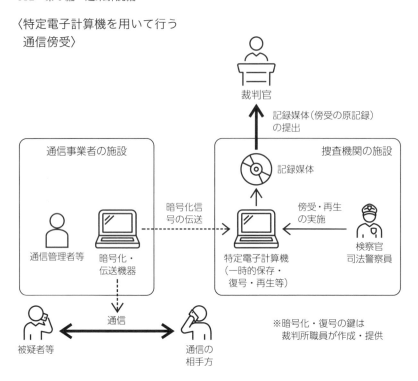

　これにより、捜査機関は、通信事業者等の施設ではなく、捜査機関の施設等において傍受を実施することも可能となり、従来方式の下で立会人となるべき職員や傍受の実施の場所の確保等に努めることを余儀なくされる通信事業者等の負担を軽減し得るとともに、より機動的な傍受の実施が可能となる。
　特定電子計算機を用いる通信傍受が許可された場合（本条1項、5条3項、6条2項参照）、捜査機関は、傍受の実施をすることができる期間内において、通信管理者等から伝送された通信について、前記のとおり、①受信すると同時に復号するか（本条1項1号）、あるいは、②一旦は保存しておき、その後、復号して再生するか（同項2号）を選択することができる。①の場合

には、通信管理者等をして伝送させた通信を特定電子計算機で受信すると同時に復号をする行為が、②の場合には、同様に伝送させた通信を特定電子計算機で受信すると同時に一時的保存をする行為が、それぞれ2条2項に規定する「傍受」の定義に該当することから、本条1項は、これらの行為を「傍受」と位置付けた上で、そのうち②で「傍受」をした通信については、同条4項による「再生」をしてその内容の聴取等をするものとしている。

なお、本条1項の許可があった場合には、同一の通信手段について従来方式や「一時的保存を命じて行う通信傍受の実施の手続」による傍受の実施（20条1項の規定による傍受の実施）をすることはできない（本条3項）。

1 特定電子計算機を用いる通信の傍受等（1項）

⑴ 通信管理者等に対する暗号化及び暗号化信号の伝送の命令

本項は、検察官又は司法警察員が、裁判官の許可を受けて、通信管理者等に命じて通信の暗号化及び暗号化信号の伝送をさせた上で特定電子計算機を用いて行う通信の傍受等について規定する（裁判官の許可の要件については5条3項を、許可があった場合の傍受令状の記載については6条2項を、許可の請求については4条3項をそれぞれ参照。）。

本項による傍受の主体は、「検察官又は司法警察員」であるが、「傍受の実施をしている間に行われる全ての通信」について「第9条第2号イの規定により提供された変換符号を用いた原信号（通信の内容を伝達するものに限る。）の暗号化」をすること及びそれにより作成される「暗号化信号を傍受の実施の場所に設置された特定電子計算機に伝送」することは、いずれも「通信管理者等に命じて」させることとされ、検察官又は司法警察員は、これらの「暗号化」及び「伝送」を自らすることはできない。これは、通信管理者等にこれらの役割を担わせることが、立会人がある場合と同程度に通信傍受の実施の適正を担保するための要素の一つとなっているためである。

通信管理者等がすることとされている通信の暗号化及び伝送は、本項の許可をする旨が記載された傍受令状によりその許可を受けた捜査機関が行

う強制処分の一部であり、捜査機関が法令に基づいて命じるものであるから、通信管理者等は、本項による命令を受けたときは、当該命令に係る暗号化及び伝送をする法的義務を負う。なお、傍受令状に本項の許可をする旨の記載がある場合、他の方法による傍受の実施をすることができない（本条3項）ため、通信管理者等の協力が得られず、従来方式による傍受を実施せざるを得ない場合には、改めて、本項の許可を伴わない傍受令状の発付を受けることが必要になる。

「**第9条第2号イの規定により提供された変換符号**」とは、裁判所の職員が同号イにより作成して通信管理者等に提供した変換符号であり、これを用いた本項による暗号化がされることにより、通信に係る原信号は、その対応変換符号（同号ロ）を用いなければ復元できないものとなる。

本項による傍受において暗号化の対象となる「原信号」は、「通信の内容を伝達するもの」に限られる。傍受の実施をしている間における通話の開始及び終了の年月日時等の情報を伝達する原信号は、特定電子計算機により作成され、暗号化されて記録される（本条2項4号、26条1項）。

(2) 2種類の傍受

ア 本項による傍受には、通信管理者等に命じて暗号化信号を特定電子計算機に伝送させた上

① 「暗号化信号を受信するのと同時に、第9条第2号ロの規定により提供された対応変換符号を用いて復号をし、復元された通信について、第3条及び第14条から第16条までに定めるところにより」する傍受（本項1号）

② 「暗号化信号を受信するのと同時に一時的保存をする方法により」する傍受（同項2号）

の2種類が存し、検察官又は司法警察員は、その「いずれかの傍受をすることができる」。

①の復号は、裁判所の職員が作成して検察官又は司法警察員に提供した対応変換符号（9条2号ロ）を用いて行われ、それにより通信管理者等が暗号化した通信が復元されることとなる。その上で行われる①の傍

受は、復元された通信について、「第3条及び第14条から第16条までに定めるところにより」行われる。したがって
○　傍受すべき通信に該当する通信の傍受（3条1項）
○　該当性判断のための傍受（14条）
○　他の犯罪の実行を内容とすることが明らかな通信の傍受（15条）
をすることができ、その一方で、医師等の業務に関する通信を傍受することは禁止される（16条）。すなわち、①の傍受によりその内容の聴取等をすることができる通信の範囲は従来方式による場合と同じである。該当性判断のための傍受は、いわゆるスポット傍受の方法により行われることとなろう。

　これに対して、②の傍受は、「暗号化信号を受信するのと同時に一時的保存をする方法」により行われる。傍受された通信の内容の聴取等は、この時点では行われず、その後、本条4項の定めるところによって「再生」されることにより行われることとなる。

　このように、本項による「傍受」として2種類があることに伴い、「傍受の実施」（5条2項）にも、前記①の傍受をすることを選択した期間におけるものと、前記②の傍受をすることを選択した期間におけるものとがあることになる。本法においては、前者を「第23条第1項第1号の規定による傍受の実施」（27条2項1号等）と、後者を「第23条第1項第2号の規定による傍受の実施」（28条2項1号等）と呼び、これらを「第23条第1項の規定による傍受の実施」と総称している（26条3項等）。

イ　国公委規6条3項は、傍受指導官（4条の解説**6**参照）は、23条1項の規定による傍受の実施及び同条4項の規定による再生の実施に当たっては、警察通信職員と相互に緊密に連絡し、及び協力して、当該傍受の実施の場所における特定電子計算機の使用方法に関する助言その他の適正な傍受の実施及び再生の実施に必要な助言及び指導を行うものとすると規定する。そのため、傍受指導官は、傍受の実施開始前、実施期間中、実施終了後等の各段階において、必要に応じて、傍受の実施の場所に赴くなどして適切な助言及び指導を行うものとされている（留意事項第3の2）。これは、特定電子計算機を用いる通信傍受の実施の手続に

おいては、通信事業者等の立会いがなくなることから、通信傍受の対象となっている犯罪の捜査に従事しておらず、捜査の適正な実施に関する事務をつかさどる部署に所属する警部以上の警察官の中から指名される傍受指導官が、必要な助言及び指導を行うことにより、その適正な実施を担保するためである。

　具体的には、傍受指導官は、傍受の実施開始前においては、特定電子計算機の設定及び接続、スポット傍受及びスポット再生（本条4項）の時間設定等に関する助言及び指導、傍受の実施期間中においては、スポット傍受及びスポット再生の実施等、原記録用媒体（傍受又は再生をした通信の原記録を記録するための記録媒体。国公委規18条1項、2項）及び通信記録物等（傍受の原記録以外の傍受をした通信等の記録をした記録媒体及びその複製、その他記録の内容の全部又は一部をそのまま記録した物、書面等。国公委規2条13号）の保管等に関する助言及び指導等、傍受記録作成時（法29条）においては、傍受記録の保管、傍受記録以外の通信記録物等の廃棄又は消去等に関する助言及び指導、傍受の実施終了後においては、機器の停止、原記録用媒体及び通信記録物等の保管等、通信当事者への通知（法30条）等に関する助言及び指導を行う（留意事項第3の2）。

(3) 傍受の実施の場所
　ア　本項における「傍受の実施の場所」は、本項の許可をする旨の記載がある傍受令状に「傍受の実施の場所」として記載された場所である。特定電子計算機は、この場所に設置することとなる。

　　従来方式においては、通信管理者等が傍受の実施に立ち会う必要があることなどから、「傍受の実施の場所」は、通信管理者等の施設とされる場合が多いと考えられるが、特定電子計算機を用いた通信傍受においては、通信管理者等による立会いは不要であり、他方で、暗号化した通信を通信管理者等の電気通信設備から特定電子計算機へ伝送するための回線等の整備が必要となることなどに鑑みれば、多くの場合、そのような回線等の設備が整備された捜査機関の施設が「傍受の実施の場所」として選択されることとなるものと思われる。

他方、本項において通信管理者等がすることとされている通信の「暗号化」及び「伝送」は、「傍受の実施の場所」において行われる必要はない。このことは、本項が、「当該暗号化により作成される暗号化信号を傍受の実施の場所に設置された特定電子計算機に伝送させ」と規定して、伝送先が「傍受の実施の場所」であることを前提としていることから明らかである。通信の暗号化及び伝送は、通信管理者等が、傍受の対象となる通信が取り扱われる電気通信設備の所在やその状況、特定電子計算機への伝送に用いる回線と接続する機器が設置される場所やその状況等を勘案して、適宜の場所においてすることができる。本項による通信の「暗号化」及び「伝送」は、「傍受の実施をしている間に行われる全ての通信について」行うものであり、人による個別の判断を必要としないから、電子計算機により自動化することも可能である。

イ 警察施設の一室等（以下「傍受室」という。）を傍受の実施の場所とするときは、傍受実施主任官（4条の解説6参照）は、適切な保秘及び情報管理の観点から、傍受の実施（再生の実施及び傍受記録の作成も含む。）の間において、次の措置を講じるものとされ、傍受指導官は、これらの措置が講じられているかを適宜確認し、その状況を記録するものとされている（留意事項第4の2）。

① 傍受室を常時施錠するなどして、当該傍受の実施に関わらない第三者（捜査官を含む。）を立ち入らせないようにするとともに、外部から、当該傍受室において傍受の実施中であることが明らかにならないようにすること
② 傍受室に立ち入る者の所属先及び氏名とその入退室の時刻を記録すること（可能な限り電磁的に記録することが望ましいが、これが困難である場合には、入退室管理簿を作成すること）
③ 傍受の実施の際には、対象通信手段を担当する捜査員のみが当該通信手段の通信内容を認識できるように、ヘッドフォンを使用させること

④ 傍受の実施に従事する者が、録音又は録画機能付きの電子機器を傍受室に持ち込むことがないよう、傍受室の入室前にこれらの電子機器を提出させ、所定のロッカーにおいて保管するなど、所要の措置を講じること

(4) 本項による傍受の実施（本項後段）

　本項による傍受の実施については、13条（立会い）は適用されず、通信管理者等による立会いは不要である。

　他方、11条（必要な処分等）、12条（通信事業者等の協力義務）、17条（相手方の電話番号等の探知）、18条（傍受の実施を中断し又は終了すべき時の措置）及び19条（傍受の実施の終了）は、本項による傍受の実施についても適用される。

　もっとも、17条1項による探知は、傍受の実施の場所において行うものとされているから、捜査機関の施設を傍受の実施の場所として本項による傍受の実施を行う場合には、同条1項による探知を行うことは、事実上困難であると考えられ、実際には、同条3項により、通信事業者等に対し、探知のために必要な措置として、当該通信の相手方の電話番号等の開示を求めることになるものと考えられる。

　また、本項2号による傍受の実施をしている間に行われた通信については、17条1項の要件を満たさず、同項による探知はすることができないと考えられ、この場合には、本項において準用する20条3項又は4項による電話番号等の情報の保存の求め又は要請を行い（後記(5)）、本条4項による再生の実施の際に、同項において準用する21条7項により当該情報の開示を受けることとなる（後記4(4)）。

(5) 一時的保存を命じて行う通信傍受（20条）の規定の準用（本項2号による傍受について）

　本項2号による傍受については、20条3項及び4項が準用される。したがって、検察官又は司法警察員は、本項2号による傍受をするときは、本条4項において準用する21条7項の手続の用に供するため、通信管理者等

に対し、当該手続が終了するまでの間、同号による傍受をする通信の相手方の電話番号等の情報を保存することを求めることができ（20条3項の準用）、通信管理者等がこれを保存することができないときは、これを保存することができる通信事業者等に対し、当該手続の用に供するための要請である旨を告知して、当該手続が終了するまでの間これを保存することを要請することができる（同条4項の準用）。これらの求めや要請は、通常は、特定電子計算機が設置された傍受の実施の場所（捜査機関の施設等）とは別の場所にいる通信管理者等又は通信事業者等に対して行われることとなる。

2 「特定電子計算機」の意義（2項）

(1) 特定電子計算機の意義及びその機能

　本項は「特定電子計算機」の意義について規定している。本条1項による傍受の実施、同条4項による再生の実施並びに26条1項及び2項による記録媒体に対する記録は、いずれも「特定電子計算機」を用いてしなければならない。

　「**特定電子計算機**」とは、本項各号に掲げる次の①から⑧までの機能の全てを有する電子計算機をいう。

① 伝送された暗号化信号について一時的保存の処理を行う機能（本項1号）
② 伝送された暗号化信号について復号の処理を行う機能（同項2号）
③ 本条1項1号による傍受をした通信にあってはその傍受と同時に、同条4項による再生をした通信にあってはその再生と同時に、全て、自動的に、暗号化の処理をして記録媒体に記録する機能（本項3号）
④ 傍受の実施をしている間における通話の開始及び終了の年月日時、本条1項1号による傍受をした通信の開始及び終了の年月日時、同条4項による再生をした通信の開始及び終了の年月日時その他政令で定める事項に関する情報を伝達する原信号を作成し、自動的に、暗号化の処理をして③の記録媒体に記録する機能（本項4号）

⑤ ③及び④の機能により③の記録媒体に記録される通信及び原信号について、③及び④の機能により当該記録媒体に記録するのと同時に、暗号化の処理をすることなく他の記録媒体に記録する機能（同項5号）
⑥ 入力された対応変換符号（9条2号ロにより提供されたものに限る。）が②の復号以外の処理に用いられることを防止する機能（同項6号）
⑦ 入力された変換符号（9条2号ロにより提供されたものに限る。）が③及び④の暗号化以外の処理に用いられることを防止する機能（同項7号）
⑧ ①の一時的保存をされた暗号化信号について、②の復号をした時に、全て、自動的に消去する機能（同項8号）

　これらの機能は、大別すると、傍受及び再生に係る機能（①、②）、記録に係る機能（③、④、⑤）、適正担保のための機能（⑥、⑦、⑧）に分類することができる。

(2)　傍受又は再生に係る機能（①、②）
　①の機能は、本条1項2号に規定する方法による傍受に用いられる機能であり、②の機能は、同項1号に規定する方法による傍受及び本条4項による再生において用いられる機能である。

(3)　記録に係る機能（③、④、⑤）
　③の機能は、26条1項による記録媒体への傍受をし又は再生をした通信の記録に用いられる機能である。当該記録媒体は、傍受の実施の終了後等において、裁判官に提出され（同条4項）、「傍受の原記録」（29条6項）となる。この機能は、通信の傍受又は再生と「同時に、全て、自動的に」暗号化の処理をして記録する機能であり、これらの一連の過程を同時かつ自動的に行う機能が備わっていなければならない。それにより、傍受をし又は再生をした通信が漏れなく自動的に記録媒体に記録され、かつ、その際自動的に暗号化の処理が行われることで当該記録媒体に記録された通信の内容が改ざんされないことが確保され、当該記録媒体を通じて傍受の実施の適正を事後的に検証することが可能となる（24条及び26条の解説参照）。

④の機能は、「傍受の実施をしている間における通話の開始及び終了の年月日時」、本条1項「1号の規定による傍受をした通信の開始及び終了の年月日時」、4項の規定による「再生をした通信の開始及び終了の年月日時」その他政令で定める事項に関する情報を伝達する原信号（言い換えれば「データ」）を作成し、これについて自動的に暗号化の処理をして③の記録媒体に記録する機能であり、26条1項によるこれらの事項の記録媒体への記録に用いられる機能である。

本条1項1号の傍受は、通信がその当事者間で行われているときにリアルタイムで行われ、傍受をした通信の記録媒体への記録もこれと同時にリアルタイムで行われるところ、その際の通話の開始及び終了の年月日時や傍受をした通信の開始及び終了の年月日時に関するデータの作成・暗号化及びその記録媒体への記録も、傍受と同時に、あるいはこれと間を置かずに行うこととなると考えられる。これに対し、本条1項2号による傍受の場合には、その時点では通信の暗号化及び一時的保存が行われるだけであり、その際に通話の日時に関するデータを作成することができるとしても、再生は行われないため「再生をした通信」の記録媒体への記録は行われず、再生をした通信の日時に関するデータも作成され得ない。したがって、この場合は、傍受（一時的保存）の時点においては、通話の日時に関するデータを特定電子計算機内に作成しておき、本条4項による再生をする際に、再生をした通信、その開始及び終了の年月日時のデータ及びそれに対応する通話の開始及び終了の年月日時のデータを、それぞれ暗号化し、併せて記録媒体に記録することが考えられる（通話の日時等に関するデータの作成とその暗号化及び記録媒体に対する記録とは、「同時に」されなければならないものとはされていない。26条1項の解説も参照）。

なお、暗号化の処理は、当該データの記録媒体に対する記録がされる際に「自動的に」行われなければならない。

「その他政令で定める事項」を定める政令は制定されていない。

⑤の機能は、26条2項による他の記録媒体に対する記録に用いられる機能である。この「他の記録媒体」は、傍受記録の作成の手続（29条3項・4項）の用に供されることとなる（26条2項参照）。この機能による他の記

録媒体に対する記録は、「前2号に掲げる機能により当該記録媒体に記録するのと同時に」行われる。これにより、裁判官に提出される記録媒体（「傍受の原記録」となるもの）に記録された内容と同一の内容が記録された記録媒体が作成されることとなる。

(4) 適正担保のための機能

⑥の機能は、裁判所の職員によって作成されて捜査機関に提供され、特定電子計算機に入力された「対応変換符号」が、特定電子計算機に伝送された暗号化信号の復号以外の処理に用いられることを防止する機能である。

「第2号に規定する復号以外の処理」とは、通信管理者等により伝送され特定電子計算機において受信した暗号化信号について特定電子計算機によってする復号の処理及びそれに伴い必要とされる処理以外の処理をいう。例えば、入力された対応変換符号の複製を作成することや、入力された対応変換符号を用いて、裁判官に提出される記録媒体に記録された通信等の復号をすることなどがこれに当たる。

この機能が備えられることにより、入力された対応変換符号（9条2号ロにより提供されたものに限る。）が特定電子計算機から取り出されて他の機器に入力され、通信管理者等により伝送される暗号化信号について当該他の機器による復号がされるなどの不正行為が防止される。そして、この機能と9条2号ロに規定する「技術的措置」とが相まって、捜査機関に提供された「対応変換符号」が、捜査機関の指定した特定電子計算機にのみ入力され、かつ、当該特定電子計算機において、本条1項1号又は同条4項による復号にのみ用いられることが確保されることとなる。

こうした機能の具体的な実装方法としては、例えば、入力された対応変換符号（9条2号ロにより提供されたものに限る。）を、格納されたデータについて当該特定電子計算機の使用者が任意に複製することができない特定の領域に格納することとし、かつ、この対応変換符号を利用し得る正規の復号処理用のソフトウェアその他の当該電子計算機に搭載されたソフトウェアについても改ざん防止措置を講じることなどが考えられる。

⑦の機能は、裁判所の職員によって作成されて捜査機関に提供され、特定電子計算機に入力された「変換符号」（9条2号ロにより提供されたものに限る。）が、裁判官に提出される記録媒体に対する記録の際になされる本項3号及び4号の機能による暗号化以外の処理に用いられることを防止する機能である。
　「第3号及び第4号に規定する暗号化以外の処理」とは、前記の記録媒体に対する記録の際に行われる暗号化の処理及びそれに伴い必要とされる処理以外の処理をいう。例えば、入力された変換符号（9条2号ロにより提供されたもの）の複製を作成することや、入力された変換符号（前同）を用いて裁判官に提出される記録媒体に記録された通信等の復号をすることなどがこれに当たる。
　9条2号ロにより作成された変換符号が共通鍵方式のものである場合、これを用いて暗号化され記録媒体に記録された通信等の復号は、同じ変換符号によってすることができることとなるが、⑦の機能により、特定電子計算機においてこのような復号がされたり、当該変換符号が特定電子計算機から取り出されて他の機器に入力され、当該他の機器において前記の通信等の復号がされたりするなどの不正行為が防止されることとなる。そして、この機能と9条2号ロに規定する「技術的措置」とが相まって、捜査機関に提供された変換符号（9条2号ロにより提供されたものに限る。）が、捜査機関の指定した特定電子計算機にのみ入力され、かつ、当該特定電子計算機において、26条1項による記録媒体に対する記録の際の暗号化にのみ用いられることが確保される。
　⑧の機能は、本条1項2号により一時的保存をされた通信の内容に係る暗号化信号について、復号がされた時点で、全て、自動的に消去する機能である。この機能が必要とされる趣旨は、「一時的保存を命じて行う通信傍受の実施の手続」において通信管理者等に暗号化信号の消去が義務付けられている趣旨（前条1項）と同様である。

3　他の方法による傍受の実施の禁止（3項）

　本項は、傍受令状に本条1項の許可をする旨の記載がある場合における他の方法による傍受の実施の禁止について規定している。

　傍受令状に同項の許可をする旨の記載がある場合には、「一時的保存を命じて行う通信傍受の実施の手続」によることも、また、従来方式による通信傍受をすることもできない。これは、本手続の許可がされた場合、捜査機関は、その施設等に特定電子計算機を設置して傍受をすることが可能となる上、伝送された通信の内容の聴取等を直ちに行うことも、また、一時的保存をし、その後において復号をしてその内容の聴取等をすることも可能となるところ、その許可がなされた場合に、なお他の方法による通信傍受を実施し得ることとするのは、特定電子計算機を用いた通信傍受の実施の手続が導入された趣旨とも整合せず、その必要性もないと考えられることによる。

4　一時的保存をした通信の再生等（4項）

(1)　一時的保存をした暗号化信号の復号

　本項は、特定電子計算機を用いて一時的保存をする方法（すなわち、本条1項2号の方法）により傍受をした通信の復号による復元及びその再生等について規定する。

　本項による「復号」の対象となるのは、本条1項2号により「一時的保存をした暗号化信号」である。複数ある場合にいずれを先に復号させても差し支えないことは、21条1項の場合と同様である。

　本項による「復号」は、本条1項1号による復号と同様に、9条2号ロにより裁判所の職員が作成して検察官又は司法警察員に提供した対応変換符号を用いて行われ、これにより、本条1項2号による傍受がなされた通信が復元されることとなる。

(2) 復元された通信の「再生」

　(1)により復元された通信の「再生」は、「第21条第3項から第6項までの規定の例により」行うものとされており、再生することができる通信の範囲は、これらの項に定められたところの例によることとなる。したがって

① 傍受すべき通信に該当する通信を再生すること（21条3項）
② ①に該当するかどうかを判断するために再生すること（同条3項・4項）
③ 他の犯罪の実行を内容とすることが明らかな通信を再生すること（同条5項）

ができることとされる一方で、医師等の業務に関する通信を再生することは禁止される（同条6項）。

　本項による再生は、一時的保存をされた暗号化信号について復号をすることにより通信を復元するのと「同時に」することとされており、復号により復元された通信を再生せずに保存しておき、その後において再生をすることはできない。

　本項により再生された通信は、全て、特定電子計算機により自動的に暗号化されて記録媒体に記録される（本条2項3号、26条1項）。

(3) 復号及び再生をする「場所」

　本項による復号及び再生は、傍受令状に記載された「傍受の実施の場所」においてしなければならないこととされており、特定電子計算機が設置された本条1項の「傍受の実施の場所」ですることとなる。

(4) 本項による「再生の実施」

　本項前段の場合における再生の実施については、傍受の実施に関する規定のうち、11条（必要な処分等）及び12条（通信事業者等の協力義務）が準用される。21条1項による再生の実施の場合と異なり、13条（立会い）は準用されないので、通信管理者等を立ち会わせる必要はない。

また、本項による再生の実施には、21条7項から9項までが準用されるから、検察官又は司法警察員は、一定の要件の下で、通信管理者等又はそれ以外の通信事業者等から通信の相手方の電話番号等の開示を受けることができ（同条7項）、他方、傍受ができる期間内に再生の実施が終了しなかったときは、期間の終了後できる限り速やかにこれを終了しなければならず（同条8項）、傍受の理由又は必要がなくなったときは再生の実施をしてはならない（同条9項）。

なお、同条7項においては、通信の相手方の電話番号等の開示を受ける場所が限定されていないから、特定電子計算機が設置された傍受の実施の場所から離れた場所にいる通信管理者等や通信事業者等からその開示を受ける場合には、例えば、これらの者によって保存された電話番号等の情報を電気通信回線を通じて伝送してもらう方法によることも考えられる。

5 本条1項2号による傍受をした通信の復号の方法の制限（5項）

本項は、特定電子計算機を用いて一時的保存をする方法（すなわち本条1項2号による方法）により傍受をした通信の復号は、本条4項による場合を除き、することができないと規定している。

本条1項2号による傍受をした通信は、9条2号イにより提供された変換符号により暗号化されていることから、その復号は、同号ロにより提供されて特定電子計算機に入力された対応変換符号を用いない限り、物理的に不可能であり、本条4項による以外に方法はないが、本項は、この点を法規範上も明確にするものである。

6 一時的保存をした暗号化信号の消去義務（6項）

本項は、特定電子計算機を用いて一時的保存をした暗号化信号の消去義務について規定している。

特定電子計算機において一時的保存をされた通信の内容に係る暗号化信号は、その復号がされた時点で、特定電子計算機の機能（本条2項8号）によ

り、全て、自動的に消去されるが、本項は、それ以外のものについても、①本条4項による再生の実施を終了するとき又は②同項において準用する21条9項により再生の実施を開始してはならないこととなったときに、一時的保存をされた暗号化信号であって復号していないものがあるときは、直ちに、全て消去しなければならないこととするものである。

　これは、「一時的保存を命じて行う通信傍受の実施の手続」における22条2項に相当するものであり、その趣旨は同項と同じである。なお、本項による暗号化信号の消去が特定電子計算機により自動的に行われるものとされていないのは、その消去義務が生じるのは前記①又は前記②の場合であるところ、それらの場合に該当することとなったことを特定電子計算機が自動的に検知することは不可能であることによる。特定電子計算機がそのような任意の時点で暗号化信号を消去するための機能（これは本条2項各号には列挙されていない機能である。）を備えているか否かは、本手続が適正に行われるか否かに影響を与えることから、23条1項の許可に係る「相当」性の判断（5条3項）の際に考慮されることになると考えられる。

　「再生の実施を終了するとき」や、「21条9項の規定により再生の実施を開始してはならないこととなったとき」の意義は、22条2項におけるこれらに相当する文言と同様である。

第3章　通信傍受の記録等

1　傍受をした通信の記録

> （傍受をした通信の記録）
> 第24条　傍受をした通信（第20条第1項の規定による傍受の場合にあっては、第21条第1項の規定による再生をした通信）については、全て、録音その他通信の性質に応じた適切な方法により記録媒体に記録しなければならない。この場合においては、第29条第3項又は第4項の手続の用に供するため、同時に、同一の方法により他の記録媒体に記録することができる。
> 2　傍受の実施（第20条第1項の規定によるものの場合にあっては、第21条第1項の規定による再生の実施）を中断し又は終了するときは、その時に使用している記録媒体に対する記録を終了しなければならない。

　本条から26条までは、傍受をし又は再生をした通信等の記録媒体への記録、立会人によるその封印及び裁判官への記録媒体の提出等を規定する。
　本条1項前段及び26条1項のとおり、傍受をし又は再生をした通信は、全て記録媒体に記録しなければならない。その上で、本条1項前段の記録媒体は、その管理の適正を期するため、立会人がこれを封印した上で裁判官に提出され、裁判所において保管されることとなる（25条1項、2項、4項）。また、傍受又は再生が特定電子計算機を用いて行われたときは、傍受をし又は再生をした通信は、特定電子計算機の機能により、全て、暗号化をされて改変できない形で自動的に記録媒体に記録され、当該記録媒体が裁判官に提出

され、裁判所において保管されることとなる（26条1項、4項）。このようにして裁判官に提出された記録媒体を「傍受の原記録」という（29条6項）。

　本法が、このように、傍受をし又は再生をした通信を全て記録媒体に記録しなければならないものとし、その記録媒体を裁判官に保管させることとした理由は、次のとおりである。

　すなわち、捜索や差押え等の他の強制処分においては、原則として事前に被処分者に対して令状が示され、また、その立会いの下で行われることとなり、それらを通じて、裁判官が当該令状により許可した範囲内で行われること等、それらの処分の適正な実施が担保されることとなる。これに対し、通信傍受においては、被処分者である通信の当事者には令状は示されず（10条）、それらの者は傍受の実施に立ち会うものともされていない（13条）。また、傍受の実施及び再生の実施には、通信管理者等が立ち会うが（同条1項、21条1項）、立会人は捜査官が傍受をし又は再生をした通信の内容を聴取等するものとはされていない。

　本法は、通信傍受については、通信当事者に対する事前の令状提示等ではなく、捜査官が傍受をし又は再生をした通信は全て記録媒体に記録しなければならないものとした上で、当該記録媒体を裁判官が保管することとし、通信当事者はその内容の聴取等をすることができることとすることにより、傍受令状により捜査官が行った通信の傍受又は再生が、第2章各条に規定するところ及び傍受令状の記載するところに従い適正に行われたものであったかどうか（例えば、捜査官が不必要に長く該当性判断のための傍受（14条1項）をしていないか等）を事後的に検証することができるようにし、そのことを通じて、通信傍受の適正な実施を担保するのである（傍受の原記録の聴取・閲覧等については32条参照。そのように第三者による事後的な検証がなされる可能性が確保されることにより、捜査官は、そのような可能性があることを前提に通信の傍受や再生をすることとなり、不適正な傍受や再生は行い得ないことが確保されることとなる。）。

1 傍受又は再生をした全ての通信の記録媒体への記録（1項）

(1) 本項前段は、従来方式において傍受をした通信及び一時的保存を命じて行う通信傍受において21条1項の規定により再生をした通信の記録媒体への記録について規定する。特定電子計算機を用いる通信傍受の実施の手続において傍受をし又は再生をした通信の記録媒体への記録は、26条1項に規定されている。

従来方式において「傍受をした通信」及び一時的保存を命じて行う通信傍受において「第21条第1項の規定による再生をした通信」については、「全て」、記録媒体に記録しなければならないから、傍受すべき通信に該当するものとして傍受又は再生をしたものであると、他の犯罪の実行を内容とすることが明らかな通信（15条に規定する通信）であると認めて傍受又は再生をしたものであると、該当性判断のためにスポット傍受・スポット再生をしたものの結果として傍受すべき通信にも15条に規定する通信にも該当しないと判断されたものであるとを問わず、全て、記録媒体に記録しなければならない。

記録媒体への通信の記録は、**「通信の性質に応じた適切な方法」**による。「録音」はその例示であり、電話等の音声によるものであれば録音により行うこととなり、ファクシミリであればこれをカットペーパー等に印字するなど、当該通信の性質に応じた適切な方法によることとなる。音声であれ文字・画像・映像データであれ、デジタルデータでやりとりされる通信を傍受したときは、傍受をした当該デジタルデータを電磁的方法により記録媒体に記録することとなろう。

本項前段の記録媒体は、傍受の実施又は再生の実施を中断し又は終了したときに、立会人により封印され（25条1項・2項）、裁判官に提出され（同条4項）、傍受の原記録として保管される。

(2) 本項後段は、同項前段により傍受をし又は再生をした通信の記録媒体への記録を行う場合に、29条3項又は4項の手続、すなわち、「傍受記録」（同条5項）の作成の手続の用に供するため、同時に、同一の方法により、

他の記録媒体に記録することができることを規定する。

本項前段による記録媒体への記録と「同時に、同一の方法により」記録するものであるから、例えば、本項前段の記録として音声を録音してデータとして記録する場合には、同時に、「他の記録媒体」にも同じ音声録音データを記録することとなり、同じ内容が同じ方法で記録された記録媒体が2以上生じることとなる。

「他の記録媒体」の数に制限はない。ただし、傍受記録及び傍受の原記録以外の記録は、傍受記録の作成時に全て消去される（29条6項）。

本項後段は、「記録することができる」ことを規定するにとどまり、これをしないこととしても差し支えない。その場合には、本項前段の記録媒体について立会人に封印を求める前に、その複製を作成することにより、傍受記録の作成の用に供するものを用意することとなる（25条3項）。

2 傍受の実施又は再生の実施の中断・終了時の記録媒体への記録の終了（2項）

(1) 傍受の実施（20条1項の規定によるものを除く。この(1)において同じ。）又は再生の実施を中断し又は終了するときは、本条1項前段の記録をした記録媒体について、速やかに、立会人による封印を求めることとなる（25条1項・2項）ことから、その前提として、傍受の実施又は再生の実施を中断し又は終了するときは、「その時に使用している記録媒体」すなわち、傍受の実施又は再生の実施の中断時あるいは終了時に、本条1項前段の記録に使用している記録媒体に対する記録は終了しなければならないものとしている。

(2) 傍受の実施の「中断」及び「終了」の意義は、18条と同じである。

「再生の実施を中断…する」とは、その後の再生の実施の再開を予定して、再生の実施を止めることである。例えば

① 再生の実施を開始し又は再開した時点において一時的保存をされていた暗号化信号の全部について復号及び再生を終了したものの、更に行わ

れる20条1項による傍受の実施の際に新たに一時的保存をされる暗号化信号について再生の実施をすることを予定して、再生の実施を止める場合
② 再生の実施を開始し又は再開した時点において一時的保存をされていた暗号化信号の一部について復号及び再生を終了し、それ以外の暗号化信号及び更に行われる同項による傍受の実施の際に新たに一時的保存をされる暗号化信号について再生の実施をすることを予定して、再生の実施を止める場合
③ 一時的保存の状況を確認した際に一時的保存をされた暗号化信号がなく、あるいは、これがあったものの、直ちには復号及び再生を行わないこととした場合において、更に行われる同項による傍受の実施の際に新たに一時的保存をされる暗号化信号並びに前記の直ちには復号及び再生を行わないこととした暗号化信号がある場合にあっては当該暗号化信号について再生の実施をすることを予定して、再生の実施を止める場合
がこれに当たる。

再生の実施の「終了」の意義は、21条8項と同じである。

2 記録媒体の封印等

> （記録媒体の封印等）
> 第25条　前条第1項前段の規定により記録をした記録媒体（次項に規定する記録媒体を除く。）については、傍受の実施を中断し又は終了したときは、速やかに、立会人にその封印を求めなければならない。傍受の実施をしている間に記録媒体の交換をしたときその他記録媒体に対する記録が終了したときも、同様とする。
> 2　第21条第1項の規定による再生をした通信を前条第1項前段の規定により記録をした記録媒体については、再生の実施を中断し又は終了したときは、速やかに、立会人にその封印を求めなければならない。再生の実施をしている間に記録媒体の交換をしたときその他記録媒体に対する記録が終了したときも、同様とする。
> 3　前2項の記録媒体については、前条第1項後段の規定により記録をした記録媒体がある場合を除き、立会人にその封印を求める前に、第29条第3項又は第4項の手続の用に供するための複製を作成することができる。
> 4　立会人が封印をした記録媒体は、遅滞なく、傍受令状を発付した裁判官が所属する裁判所の裁判官に提出しなければならない。

　本条は、前条1項前段の記録媒体（傍受をし又は再生をした全ての通信を記録した記録媒体）の封印、その複製の作成、封印をした記録媒体の裁判官への提出を規定している。

1　傍受の実施の中断・終了時における立会人に対する記録媒体の封印の求め（1項）

　本項は、従来方式において「傍受をした通信」を記録した前条1項前段の記録媒体については、傍受の実施を中断し又は終了したときは、速やかに、立会人にその封印を求めなければならないこと等を規定する。一時的保存を

命じて行う通信傍受において「再生をした通信」を記録した記録媒体の封印については次項に規定されている（そのため本項の記録媒体は「（次項に規定する記録媒体を除く。）」ものとされている。）。

立会人に記録媒体の封印を求めるのは、「傍受の実施を中断し又は終了したとき」（本項前段）、「傍受の実施をしている間に記録媒体の交換をしたとき」、「その他記録媒体に対する記録が終了したとき」（本項後段）である。傍受の実施を中断し又は終了したときは、その時に使用している記録媒体に対する記録を終了しなければならないこととされており（前条2項）、また、記録媒体の交換をしたときも、交換前に使用していた記録媒体に対する記録は終了することとなる。「その他記録媒体に対する記録が終了したとき」としては、例えば、ファクシミリによる通信を傍受して直ちにカットペーパーに印字していくことができるような場合、1回の送受信による通信を紙に印字した段階で「記録媒体に対する記録が終了した」ことになる（1回の送受信による通信が複数のカットペーパーに印字された場合にはそれら複数の紙全体が一つの記録媒体となり、その終了により「記録が終了した」ことになる。）。このいずれの場合においても、立会人に封印を求めるのは、当該記録媒体に対する記録が終了したときということである。

なお、立会人は、封印上に、封印した年月日時を記載して署名押印しなければならない（規則8条）。

国公委規18条1項は、立会人に記録媒体の封印を求めようとするときは、あらかじめ、当該記録媒体の外面に、当該記録媒体に対する記録を終了した年月日時分及びそれが法24条1項前段の規定により記録をした記録媒体である旨を記載して署名押印をしなければならないとする。この署名等は、原則として傍受実施主任官が行う（留意事項第8の1(1)）。

2　再生の実施の中断・終了時における立会人に対する記録媒体の封印の求め（2項）

本項は、一時的保存を命じて行う通信傍受において「再生をした通信」を記録した前条1項前段の記録媒体についての封印の求めについて規定する。その趣旨は前項と同じである。

3　封印を求める記録媒体の複製の作成（3項）

　本項は、前2項の記録媒体については、立会人にその封印を求める前に、その複製を作成することができると規定する。

　傍受記録を作成する際にその元となる記録は、前条1項後段により、同項前段の記録媒体（裁判官に提出され、傍受の原記録となる記録媒体）への記録と同時に、同一の方法により、「他の記録媒体に記録」することによっても用意することができるが、本項は、これをしなかったときには、前条1項前段の記録媒体の封印を立会人に求める前に、その複製を作成することにより用意することもできるとするものである。

　なお、国公委規19条は、本項による複製の作成は、傍受の実施の場所（指定期間以外の期間における傍受の実施の場所が定められている場合は、その場所）において立会人の立会いを得て行わなければならないものとし、また、国公委規20条は、本項による複製の作成が終了したときは、直ちに、その外面に、作成が終了した年月日時分及びそれが傍受記録作成用媒体（24条1項後段・26条2項により記録をした記録媒体又は本項により作成した複製をいう。国公委規2条12号）である旨を記載して署名押印しなければならないものとしている。

4　封印をした記録媒体の裁判官への提出（4項）

　立会人が封印をした記録媒体は、その管理の適正を期するため、遅滞なく、傍受令状を発付した裁判官が所属する裁判所の裁判官に提出しなければならない。この記録媒体は、提出を受けた裁判官が「傍受の原記録」（29条6項）として保管することになる。傍受令状を発付するのは地方裁判所の裁判官（4条1項、5条1項）であるから、提出先は、傍受令状を発付した裁判官が所属する地方裁判所の裁判官である。

　記録媒体を提出するときは、提出者の官公職氏名、記録媒体の種類及び数量並びに各記録媒体への記録の開始及び終了の年月日時を記載した書面及び傍受令状の写しを添付しなければならない（規則9条）。国公委規18条3項はその書面の様式　（別記様式第1号）を定めている。

③ 特定電子計算機を用いる通信傍受の記録等

（特定電子計算機を用いる通信傍受の記録等）
第26条　第23条第1項の規定による傍受をしたときは、前2条の規定にかかわらず、特定電子計算機及び第9条第2号ロの規定により提供された変換符号を用いて、傍受をした通信（同項第2号の規定による傍受の場合にあっては、第23条第4項の規定による再生をした通信。以下この項及び次項において同じ。）について、全て、暗号化をして記録媒体に記録するとともに、傍受の実施をしている間における通話の開始及び終了の年月日時、傍受をした通信の開始及び終了の年月日時その他政令で定める事項について、暗号化をして当該記録媒体に記録しなければならない。

2　前項の場合においては、第29条第3項又は第4項の手続の用に供するため、同時に、傍受をした通信及び前項に規定する事項について、全て、他の記録媒体に記録するものとする。

3　第23条第1項の規定による傍受の実施（同項第2号の規定によるものの場合にあっては、同条第4項の規定による再生の実施）を中断し又は終了するときは、その時に使用している記録媒体に対する記録を終了しなければならない。

4　第1項の規定により記録をした記録媒体については、傍受の実施の終了後（傍受の実施を終了する時に第23条第1項第2号の規定により一時的保存をした暗号化信号であって同条第4項の規定による復号をしていないものがあるときは、再生の実施の終了後）、遅滞なく、前条第4項に規定する裁判官に提出しなければならない。

　本条は、特定電子計算機を用いた通信傍受の実施の手続（23条）において傍受をし又は再生をした通信等を暗号化して記録媒体に記録すること及びその記録媒体の裁判官への提出等について規定している。

特定電子計算機を用いる通信傍受の実施の手続においては、傍受をし又は再生をした通信の記録媒体への記録は、特定電子計算機等を用いてすることとなり（本条1項）、それにより記録媒体の封印は不要となるとともに、裁判官への提出時期も、前条の場合とは異なるものとなる（本条4項）ことから、24条及び前条によらず（「前2条の規定にかかわらず」）、本条によるものとされている（本条1項の「第23条第1項の規定による傍受をしたとき」には、同項1号による傍受をした場合と同項2号による傍受をした場合の双方が含まれる。）。

1　傍受をし又は再生をした全ての通信等の特定電子計算機による記録媒体への記録（1項）

(1)　特定電子計算機を用いる通信傍受の実施の手続においては、特定電子計算機の機能により、傍受をし又は再生をした通信が、その経過を明らかにするに足りる事項とともに、全て、改変できない形で自動的に記録媒体に記録され（23条2項3号・4号）、傍受又は再生の状況が事後的に検証され得ることになることによって、従来方式の下で立会人が果たしている役割の一部が代替されることとなる（23条の解説参照）。

　そこで、この手続をとった場合（「第23条第1項の規定による傍受をしたとき」）には、特定電子計算機を用いて、傍受をし又は再生をした通信は、全て、暗号化をして記録媒体に記録するとともに、傍受の実施をしている間における通話の開始及び終了の年月日時等について、暗号化をして記録媒体に記録することとされたものである。

(2)　本項により特定電子計算機を用いて記録媒体に記録しなければならない事項は、23条1項1号による傍受（伝送された暗号化信号を受信すると同時にリアルタイムで復号して通信の内容の聴取等をするもの）の場合には
　①　同号による傍受をした通信
　②　傍受の実施をしている間における通話の開始及び終了の年月日時
　③　①の通信の開始及び終了の年月日時
　④　その他政令で定める事項

である。この場合、①の通信の傍受は、当該通信がその当事者の間で行われ、通信管理者等によりそれが暗号化されて伝送されたときにリアルタイムで行われることとなり、本項による①〜④の暗号化（②、③についてはそのデータの作成及びその暗号化）や記録媒体への記録も、リアルタイムで順次行われることとなる（23条2項の解説参照）。

これに対して、同条1項2号による傍受（伝送された暗号化信号について一時的保存をするもの）の場合には

① 傍受の後において同条4項による再生をした通信
② 傍受の実施をしている間における通話の開始及び終了の年月日時
③ ①の再生をした通信の開始及び終了の年月日時
④ その他政令で定める事項

である。この場合、①の通信の再生は、当該通信がその当事者の間で行われたときではなく、その後の再生の実施の際に行われることとなる。そのため、①については再生の際に記録媒体に記録され、②についてはこれに先立ち傍受の実施の際にそのデータ（あるいは②に関するデータ）が作成された後、再生の実施の際に（①の記録と併せて）記録媒体に記録され、③については①と同時に（②のデータに基づいて作成された上で）記録媒体に記録されることとなると考えられる。なお、「再生をした通信の開始及び終了の年月日時」は、再生された通信自体の開始及び終了の年月日時（再生された部分の通信がその当事者間で行われた年月日時）であり、再生する行為の開始及び終了の年月日時（捜査官が再生の実施をしているときの時間）ではない（28条1項8号参照）。

「その他政令で定める事項」（④）を定める政令は制定されていない。

(3) 本項による記録媒体への記録は、「特定電子計算機及び第9条第2号ロの規定により提供された変換符号を用いて」、「暗号化をして」しなければならない。この記録は、23条2項3号及び4号に規定する特定電子計算機の機能により自動的に行われることとなる。

9条2号ロにより裁判所の職員が検察官又は司法警察員に提供した変換符号を用いた暗号化により、記録媒体に記録された通信等は、裁判所の職

員が保管する同号ハの対応変換符号を用いなければ復元することができないものとなり、前条1項及び2項において立会人が封印をする場合と同様に、記録の内容の改変が防止される。

なお、国公委規18条2項は、本項の規定による記録を終了したときは、直ちに、当該記録をした記録媒体の外面に、記録を終了した年月日時分及びそれが本項の規定により記録をした記録媒体である旨を記載して署名押印しなければならないとする。この署名等は、原則として傍受実施主任官が行う（留意事項第8の2(1)）。

2　傍受記録の作成の用に供するための他の記録媒体への記録（2項）

本項は、特定電子計算機を用いる通信傍受の実施の手続をとった場合に傍受記録の作成の用に供するため他の記録媒体に記録することについて規定する。24条1項後段に相当するものである。

その趣旨は、基本的に、同項後段と同じであるが、本項による記録は、特定電子計算機の機能（23条2項5号）により、自動的に行われ、また、暗号化はなされずに行われるので、前項と「同一の方法により」記録することとはされていない（24条1項後段と対比されたい。）。また、同項後段が「他の記録媒体に記録することができる」（しないこともできる）と規定するのに対し、本項は「他の記録媒体に記録するものとする」と義務的に規定するのも、前項による記録をした記録媒体については、前条3項（封印前の複製の作成）に相当する規定がなく、傍受記録を作成する際の元となる記録媒体の作成について、他に選択し得る方法がないためである。

本項により他の記録媒体に記録すべき事項は、「傍受をした通信及び前項に規定する事項」であり、前項において暗号化をして記録媒体に記録するものと同じである。前記のとおり、他の記録媒体には、これらが9条2号ロの変換符号による暗号化をされずに記録される。

なお、国公委規20条は、本項の規定による記録が終了したときは、直ちに、傍受記録作成用媒体の外面に、当該記録が終了した年月日時分及びそれが傍受記録作成用媒体である旨を記載して署名押印しなければならないとする。

3　記録媒体に対する記録の終了（3項）

本項は、記録媒体に対する記録の終了について規定する。24条2項に相当するものである。

本項により記録媒体への記録を終了しなければならないのは
① 23条1項1号による傍受の実施を中断し又は終了するとき
② 同条4項による再生の実施を中断し又は終了するとき
である。

4　記録媒体の裁判官への提出（4項）

本項は、本条1項により記録をした記録媒体の裁判官への提出について規定する。前条4項に相当するものである。

前条1項又は2項により立会人が封印をした記録媒体は、封印後、遅滞なく裁判官に提出しなければならないこととされており、傍受の実施の終了を待たず、その中断のときも、その都度、裁判官に提出しなければならないが、本項においては、特定電子計算機により通信等を暗号化をして記録をした記録媒体については、傍受の実施の中断の都度ではなく、傍受の実施の終了後に、遅滞なく、まとめて提出すれば足りるものとされ、また、傍受の実施を終了する時に、一時的保存をした暗号化信号であって復号をしていないものがあるときは、その時ではなく、再生の実施の終了後、すなわち、その後に再生の実施をすることを予定せず、最終的にやめた後に、遅滞なく、まとめて提出すれば足りるものとされている。本条1項により記録をした記録媒体は、その内容（記録された通信等）が暗号化されていて改変することはできないため、中断する都度、遅滞なく裁判官に提出させてその保管の下に置くこととしなくとも、その管理の適正を欠くことにはならないからである。

記録媒体の提出先は、「前条第4項に規定する裁判官」、すなわち、「傍受令状を発付した裁判官が所属する裁判所の裁判官」である。

4　傍受の実施の状況を記載した書面等の提出等

（傍受の実施の状況を記載した書面等の提出等）
第27条　検察官又は司法警察員は、傍受の実施の終了後、遅滞なく、次に掲げる事項を記載した書面を、第25条第4項に規定する裁判官に提出しなければならない。第7条の規定により傍受ができる期間の延長を請求する時も、同様とする。
　一　傍受の実施の開始、中断及び終了の年月日時
　二　第13条第1項の規定による立会人の氏名及び職業
　三　第13条第2項の規定により立会人が述べた意見
　四　傍受の実施をしている間における通話の開始及び終了の年月日時
　五　傍受をした通信については、傍受の根拠となった条項、その開始及び終了の年月日時並びに通信の当事者の氏名その他その特定に資する事項
　六　第15条に規定する通信については、当該通信に係る犯罪の罪名及び罰条並びに当該通信が同条に規定する通信に該当すると認めた理由
　七　傍受の実施をしている間において記録媒体の交換をした年月日時
　八　第25条第1項の規定による封印の年月日時及び封印をした立会人の氏名
　九　その他傍受の実施の状況に関し最高裁判所規則で定める事項
2　検察官又は司法警察員は、第23条第1項第1号の規定による傍受の実施をしたときは、前項の規定にかかわらず、傍受の実施の終了後、遅滞なく、次に掲げる事項を記載した書面を、第25条第4項に規定する裁判官に提出しなければならない。同号の規定による傍受の実施をした後に第7条の規定により傍受ができる期間の延長を請求する時も、同様とする。
　一　第23条第1項第1号の規定による傍受の実施の開始、中断及び終了の年月日時
　二　第23条第1項第1号の規定による傍受の実施をしている間におけ

る通話の開始及び終了の年月日時
　　三　第23条第1項第1号の規定による傍受をした通信については、傍受の根拠となった条項、その開始及び終了の年月日時並びに通信の当事者の氏名その他その特定に資する事項
　　四　第15条に規定する通信については、当該通信に係る犯罪の罪名及び罰条並びに当該通信が同条に規定する通信に該当すると認めた理由
　　五　傍受の実施をしている間において記録媒体の交換をした年月日時
　　六　前各号に掲げるもののほか、第23条第1項第1号の規定による傍受の実施の状況に関し最高裁判所規則で定める事項
　3　前2項に規定する書面の提出を受けた裁判官は、第1項第6号又は前項第4号の通信については、これが第15条に規定する通信に該当するかどうかを審査し、これに該当しないと認めるときは、当該通信の傍受の処分を取り消すものとする。この場合においては、第33条第3項、第5項及び第6項の規定を準用する。

　本条及び28条は、傍受の実施の状況を記載した書面等の裁判官への提出等について規定している。
　通信傍受は密行的に行われる強制処分であることから、その実施の適正を担保する上で、事後的にせよその実施の状況を捜査機関以外の者に明らかにしておくことが適当であり、その場合には裁判官に明らかにすることが適切と考えられることから、傍受の実施の終了後及び傍受ができる期間の延長請求の時に、それまでの傍受の実施の状況を記載した書面を作成して、裁判官に提出することとされた。
　この書面は、裁判官が期間の延長を許可するかどうかを判断する際の重要な資料の一つとなる。また、通信の当事者や一定の利害関係人は、裁判官が保管している傍受の原記録の聴取・閲覧等ができ（32条）、その際には、裁判官がそれに必要な部分を特定し、他の通信の秘密が侵害されないように保護する必要があるところ、この書面は、その際に関係部分を特定するための

重要な資料となる。

　本書では、本条1項及び2項並びに28条1項及び2項において傍受の実施の状況等を記載して裁判官に提出することとされる各書面を総称するときは、「傍受実施状況等記載書面」と呼ぶこととする。

　これらの項のうち、本条1項は、同条2項並びに28条1項及び2項のいずれも適用されない場合に適用され（各項参照）、その場合において傍受実施状況等記載書面に記載すべき事項等を規定するものである。具体的には、本条1項は

○　従来方式による傍受のみを許可する傍受令状によりなされた傍受の実施の終了後、及びそのような傍受令状について傍受ができる期間の延長を請求する時

というオーソドックスな場合のほか、

○　傍受令状に20条1項の許可をする旨の記載があるものの、傍受の実施の終了時、又はそのような傍受令状について傍受ができる期間の延長を請求する時において、それまでに同項による傍受の実施をした期間がないときにも適用されることとなる。

　また、傍受令状に20条1項の許可をする旨の記載があり、同項により通信管理者等に命じて一時的保存を一度でも行わせたという場合には、「傍受の実施をした期間のうちに第20条第1項の規定による傍受の実施をした期間があるとき」（28条1項）に当たるから、本条1項ではなく、28条1項が適用される。

　傍受令状に23条1項の許可をする旨の記載があり、通信管理者等から伝送された暗号化信号について、一度でも同項2号により一時的保存をしたという場合には、「傍受の実施をした期間のうちに第23条第1項第2号の規定による傍受の実施をした期間があるとき」（28条2項）に当たるから、同項が適用される。これに対して、一時的保存は一度も行わず、傍受の実施の終了時、又は傍受ができる期間の延長を請求する時まで、23条1項1号の傍受、すなわち、リアルタイムで復号してする傍受のみを行ったというときは、本条2項が適用されることとなる。

1　従来方式による場合の傍受実施状況等記載書面の記載事項等（1項）

⑴　本項が適用される場面は、前記のとおりである。本項各号は、その場合において傍受実施状況等記載書面に記載すべき事項を規定している。

　1号の「傍受の実施の開始」とは、傍受の実施（5条2項）を始めることであり、傍受の実施を中断した後に再開することを含む。傍受の実施は、その（最初の）「開始」の後、「中断」とその後の「開始」（再開）を繰り返し、最終的に「終了」することで終わる。同号は、それらの年月日時をそれぞれ記載することとするものである。

　4号は「傍受の実施をしている間における通話の開始及び終了の年月日時」を、5号は「傍受をした通信については…その開始及び終了の年月日時」をそれぞれ記載するものとしている。前者は、傍受の実施をしている間（通信手段について通信の状況を監視している間）に当該通信手段を用いて行われた通話の開始及び終了の年月日時を、その間に実際に通信の内容の聴取等（傍受）をしたかどうかに関わらず記載するとするものであり、後者は、実際に傍受をした場合にその部分の通信の開始及び終了の年月日時を記載するとするものである。これらの記載は、該当性判断のための傍受が必要最小限の範囲内で行われているかどうかの判断の資料の一つになる。

　5号の「傍受の根拠となった条項」としては、傍受すべき通信に該当する通信として傍受をした場合には「第3条第1項」などと、該当性判断のための傍受をした場合には「第14条第1項」あるいは「第14条第2項」と、他の犯罪の実行を内容とする通信と明らかに認められるとして傍受をした場合には「第15条」などとそれぞれ記載することとなると考えられる。また、「**通信の当事者の氏名その他その特定に資する事項**」としては、通信の当事者の氏名のほか、相手方の電話番号等の探知（17条1項）の結果判明したその電話番号等や、通信の中に表れた当事者の通称などが考えられる。

　6号の「**第15条に規定する通信…に係る犯罪の罪名及び罰条**」並びに「**当該通信が同条に規定する通信に該当すると認めた理由**」は、他の犯罪

の実行を内容とする通信の傍受に関し、裁判官が職権で事後的に行う審査（本条3項）の判断資料の一つとなる。

　9号の「その他傍受の実施の状況に関し最高裁判所規則で定める事項」は、規則11条1項各号に規定されており、①傍受令状の発付及び傍受ができる期間の延長の裁判の年月日並びに傍受令状を発付した裁判官が所属する裁判所名（同項1号）、②被疑者の氏名（同項2号）、③傍受の実施をした者の官公職氏名（同項3号）、④傍受の実施の対象とされた通信手段（同項4号）、⑤傍受の実施の方法及び場所（同項5号）、⑥14条2項の規定により傍受をした通信について29条5項の規定により通信の記録を消去したときは、消去した者の官公職氏名、消去した年月日時及び消去した部分（規則11条1項6号）並びに⑦傍受をした通信について、記録媒体中の記録箇所を特定するに足りる事項（同項7号）である。

　このうち⑥は、外国語による通信である場合など直ちに該当性判断ができないためその全部を傍受した通信（14条2項）であって、傍受記録の作成時においてもなお復元のための措置を要するため消去されなかったもの（29条3項）について、その後傍受すべき通信にも他の犯罪の実行を内容とする通信にも該当しないことが判明したため、傍受記録から当該通信の記録を消去したとき（同条5項）に、「消去した者の官公職氏名、消去した年月日時及び消去した部分」記載するとするものである。

　国公委規21条1項は、本条1項（及び28条1項）に規定する書面の様式（別記様式第2号。特定電子計算機を用いない傍受の実施について用いるものである。）を定めており、従来方式による傍受の実施の状況については、当該様式の「その2」及び「その3」に記載するものとされている。

⑵　本条1項が適用される場合において、傍受実施状況等記載書面は、傍受の実施の終了後、遅滞なく、25条4項に規定する裁判官（「傍受令状を発付した裁判官が所属する裁判所の裁判官」）に提出しなければならない。傍受実施状況等記載書面を裁判官に提出するものとされた趣旨からすれば、傍受の実施の継続中に封印がされた記録媒体とともにその都度提出すべきものとする必要は必ずしもない上、傍受実施状況等記載書面には、傍受をし

た通信の当事者の氏名その他その特定に資する事項を記載する必要がある（本条1項5号）ところ、通信の当事者を特定するためには、探知の結果判明した相手方の電話番号等をもとにその電話等の契約者の特定等の捜査をすることが必要となる場合が少なからずあり、封印がされた記録媒体とともに、傍受実施状況等記載書面を裁判官に提出することは実際上困難であることから、傍受の実施の終了後、遅滞なく、及び延長請求時に提出するものとされたものである。

本項により傍受実施状況等記載書面を提出した後に、①29条5項の規定により外国語等による通信の記録を傍受記録から消去したとき、②33条3項に規定する裁判所の消去命令（通信の傍受又は再生の処分を取り消した場合において当該取り消された処分に係る通信の記録等の消去を命じるもの）により傍受記録から通信の記録を消去したとき、③本条3項の裁判官の審査により傍受の処分が取り消された場合について準用される33条3項に規定する消去命令により傍受記録から通信の記録を消去したときは、速やかに、「消去した者の官公職氏名、消去した年月日時及消去した部分」を当該裁判官に通知しなければならない（規則12条）。

なお、国公委規12条3項は、13条2項の規定による立会人の意見が述べられたときは、立会人に意見書の提出を求め、意見が述べられなかったときは、その旨が記載された意見書の提出を求めることとしているところ、傍受実施状況等記載書面を裁判官に提出するときは、これらの意見書を添えるものとされている（国公委規21条3項）。

2　23条1項1号による傍受のみが行われた場合の傍受実施状況等記載書面の記載事項等（2項）

本項が適用される場面は、本条の解説の冒頭に記載のとおりである。本項各号は、その場合において傍受実施状況等記載書面に記載すべき事項を規定している。提出すべき時、提出先は、本条1項の場合と同様である。

傍受実施状況等記載書面に記載すべき事項は、本条1項の場合と基本的に同様であるが、23条1項による傍受の実施には13条（立会い）は適用されな

いため（23条１項後段）、本条１項の場合と異なり、本項には立会人に関する事項（本条１項　２号、３号、８号）は掲げられていない。

　３号においては「第23条第１項第１号の規定による傍受をした通信については、傍受の根拠となった条項」を記載すべきとされるところ、これは、同号による傍受は「第３条及び第14条から第16条までに定めるところにより」するとされていることを踏まえたものであり、前項５号の場合と同様、「第３条第１項」、「第14条第１項」、「第14条第２項」又は「第15条」などと記載することとなる。

　６号の「第23条第１項第１号の規定による傍受の実施の状況に関し最高裁判所規則で定める事項」は、規則11条１項各号に掲げる事項（前記１⑴）及び同条２項各号に掲げる事項（①23条１項の規定による通信の原信号の暗号化及び暗号化信号の伝送を行った通信管理者等の氏名及び職業（規則11条２項１号）、②傍受の実施に用いた特定電子計算機を特定するに足りる事項（同項２号））である。

　国公委規21条２項は、本条２項（及び28条２項）に規定する書面の様式（別記様式第３号。特定電子計算機を用いる傍受の実施について用いるものである。）を定めており、23条１項１号による傍受の実施の状況については、当該様式の「その２」及び「その３」に記載するものとされている。

3　傍受実施状況等記載書面の提出を受けた裁判官による審査（３項）

　本項は、傍受実施状況等記載書面の提出を受けた裁判官による15条に規定する通信に該当するかどうかの審査等について規定する。本法制定時の本項に当たる規定（当時の21条２項）は、衆議院法務委員会における修正により加えられたものである。

　15条の規定による他の犯罪の実行を内容とすることが明らかな通信の傍受は、傍受令状による適法な傍受の実施中にたまたま行われた他の重大な犯罪の実行を内容とする通信について、証拠として緊急に保全する必要性が特に大きく、また、そのような通信であることが明白な場合であるから、裁判官の判断を待つことなく傍受できることとされたものであるが、当該他の犯罪

は、裁判官の審査を受けて傍受令状に被疑事実として記載された傍受の対象犯罪とは別の犯罪であることから、その実施の一層の適正を担保するため、同条の規定による傍受が行われた場合には、通信の当事者の不服申立てを待つまでもなく、裁判官が職権でその該当性を審査することとされたものである。

　本項による裁判官の審査の対象は、本条1項6号又は2項4号の規定により傍受実施状況等記載書面に記載された通信が、15条に規定する通信に該当するかどうかである。裁判官は、審査に当たり、必要がある場合には、事実の取調べをすることができる（38条、刑訴法43条3項）。

　審査の結果、これに該当しないと認めるときは、当該通信の傍受の処分を取り消す。この通信の傍受の処分の取消しは、33条2項に規定する通信の傍受に関する処分に対する不服申立てによるその処分の取消しと同じであるから、この場合における傍受記録及びその複製等のうち当該傍受の処分に係る通信の記録の消去等の取扱いについては、33条3項、5項及び6項の規定を準用するものとしている。

　通信の傍受の処分の取消しの裁判は、33条1項に規定する「裁判官がした通信の傍受に関する裁判」であるから、同項の不服申立ての対象となる。

第28条　検察官又は司法警察員は、傍受の実施をした期間のうちに第20条第１項の規定による傍受の実施をした期間があるときは、前条第１項の規定にかかわらず、傍受の実施の終了後（傍受の実施を終了する時に第20条第１項の規定により一時的保存をされた暗号化信号であって第21条第１項の規定による復号をされていないものがあるときは、再生の実施の終了後）、遅滞なく、当該期間以外の期間に関しては前条第１項各号に掲げる事項を、第20条第１項の規定による傍受の実施をした期間に関しては次に掲げる事項を、それぞれ記載した書面を、第25条第４項に規定する裁判官に提出しなければならない。第20条第１項の規定による傍受の実施をした後に第７条の規定により傍受ができる期間の延長をする時も、同様とする。

一　指定期間の開始及び終了の年月日時
二　第20条第１項の規定による傍受の実施の開始、中断及び終了の年月日時
三　第20条第１項の規定による傍受の実施をしている間における通話の開始及び終了の年月日時
四　第21条第１項の規定による再生の実施の開始、中断及び終了の年月日時
五　第21条第１項において準用する第13条第１項の規定による立会人の氏名及び職業
六　第21条第１項において準用する第13条第２項の規定により立会人が述べた意見
七　第３号に規定する通話のうち第21条第１項の規定による復号をされた暗号化信号、同項の規定による復号をされる前に消去された暗号化信号及びそれら以外の暗号化信号にそれぞれ対応する部分を特定するに足りる事項
八　第21条第１項の規定による再生をした通信については、再生の根拠となった条項、その開始及び終了の年月日時並びに通信の当事者の氏名その他その特定に資する事項

九　第15条に規定する通信については、当該通信に係る犯罪の罪名及び罰条並びに当該通信が同条に規定する通信に該当すると認めた理由

十　再生の実施をしている間において記録媒体の交換をした年月日時

十一　第25条第2項の規定による封印の年月日時及び封印をした立会人の氏名

十二　前各号に掲げるもののほか、第20条第1項の規定による傍受の実施又は第21条第1項の規定による再生の実施の状況に関し最高裁判所規則で定める事項

2　検察官又は司法警察員は、傍受の実施をした期間のうちに第23条第1項第2号の規定による傍受の実施をした期間があるときは、前条第2項の規定にかかわらず、傍受の実施の終了後（傍受の実施を終了する時に同号の規定により一時的保存をした暗号化信号であって第23条第4項の規定による復号をしていないものがあるときは、再生の実施の終了後）、遅滞なく、当該期間以外の期間に関しては前条第2項各号に掲げる事項を、第23条第1項第2号の規定による傍受の実施をした期間に関しては次に掲げる事項を、それぞれ記載した書面を、第25条第4項に規定する裁判官に提出しなければならない。同号の規定による傍受の実施をした後に第7条の規定により傍受ができる期間の延長をする時も、同様とする。

一　第23条第1項第2号の規定による傍受の実施の開始、中断及び終了の年月日時

二　第23条第1項第2号の規定による傍受の実施をしている間における通話の開始及び終了の年月日時

三　第23条第4項の規定による再生の実施の開始、中断及び終了の年月日時

四　第2号に規定する通話のうち第23条第4項の規定による復号をした暗号化信号、同項の規定による復号をする前に消去した暗号化信号及びそれら以外の暗号化信号にそれぞれ対応する部分を特定するに足りる事項

五　第23条第4項の規定による再生をした通信については、再生の根拠となった条項、その開始及び終了の年月日時並びに通信の当事者の氏名その他その特定に資する事項
　　六　第15条に規定する通信については、当該通信に係る犯罪の罪名及び罰条並びに当該通信が同条に規定する通信に該当すると認めた理由
　　七　再生の実施をしている間において記録媒体の交換をした年月日時
　　八　前各号に掲げるもののほか、第23条第1項第2号の規定による傍受の実施又は同条第4項の規定による再生の実施の状況に関し最高裁判所規則で定める事項
　3　前2項に規定する書面の提出を受けた裁判官は、前条第1項第6号若しくは第2項第4号又は第1項第9号若しくは前項第6号の通信については、これが第15条に規定する通信に該当するかどうかを審査し、これに該当しないと認めるときは、当該通信の傍受又は再生の処分を取り消すものとする。この場合においては、第33条第3項、第5項及び第6項の規定を準用する。

1　20条1項による傍受が行われた場合の傍受実施状況等記載書面の記載事項等（1項）

(1)　本項は、「傍受の実施をした期間のうちに第20条第1項の規定による傍受の実施をした期間があるとき」に適用され、本項各号は、その場合において傍受実施状況等記載書面に記載すべき事項等を規定する。

　　本項の書面は、傍受の実施の終了時に①一時的保存をされた暗号化信号であって未復号のものがないときは、傍受の実施の修了後、遅滞なく、②未復号のものがあるときは、再生の実施の修了後、遅滞なく、裁判官に提出しなければならない。また、③20条1項の規定による傍受の実施をした後に傍受ができる期間の延長を請求する時も、（前条1項の書面ではなく、）本項の書面を提出することとなる（前記のとおり、延長請求時までに一時的

保存を命じて行う通信傍受をしていない場合は前条1項が適用され、同項の書面を提出することになる。）。

　提出先は、前条1項・2項と同じ（傍受令状を発付した裁判官が所属する裁判所の裁判官）である。

⑵　本項の書面は、その提出時までに20条1項の傍受の実施をした期間があるときに作成するものであり、通信管理者等に対してその期間に行われた通信の暗号化及び一時的保存を命じ、傍受の実施をした期間があることとなる。そのため、本項の書面には、その期間とそれ以外の期間における傍受の実施の状況として報告すべき内容が異なることを踏まえ、①20条1項による傍受の実施をした期間以外の期間（「当該期間以外の期間」。すなわち、従来方式の傍受の実施をした期間）に関しては、「前条第1項各号に掲げる事項」（従来方式と同じ事項）を記載するものとし、②20条1項による傍受の実施をした期間に関しては、傍受の実施（一時的保存）の状況のほか、その後の再生の実施の状況も同じ書面に記載させることとするため、本項各号に掲げる事項（「次に掲げる事項」）を記載するものとしている。

　本項各号に掲げる事項のうち、1号から3号までに掲げるものは、傍受の実施の状況に関するものであり、4号から11号までに掲げるものは、再生の実施の状況に関するものである。

　1号の「指定期間」は、20条1項に規定する指定期間である。捜査機関が指定し、実際に経過した期間については、その間に実際に傍受されたか否かを問わず、記載する必要がある。他方、捜査機関が指定をした後、その経過前に当該指定の全部又は一部を取り消した場合、当該取り消された部分に係る期間は、本項の書面に記載することを要せず、取り消されずに実際に経過した部分に係る期間を記載すれば足りる。また、当初指定した期間の終期が到来する前に、これを延長する指定をした場合において、その延長後の期間が実際に経過したときは、延長された部分を合わせた全体の期間について、その開始及び終了の年月日時を記載すれば足りる。

　2号の「第20条第1項の規定による傍受の実施の開始、中断…の年月日時」とは、傍受の実施のうち同項の規定によって行われた部分が開始（再

開）され、中断された年月日時を意味し、その「終了の年月日時」とは、傍受の実施を同項の規定によるもので終了した場合におけるその終了の年月日時を意味する。したがって、従来方式によるものを最後に傍受の実施を終了した場合には、「当該期間以外の期間」に関してする記載（27条1項1号）として「傍受の実施の終了の年月日時」を記載することになる。

　7号は、本項の書面が提出される時点における再生の実施の進捗状況を記載するものとするものである。すなわち、同号の「第3号に規定する通話」とは、「第20条第1項の規定による傍受の実施をしている間における通話」であり、同項による傍受の実施をしている間に行われる通信は、全て、通信管理者等により、暗号化されて一時的保存をされることとなる。その上で、そのように一時的保存をされた暗号化信号は、再生の実施の終了時までには、①復号されるか（この場合には、暗号化信号は22条1項により消去される。）、②復号される前に消去されるか（これには、再生の実施の終了時より前に消去される場合と、再生の実施の終了時に同条2項により消去される場合とが含まれる。）のどちらかとなるが

○　傍受の実施の終了時（あるいは再生の実施の終了時）に本項の書面が提出される場合（同項前段の場合）には、その時点で、①及び②のいずれに当たるにせよ、暗号化信号は一つも残されていないはずであり、本号の記載により、そのことが確認されることとなり、

○　傍受ができる期間の延長の請求時に本項の書面が提出される場合（同項後段の場合）には、その時点で、①及び②のほか、③そのいずれにも該当せず、一時的保存が継続しているものが存在する場合があり得るが、いずれの場合についても、本号の記載により、それまでにどれだけの暗号化通信について復号又は（及び）消去が行われ、その時点で、どれだけの未復号の暗号化信号が存在するかが確認される

こととなる。7号は、このようなことを踏まえ、「傍受の実施をしている間における通話」（3号）のうち、「復号をされた暗号化信号」（①）、「復号をされる前に消去された暗号化信号」（②）及び「それら以外の暗号化信号」（③）に「それぞれ対応する部分を特定するに足りる事項」（すなわち、「通話」のどの部分が①〜③であるのかを特定するに足りる事項）を、本

項の書面に記載することとしている。（「それら以外の暗号化信号」（③）に係る事項は、本項後段の場合（傍受ができる期間の延長請求時に提出する書面）にのみ記載されることとなる。）。①〜③に**「対応する部分を特定するに足りる事項」**としては、例えば、通話のうち当該暗号化信号に対応する部分の開始及び終了の年月日時等を記載することなどが考えられる。

　8号の**「第21条第1項の規定による再生」**は、同条3項から6項までに定めるところにより実施されるから、本号の**「再生の根拠となった条項」**としては、例えば、傍受すべき通信に該当する通信として再生をした場合には「第21条第3項（傍受すべき通信）」などと、該当性判断のための再生をした場合には「第21条第3項（該当性判断）」などとそれぞれ記載することが考えられる。同条4項及び5項による再生をした場合にはそれぞれ当該条項を記載することが考えられる。同号の**「その開始及び終了の年月日時」**とは、再生された通信自体の開始及び終了の年月日時のことであり、再生する行為の開始及び終了の年月日時ではない（26条1項の解説参照）。

　12号の**「第20条第1項の規定による傍受の実施又は第21条第1項の規定による再生の実施の状況に関し最高裁判所規則で定める事項」**は、規則11条3項に規定されており、同条1項1号から5号までに掲げる事項（前条1項の解説参照）のほか、規則11条3項各号に掲げる次の①〜④の事項である。

① 　法20条1項の規定による通信の原信号の暗号化及び暗号化信号の一時的保存並びに法21条1項の規定による暗号化信号の復号を行った通信管理者等の氏名及び職業（規則11条3項1号）
② 　再生の実施をした者の官公職氏名（同項2号）
③ 　法21条4項の規定により再生した通信について法29条5項の規定により通信の記録を消去したときは、消去した者の官公職氏名、消去した年月日時及び消去した部分（同項3号）
④ 　再生をした通信について、記録媒体中の記録箇所を特定するに足りる事項（同項4号）

前記のとおり、国公委規21条1項は、本条1項（及び前条1項）に規定する書面の様式（別記様式第2号）を定めており、従来方式による傍受の実施（「当該期間以外の期間」）の状況については、当該様式の「その2」及び「その3」に記載し、20条1項の規定による傍受の実施の状況については「その4」に、21条1項の規定による再生の実施の状況については「その5」及び「その6」に記載するものとされている。

2　23条1項2号による傍受が行われた場合の傍受実施状況等記載書面の記載事項等（2項）

(1)　本項は、「傍受の実施をした期間のうちに第23条第1項第2号の規定による傍受の実施をした期間があるとき」に適用され、本項各号は、その場合において傍受実施状況等記載書面に記載すべき事項等を規定する。

　本項の書面の提出時期は、前項と同様であり、傍受の実施の終了時に①一時的保存をされた暗号化信号であって未復号のものがないときは、傍受の実施の修了後、遅滞なく、②未復号のものがあるときは、再生の実施の修了後、遅滞なく、裁判官に提出しなければならないこととされるほか、③23条1項2号の規定による傍受の実施をした後に傍受ができる期間の延長をする時も、同様とされる（延長請求時までに一時的保存を行う通信傍受をしていないときは前条2項が適用され、同項の書面を提出することとなる。）。

　提出先は、前条1項・2項及び前項と同じ（傍受令状を発付した裁判官が所属する裁判所の裁判官）である。

(2)　本項の書面は、その提出時までに23条1項2号による傍受の実施をした期間があるときに作成するものであるから、①23条1項2号による傍受の実施をした期間以外の期間（「当該期間以外の期間」）に関しては、「前条第2項各号に掲げる事項」を記載するものとし、②23条1項2号による傍受の実施をした期間に関しては、同号による傍受の実施の状況のほか、その後の同条4項による再生の実施の状況も同じ書面に記載させるため、本項各号に掲げる事項を記載するものとしている。

本項各号に掲げる事項のうち、1号及び2号に掲げるものが23条1項2号の規定による傍受の実施の状況に関するものであり、3号から7号までに掲げる事項が同条4項の規定による再生の実施の状況に関するものである。

4号の趣旨は、前項7号と同じである。

5号の「第23条第4項の規定による再生」は、21条3項から6項までの規定の例によりされるものであり、「再生の根拠となった条項」については、前項8号の場合と同様に記載することが考えられる。

8号の「第23条第1項第2号の規定による傍受の実施又は同条第4項の規定による再生の実施の状況に関し最高裁判所規則で定める事項」は、規則11条4項に規定しており、①同条1項1号から5号までに掲げる事項（前条1項の解説参照）、②規則11条2項各号に掲げる事項（前条2項の解説参照）、③規則11条3項2号及び4号に掲げる事項（前項の解説参照）並びに④29条5項の規定により通信の記録を消去したときは、消去した者の官公職氏名、消去した年月日時及び消去した部分である。

前記のとおり、国公委規21条2項は、本項（及び前条2項）に規定する書面の様式（別記様式第3号）を定めており、23条1項1号の規定による傍受の実施（「当該期間以外の期間」）の状況については、当該様式の「その2」及び「その3」に記載し、同項2号の規定による傍受の実施の状況については「その4」に、同条4項の規定による再生の実施の状況については「その5」及び「その6」に記載するものとされている。

3　傍受実施状況等記載書面の提出を受けた裁判官による審査（3項）

本項は、前条3項と同様に、傍受実施状況等記載書面の提出を受けた裁判官による15条に規定する通信に該当するかどうかの審査等について規定しており、その趣旨等は、同項と同様である。

5　傍受記録の作成

（傍受記録の作成）
第29条　検察官又は司法警察員は、傍受の実施（第20条第1項又は第23条第1項第2号の規定によるものを除く。以下この項において同じ。）を中断し又は終了したときは、その都度、速やかに、傍受をした通信の内容を刑事手続において使用するための記録一通を作成しなければならない。傍受の実施をしている間に記録媒体の交換をしたときその他記録媒体に対する記録が終了したときも、同様とする。
2　検察官又は司法警察員は、再生の実施を中断し又は終了したときは、その都度、速やかに、再生をした通信の内容を刑事手続において使用するための記録一通を作成しなければならない。再生の実施をしている間に記録媒体の交換をしたときその他記録媒体に対する記録が終了したときも、同様とする。
3　第1項に規定する記録は、第24条第1項後段若しくは第26条第2項の規定により記録をした記録媒体又は第25条第3項の規定により作成した同条第1項の記録媒体の複製から、次に掲げる通信以外の通信の記録を消去して作成するものとする。
　一　傍受すべき通信に該当する通信
　二　第14条第2項の規定により傍受をした通信であって、なおその内容を復元するための措置を要するもの
　三　第15条の規定により傍受をした通信及び第14条第2項の規定により傍受をした通信であって第15条に規定する通信に該当すると認められるに至ったもの
　四　前二号に掲げる通信と同一の通話の機会に行われた通信
4　第2項に規定する記録は、第24条第1項後段若しくは第26条第2項の規定により記録をした記録媒体又は第25条第3項の規定により作成した同条第2項の記録媒体の複製から、次に掲げる通信以外の通信の記録を消去して作成するものとする。
　一　傍受すべき通信に該当する通信

二　第21条第4項（第23条第4項においてその例による場合を含む。次号において同じ。）の規定により再生をした通信であって、なおその内容を復元するための措置を要するもの

三　第21条第5項（第23条第4項においてその例による場合を含む。）の規定により再生をした通信及び第21条第4項の規定により再生をした通信であって第15条に規定する通信に該当すると認められるに至ったもの

四　前三号に掲げる通信と同一の通話の機会に行われた通信

5　第3項第2号又は前項第2号に掲げる通信の記録については、当該通信が傍受すべき通信及び第15条に規定する通信に該当しないことが判明したときは、第1項に規定する記録又は第2項に規定する記録（以下「傍受記録」と総称する。）から当該通信の記録及び当該通信に係る第3項第4号又は前項第4号に掲げる通信の記録を消去しなければならない。ただし、当該通信と同一の通話の機会に行われた第3項第1号から第3号まで又は前項第1号から第3号までに掲げる通信があるときは、この限りでない。

6　検察官又は司法警察員は、傍受記録を作成した場合において、他に第25条第4項又は第26条第4項の規定により裁判官に提出した記録媒体（以下「傍受の原記録」という。）以外の傍受をした通信（第21条第1項又は第23条第4項の規定により再生をした通信及びこれらの規定による復号により復元された通信を含む。次項において同じ。）の記録をした記録媒体又はその複製等（複製その他記録の内容の全部又は一部をそのまま記録した物及び書面をいう。以下同じ。）があるときは、その記録の全部を消去しなければならない。前項の規定により傍受記録から記録を消去した場合において、他に当該記録の複製等があるときも、同様とする。

7　検察官又は司法警察員は、傍受をした通信であって、傍受記録に記録されたもの以外のものについては、その内容を他人に知らせ、又は使用してはならない。その職を退いた後も、同様とする。

本条は、傍受又は再生をした通信の内容を刑事手続において使用するための記録、すなわち「傍受記録」（本条5項参照）の作成の手続や、傍受記録及び傍受の原記録（本条6項参照）以外の傍受又は再生をした通信の記録の消去等について規定している。

傍受（一時的保存をするものを除く。）又は再生をした通信は、傍受又は再生が適正にされたか否かを事後的に検証することができるようにするため、全て記録媒体に記録して裁判官が「傍受の原記録」として保管するが（24条から26条まで）、捜査機関が傍受をし又は再生をした通信の内容を刑事手続において使用するための「傍受記録」は、本条により、傍受の原記録に記録されている全ての通信の記録のうち、傍受すべき通信等に該当しない通信の記録を削除して作成するものとされた。これは、傍受の実施の適法性を明らかにするためには捜査機関が傍受した通信の全ての記録を捜査機関自らにおいても保持する意味もないわけではないが、該当性判断のためにのみ傍受又は再生がされた通信の記録は、通常、その後の捜査の遂行や公判における犯罪事実自体の立証に用いられるものではなく、国家賠償請求訴訟等において傍受の適法性が問題となるなど極めて例外的な場合にその判断資料となることがあるにとどまるものであって、一般的には、捜査機関がそのような通信の内容の記録を保持する必要性が高いとはいえない一方で、そのような通信の当事者の中には、捜査機関がそのような通信の内容の記録を保持することに不安感を持つ者もいると考えられることから、傍受すべき通信等に該当しない通信の記録については、これを削除したものを刑事手続に用いることとするのが適当と考えられたことによるものである。

本条の手続は、類比のためにやや大雑把に言うとすれば、現に行われている通信を傍受する処分（通信傍受）において該当性判断のための傍受・再生を含む傍受の実施及び再生の実施をすることが「捜索」に相当する行為であるとすれば、捜索による探索の結果発見された「押収すべき物」のみを選別してする「押収」に相当するものともいえよう。

1　傍受の実施の中断時等における傍受記録の作成（1項）

　本項は、①傍受の実施（20条1項又は23条1項2号の規定によるものを除く。）を中断し又は終了した場合、及び②傍受の実施（前同）をしている間に記録媒体の交換をしたときその他記録媒体に対する記録が終了したときにおける傍受記録（「傍受をした通信の内容を刑事手続において使用するための記録」）の作成について規定している。

　本項の傍受記録は、前記①及び②のときに、その都度、速やかに、一通を作成しなければならない。「傍受の実施」の「中断又は終了」の意義は、24条2項、25条1項・2項、26条3項と同じであり、また、「記録媒体の交換をしたときその他記録媒体に対する記録が終了したとき」の意義は、25条1項・2項と同様である。すなわち、傍受記録の作成時期は、これらの規定において記録媒体への記録を終了するものとされ、あるいは、記録媒体について立会人に封印を求めることとされている時期と同じである。

　なお、本項は、従来方式により行う傍受の実施を中断し又は終了したときやその間に記録媒体の交換等をしたとき、及び、23条1項1号の規定による傍受の実施を中断し又は終了したときやそのような傍受の実施をしている間に記録媒体の交換等をしたときの傍受記録の作成について規定するものであり、20条1項の規定による傍受の実施を中断したときや同項によるもので傍受の実施を終了したとき、23条1項2号の規定による傍受の実施を中断したときや同号によるもので傍受の実施を終了したときには適用されず、それらの時点では傍受記録を作成する義務は生じない。その場合には、傍受記録は、次項により、再生の実施の中断等のときに作成するものとされている。

2　再生の実施の中断時等における傍受記録の作成（2項）

　本項は、①再生の実施を中断し又は終了した場合、及び②再生の実施をしている間に記録媒体を交換したときその他記録媒体に対する記録が終了したときにおける傍受記録の作成について規定している。

　その趣旨等は基本的に前項と同様である。

3　本条１項の傍受記録の作成方法（３項）

　本条１項に規定する傍受記録は、「第24条第１項後段若しくは第26条第２項の規定により記録をした記録媒体」又は「第25条第３項の規定により作成した同条第１項の記録媒体の複製」から、傍受すべき通信に該当する通信等以外の通信の記録を消去して作成する。前者は、傍受をし又は再生した通信を傍受の原記録となる記録媒体に記録する際、これと同時に他の記録媒体に記録したものであり、後者は、傍受の原記録となる記録媒体について立会人に封印を求める前に作成した複製である。特定電子計算機を用いる通信傍受の実施の手続（23条）においては後者は作成されない（26条）から、本条１項に規定する傍受記録は

① 　従来方式による傍受の実施の中断時等の場合には、「第24条第１項後段の規定により記録をした記録媒体」又は「第25条第３項の規定により作成した同条第１項の記録媒体の複製」から

② 　23条１項１号の規定による傍受の実施の中断時等の場合には、「第26条第２項の規定により記録をした記録媒体」（特定電子計算機の機能（23条２項５号）により通信等を暗号化せずに記録した他の記録媒体）から

作成することとなる。

　傍受記録を作成する際に上記①の記録媒体若しくは複製又は②の記録媒体から消去すべき通信の記録は、本項各号に掲げる通信以外の通信の記録である。

　１号の「傍受すべき通信」とは、傍受令状に記載された傍受すべき通信である（３条、14条１項）。

　２号及び３号の「第14条第２項の規定により傍受をした通信」とは、外国語による通信又は暗号その他その内容を即時に復元することができない方法を用いた通信であって、傍受の時にその内容を知ることが困難なため、傍受すべき通信に該当するかどうかを判断することができないものについて、その全部の傍受をした場合における当該通信である。同項により全部の傍受をした通信については、速やかに、翻訳、解読その他その内容を復元した上で、傍受すべき通信に該当するかどうかの判断を行わなければならないとこ

ろ（同項後段）、「なおその内容を復元するための措置を要するもの」とは、傍受記録を作成する時点において、なおその内容を復元するための措置を要するものである。この通信の記録については、その内容の復元の結果、当該通信が傍受すべき通信等に該当しないことが判明したときは、傍受記録から当該通信の記録等を消去しなければならない（本条5項）。

3号の「第14条第2項の規定により傍受をした通信であって第15条に規定する通信に該当すると認められるに至ったもの」とは、その内容の復元の結果、15条に規定する通信（他の犯罪の実行を内容とすることが明らかな通信）に該当すると認められるに至ったものである。

4号の「前三号に掲げる通信と同一の通話の機会に行われた通信」は、例えば、電話の傍受の場合であれば、傍受すべき通信として傍受した通信が行われた通話と同じ通話の中で、該当性判断のためにのみ傍受した通信があっても、そのような通信の記録も傍受記録に残すという趣旨である。このように、それ自体としては犯罪の証拠となるものではない通信の記録も、証拠となる通信が行われた通話に含まれるものに限り、傍受記録に残すことができる制度とされているのは、そのようにすることで、一つの通話の中で犯罪の証拠となる通信が傍受された経過が明らかになるようにすることは、その当事者の特定を含めた当該通信の証拠価値を判断する上でも、傍受の手続の適法性の担保の上でも有用であり、かつ、傍受記録に残されるのはその範囲に限るものとすることで、それ自体が犯罪の証拠となるものではない通信はなるべく捜査機関の手元に残さないようにし、プライバシーの制約を合理的な範囲にとどめることとするものである。

4 本条2項の傍受記録の作成方法（4項）

本条2項に規定する傍受記録は、「第24条第1項後段若しくは第26条第2項の規定により記録をした記録媒体」又は「第25条第3項の規定により作成した同条第2項の記録媒体の複製」から、傍受すべき通信に該当する通信等以外の通信の記録を消去して作成する。すなわち

① 一時的保存を命じて行う通信傍受における再生の実施（21条1項）の中

断時等の場合には、「第24条第1項後段…の規定により記録をした記録媒体」又は「第25条第3項の規定により作成した同条第2項の記録媒体の複製」から
② 特定電子計算機を用いる通信傍受における再生の実施（23条4項）の中断時等の場合には、「第26条第2項の規定により記録をした記録媒体」から

作成することとなる。

　本項において傍受記録を作成する際に上記①の記録媒体若しくは複製又は②の記録媒体から消去すべき通信の記録は、同項各号に掲げる通信以外の通信の記録である。

　1号の「傍受すべき通信に該当する通信」は、これに該当するものとして再生され、記録媒体に記録されたものである。

　2号から4号までに掲げる通信を傍受記録に残して良いものとする趣旨は、前項と同様である。

5　傍受すべき通信等に該当しない3項2号又は4項2号の記録の消去（5項）

　本項は、傍受記録の作成時は消去せずに残すこととされた本条3項2号又は前項2号に掲げる通信（外国語による通信である場合など直ちに該当性判断ができないためその全部を傍受した通信であって、傍受記録の作成時においてなお復元のための措置を要するものであったためその際は消去されなかったもの）の記録のその後における取扱いについて規定する。

　この通信の記録については、その内容の復元の結果、当該通信が傍受すべき通信及び15条に規定する他の犯罪の実行を内容とする通信のいずれにも該当しないことが判明したときは、その時点において、原則として、傍受記録から①当該通信の記録及び②当該通信に係る本条3項4号又は前項4号に規定される通信（①と同一の通話の機会に行われた通信）の記録を消去しなければならないものとしている（本項本文）。この例外として、本項ただし書は、「当該通信と同一の通話の機会に行われた第3項第1号から第3号まで又は

前項第1号から第3号までに掲げる通信があるとき」を規定しており、この場合には、当該通信（傍受すべき通信に該当する通信等）との関係で、①の通信も②の通信も、本条3項4号又は前項4号の通信に当たるため、消去することを要しないものとされている。

検察官又は司法警察員は、傍受実施状況等記載書面（27条1項・2項、28条1項・2項）を裁判官に提出した後、本項の規定により通信の記録を消去したときは、速やかに、消去した者の官公職氏名、消去した年月日時及び消去した部分を、当該裁判官に通知しなければならない（規則12条）。

なお、傍受すべき通信に該当するもの等として傍受記録に記録されている通信についてされた傍受の処分が違法であったとして取り消された場合における当該通信等の傍受記録からの消去については、33条3項（及びこれを準用する27条3項及び28条3項）を参照されたい。このような場合であっても、捜査機関限りの判断によって消去することは、手続の明確性と安定性を害し、実務上も問題を生じ得るため適当ではないことから、法は、傍受記録に記録された通信を消去するため、傍受記録に記録された通信の当事者に対する通知（30条）、傍受の処分に対する不服申立て、傍受の処分の取消し及び消去命令（33条）という一連の制度を設けている。

6　傍受記録作成時の他の記録媒体・複製等の記録の全部消去（6項）

本項前段は、傍受記録を作成した場合において
① 他に傍受の原記録以外の傍受をし又は21条1項若しくは23条4項の規定による再生をした通信の記録をした記録媒体又はその複製等があるときは、その記録の全部を消去しなければならないこと
② 21条1項又は23条4項の規定による復号により復元された通信の記録をした記録媒体又はその複製等があるときは、その記録の全部を消去しなければならないこと
を規定している。また、本項後段は、
③ 前項の規定により傍受記録から記録を抹消した場合（外国語通信等が翻訳等の結果傍受すべき通信等に該当しないものであると判明し、抹消した場合）

において、他に当該記録の複製等があるときも、これと同様としており、傍受記録から抹消した記録の複製等の全部を消去しなければならない。

　①及び③は、本条３項及び４項において傍受記録は傍受すべき通信等に該当しない通信の記録を削除して作成することとした趣旨に照らし、傍受記録のほか、傍受の原記録以外の傍受又は再生をした通信の記録をした記録媒体又はその複製等が捜査機関の手元に残り利用されることがないようにするものであり、②は、21条１項又は23条４項の規定による暗号化信号の復号により通信を復元し、これを再生する過程では、電子計算機等の機器内において、一時的であるにしても、「復号により復元された通信」の電子的な記録が作成され得るところ、傍受記録を作成した場合にそのような記録が当該機器内に残存しているときは、これを消去することとするものである。

　なお、本項は、傍受の原記録及び傍受記録以外の記録を消去しなければならないとするものであって、傍受記録の複製等を作成してこれを刑事手続に使用することを禁止する趣旨のものではない（32条５項、33条３項等の規定も、傍受記録の複製等が存在することを前提としている。）。

　「複製」とは、記録の内容を元の記録媒体と同種の記録媒体に写し取ったものをいう。「記録の内容の全部又は一部をそのまま記録した物及び書面」とは、記録の内容の全部又は一部を要約することなくそのまま記録した物又は書面であり、例えば、電話による通信を録音した場合、その記録の内容を逐語的に文字にした反訳文がこれに当たる。

　内容を要約した記録や一時的なメモは「複製」に当たらない。もっとも、運用上は、内容を要約した記録は、直ちに令状請求の疎明資料とする必要があるとき等特段の事情がある場合を除いては作成すべきではないし、また、一時的なメモは、原則として作成せず、仮に作成した場合にも速やかに廃棄することが適当であろう。国公委規23条２項は、これと同様の観点から、傍受記録を作成した場合において、他に「通信記録物等」（傍受の原記録以外の傍受をした通信等の記録をした記録媒体及びその複製その他記録の内容の全部又は一部をそのまま記録した物又は書面並びに傍受をした通信の内容の全部又は一部を要約して記載し又は記録した物又は書面をいうものであり（国公委規２条13

号)、要約記録等が含まれる。)があるときは、捜査主任官は、通信記録物等管理者(国公委規5条5項)にその記録の全部を消去させなければならないものとしている、(ただし、当該通信記録物等が、傍受記録に記録された通信の内容の全部又は一部を要約して記載した捜査書類であって、傍受記録を作成する前に行った捜査の経過を示すために特に必要なものである場合は除くものとしている。)。

本項の義務は、法律上の義務であり、捜査官がこれを怠った場合は、監督者を含め懲戒処分の対象となり得る。

7　傍受記録に記録されたもの以外の傍受をした通信の内容の漏示等の禁止(7項)

検察官又は司法警察員は、傍受をした通信や再生をした通信、復号により復元された通信であって傍受記録に記録されたもの以外のものについては、その内容を他人に知らせ、又は使用してはならない。この義務はその職を退いた後も負うものとされている。

「その内容を他人に知らせ、又は使用」するとは、具体的には、傍受し又は再生をした通信等であって傍受記録に記録されたもの以外のものの内容について、逮捕状等の令状請求の際の口頭での疎明においてその内容を明らかにすること、捜査等の過程で捜査機関の部内で他の者にその内容を明らかにすることなどが該当する。

また、前項に違反して、傍受をした通信の記録をした記録媒体等を保持していた場合、これを他人に聴取・閲覧等をさせるなどしてその記録内容を他人に知らせ、又は使用する行為は、本項にも違反する。

6 通信の当事者に対する通知

（通信の当事者に対する通知）
第30条　検察官又は司法警察員は、傍受記録に記録されている通信の当事者に対し、傍受記録を作成した旨及び次に掲げる事項を書面で通知しなければならない。
　一　当該通信の開始及び終了の年月日時並びに相手方の氏名（判明している場合に限る。）
　二　傍受令状の発付の年月日
　三　傍受の実施の開始及び終了の年月日
　四　傍受の実施の対象とした通信手段
　五　傍受令状に記載された罪名及び罰条
　六　第15条に規定する通信については、その旨並びに当該通信に係る犯罪の罪名及び罰条
　七　次条の規定による傍受記録の聴取等（聴取若しくは閲覧又は複製の作成をいう。以下この号において同じ。）及び第32条第１項の規定による傍受の原記録の聴取等の許可の請求並びに第33条第１項又は第２項の規定による不服申立てをすることができる旨
２　前項の通知は、通信の当事者が特定できない場合又はその所在が明らかでない場合を除き、傍受の実施が終了した後30日以内にこれを発しなければならない。ただし、地方裁判所の裁判官は、捜査が妨げられるおそれがあると認めるときは、検察官又は司法警察員の請求により、60日以内の期間を定めて、この項の規定により通知を発しなければならない期間を延長することができる。
３　検察官又は司法警察員は、前項本文に規定する期間が経過した後に、通信の当事者が特定された場合又はその所在が明らかになった場合には、当該通信の当事者に対し、速やかに、第１項の通知を発しなければならない。この場合においては、前項ただし書の規定を準用する。

本条は、傍受記録に記録されている通信の当事者に対する通知について規定している。

1　傍受記録に記録されている通信の当事者に対する通知事項等（1項）

(1)　検察官又は司法警察員は、傍受記録に記録されている通信の当事者に対し、傍受記録を作成した旨等本項に定める事項を、書面で通知しなければならない。これは、傍受記録に記録されている通信の当事者が傍受された通信の内容を確認する機会及び不服申立てをする機会を保障し、違法な処分が行われた場合の救済を図るとともに、処分の適正な実施を担保しようとするものである。

「傍受記録」（前条5項）には、前条1項の記録及び同条2項の記録の双方を含むから、本項による通知は、再生をされた通信であって傍受記録に記録されているものの当事者に対してもする必要がある。他方、該当性判断のために必要最小限の範囲でその一部の傍受や再生をしたが、傍受すべき通信等に該当するものではなかったため、傍受記録には残されずに消去された通信の当事者に対しては、通知は要しない。そのような傍受や再生は通信の一部について断片的にされたにとどまり、それのみの通話の記録は消去して捜査機関の手元には残さないこととされ、通知を行うためだけに犯罪と関係のない通信の当事者を特定する捜査を行うことは、かえってそのプライバシーを侵害するおそれがあって適当ではなく、また、犯罪に関係のない通信の当事者、例えば、友人や一般の取引先にまで広く通知をすることは、かえって当該通信の当事者の不利益になると考えられることによる。

なお、検察官又は司法警察員は、傍受記録に記録されている通信の当事者に対し、本条の規定による通知をしたときは、速やかに、通知書の写しを添付した書面をもって、その旨を原記録保管裁判官に通知しなければならない（規則13条）。

(2) 「通信の当事者」は、通信の発信者及び受信者の双方を含む。次項に規定するとおり、捜査の結果、通信の当事者が特定できない場合及びその所在が明らかとならない場合には、通知を要しない。

　その当事者を特定でき、また、その者の所在が判明している場合には、本項の通知は遺漏なく行う必要があるところ、傍受記録に記録されている通信は、傍受すべき通信に該当する通信等、前条3項各号又は同条4項各号に掲げる通信であり、その当事者は、被疑者又は被疑事件の重要な参考人として取調べの対象となることが多いことから、警察庁による通達（留意事項）によれば、本条による通知は、原則として、警察職員が、傍受通知書（国公委規別記様式第6号）を直接交付することにより行うものとされ、その場合には、あらかじめ受取証を準備しておき、通知を受けた者に署名押印を求めるなど、適当な措置を執るものとしている。また、通知が行われたかどうかについて紛議が生じないようにするため、通知は極力通信の当事者に直接交付することにより行うべきであるが、通信の当事者がこれを拒絶するなど、法の定める期間内の交付が困難である場合は、配達証明郵便に付して行うものとしている（留意事項第9の1(2)）。

(3) 通知先である通信の当事者に対して通知すべき事項は、「傍受記録を作成した旨」及び本項各号に掲げる事項である。

　1号の「当該通信」とは、傍受記録に記録されている通信で、当該通知の相手方が通信の当事者であるものである。

　7号の「次条の規定による傍受記録の聴取等…及び第32条1項の規定による傍受の原記録の聴取等の許可の請求並びに第33条第1項又は第2項の規定による不服申立てをすることができる旨」を通知するものとされたのは、通信傍受の実施の適正をより一層確保するとの観点からである。同号の通知事項は、平成28年改正法の国会審議の際に衆議院における修正によって追加された。

2　通知を発しなければならない期間（2項）

　前項の通知は、通信の当事者が特定され、その所在が明らかとなっているときは、原則として、傍受の実施が終了した後30日以内に発しなければならない。これは、傍受の実施を終了する時に一時的保存をされた暗号化信号であって復号されていないものがあり、その後において再生の実施を行うこととなるとき（21条8項、26条4項参照）であっても同じである。

　30日の猶予期間が設けられたのは、通知はできる限り速やかに行うのが望ましいものの、傍受記録の作成、傍受した通信の内容の分析、傍受した通信の当事者の特定及びその所在の確認等の作業には一定の期間を要すること、傍受の結果に基づいて更に一定の捜査を被疑者らに察知されないうちに進める必要がある場合もあり、一定の猶予期間をおく必要があると考えられることによる。

　この期間内に通知を発すれば足り、この期間内に通信の当事者に到達することを要するものではない。

　この期間内の通知については、2つの例外がある。

　一つ目は、①通信の当事者が特定できない場合及びその所在が明らかでない場合である（本項本文）。このような場合には、通知をすることができない以上、この期間内に通知を発することを要しない。次項に規定するとおり、この期間が経過した後に、通信の当事者が特定された場合又はその所在が明らかになった場合には、当該通信の当事者に対し、速やかに、通知を発しなければならないことになる。

　二つ目は、本項ただし書に規定されている。すなわち、②検察官又は司法警察員の請求により、地方裁判所の裁判官が、捜査が妨げられるおそれがあると認め、60日以内の期間を定めて、通知を発しなければならない期間を延長した場合である。

　「捜査が妨げられるおそれがある」とは、本条1項の通知がなされることによって捜査が行われていることが被疑者等に知られると、逃亡あるいは関係者間の通謀などの罪証隠滅が行われるおそれがあり、その防止が困難であるため、捜査の目的を達することができなくなるおそれがあることをいう。

例えば、組織的な覚醒剤の密売の現場責任者とその背後にいる首謀者との間で行われた覚醒剤の密売に関する指示や報告等の通信を傍受したという事案において、身元や所在が確認されている現場責任者には通知をすることが可能であるものの、当該現場責任者に通知をすると捜査が行われていることを首謀者が知って逃亡するおそれがあり、その一方で、首謀者やその所在の特定には更に一定の捜査が必要であって、直ちにこれを逮捕することができないようなときなどがこれに該当する。この場合、例えば、首謀者や現場責任者等の主たる被疑者を逮捕したことにより、通知により捜査が行われていることを関係者が知ったとしても捜査の目的を達することができなくなるおそれがなくなったときは、これに該当しなくなる。

　1回の延長の期間は60日以内であるが、延長の理由がある限り、延長の回数に制限はない。通信の傍受が行われるのは、組織的に行われる一定の重大な犯罪であり、多数の者が関与し、真相の解明が困難である複雑な事案が想定されるので、傍受の実施が終了したときも、更に相当長期間にわたる捜査が必要なことが明白な事案も少なくないと考えられる。しかも、傍受が認められるのは、いわゆる補充性の要件を満たす場合であるから、関係者の逮捕に至るまでは、捜査が行われていることが知られること自体により、捜査に重大な支障が生じることとなりかねないのがむしろ通常と考えられ、実際に具体的な捜査が行われ、それを継続する必要があると認められる限り、延長の理由がある場合も多いと考えられる。

　通知を発しなければならない期間の延長の請求は、書面でしなければならず（規則14条1項）、その書面には、傍受の実施を終了した年月日、通知によって捜査が妨げられるおそれがあることを認めるべき事由及び延長を求める期間を記載し、また、前に期間の延長があったときは、その旨及びその期間をも記載する（同条2項）。また、この延長の請求をするには、通知によって捜査が妨げられるおそれがあることを認めるべき資料を提供しなければならない（同条3項。国公委規26条4項も同旨）。

　同条3項は、期間の延長の請求は、通知期間延長請求書（別記様式第8号）により行うものとしている。

3　期間経過後に当事者が特定された場合等の通知（3項）

　本項は、通知を発しなければならない期間が経過した後に、通信の当事者が特定された場合又はその所在が明らかになった場合には、当該通信の当事者に対し、速やかに、本条1項の通知を発しなければならないことを規定する。

　本項による通知についても、前項ただし書の規定が準用されるから、捜査が妨げられるおそれがあると認められるときは、通知を発しなければならない期間の延長が認められる。

7 傍受記録の聴取及び閲覧等

> (傍受記録の聴取及び閲覧等)
> 第31条　前条第1項の通知を受けた通信の当事者は、傍受記録のうち当該通信に係る部分を聴取し、若しくは閲覧し、又はその複製を作成することができる。

　本条は、前条1項の通知を受けた通信の当事者(傍受記録に記録された通信の当事者)が、傍受記録のうち当該通信に係る部分を聴取し、若しくは閲覧し、又はその複製を作成することができることを規定する。

　これは、傍受記録に記録されている通信の当事者が傍受された通信の内容の聴取又は閲覧をして、これを確認することができるようにするとともに、不服申立手続等において当該通信の内容を利用することができるよう、その複製を作成できるようにするものであり、不服申立てをする機会を十分に保障し、違法な処分が行われた場合の救済を図るとともに、処分の適正な実施を担保しようとするものである。

　傍受記録の聴取、閲覧及び複製の作成(以下「聴取等」という。)ができるのは、前条1項の通知を受けた通信の当事者である。通知を受けていない場合には、まず、検察官又は司法警察員に対し、これを発することを求め、通知を受けた後に聴取等をすることができる。

　「当該通信」とは、同項の通知に係る通信である。

　傍受記録は、検察官若しくは司法警察員が保管し、又は刑事事件の証拠として裁判所に提出された場合には、裁判所が保管することになるため、その聴取等は、それぞれその保管者に対し、その求めをすることになる。裁判所が保管する傍受記録に係る聴取等の手続については、傍受の原記録の聴取等に関する手続に係る規則の規定(規則16条1項から4項まで)が準用され(同条5項)、それらの手続は原則として裁判所で行うことになる(同条1項本文)。

警察官が保管する傍受記録に係る聴取等の手続については、国公委規27条に定められており、まず、それらの手続をしようとする者が前条1項の通知を受けた通信の当事者であることを確認しなければならないものとされ（国公委規27条1項）、また、聴取等は、必要な態勢を確立した上で、警察施設において警察職員を立ち会わせ、その他所要の措置を講じて行わせるようにしなければならないものとされている（同条2項）。ここでいう「その他所要の措置」としては、傍受記録の破棄、当該通信の当事者による通信以外の通信に係る部分の聴取等を防止するため、聴取等のための機器の操作を警察職員が行うこと等が考えられるとされている（留意事項第9の2(2)）。

8 傍受の原記録の聴取及び閲覧等

（傍受の原記録の聴取及び閲覧等）
第32条　傍受の原記録を保管する裁判官（以下「原記録保管裁判官」という。）は、傍受記録に記録されている通信の当事者が、前条の規定により、傍受記録のうち当該通信に係る部分を聴取し、若しくは閲覧し、又はその複製を作成した場合において、傍受記録の正確性の確認のために必要があると認めるときその他正当な理由があると認めるときは、当該通信の当事者の請求により、傍受の原記録のうち当該通信に相当する部分を聴取し、若しくは閲覧し、又はその複製を作成することを許可しなければならない。
2　原記録保管裁判官は、傍受をされた通信（第20条第1項又は第23条第1項第2号の規定による傍受の場合にあっては、第21条第1項又は第23条第4項の規定による再生をされた通信）の内容の確認のために必要があると認めるときその他正当な理由があると認めるときは、傍受記録に記録されている通信以外の通信の当事者の請求により、傍受の原記録のうち当該通信に係る部分を聴取し、若しくは閲覧し、又はその複製を作成することを許可しなければならない。
3　原記録保管裁判官は、傍受が行われた事件に関し、犯罪事実の存否の証明又は傍受記録の正確性の確認のために必要があると認めるときその他正当な理由があると認めるときは、検察官又は司法警察員の請求により、傍受の原記録のうち必要と認める部分を聴取し、若しくは閲覧し、又はその複製を作成することを許可することができる。ただし、複製の作成については、次に掲げる通信（傍受記録に記録されているものを除く。）に係る部分に限る。
　一　傍受すべき通信に該当する通信
　二　犯罪事実の存否の証明に必要な証拠となる通信（前号に掲げる通信を除く。）
　三　前2号に掲げる通信と同一の通話の機会に行われた通信
4　次条第3項（第27条第3項及び第28条第3項において準用する場合を含

む。以下この項において同じ。）の規定により記録の消去を命じた裁判がある場合においては、前項の規定による複製を作成することの許可の請求は、同項の規定にかかわらず、当該裁判により消去を命じられた記録に係る通信が新たに同項第１号又は第２号に掲げる通信であって他にこれに代わるべき適当な証明方法がないものであることが判明するに至った場合に限り、傍受の原記録のうち当該通信及びこれと同一の通話の機会に行われた通信に係る部分について、することができる。ただし、当該裁判が次条第３項第２号に該当するとしてこれらの通信の記録の消去を命じたものであるときは、この請求をすることができない。

5　原記録保管裁判官は、検察官により傍受記録又はその複製等の取調べの請求があった被告事件に関し、被告人の防御又は傍受記録の正確性の確認のために必要があると認めるときその他正当な理由があると認めるときは、被告人又はその弁護人の請求により、傍受の原記録のうち必要と認める部分を聴取し、若しくは閲覧し、又はその複製を作成することを許可することができる。ただし、被告人が当事者でない通信に係る部分の複製の作成については、当該通信の当事者のいずれかの同意がある場合に限る。

6　検察官又は司法警察員が第３項の規定により作成した複製は、傍受記録とみなす。この場合において、第30条の規定の適用については、同条第１項中「次に掲げる事項」とあるのは「次に掲げる事項並びに第32条第３項の複製を作成することの許可があった旨及びその年月日」とし、同条第２項中「傍受の実施が終了した後」とあるのは「複製を作成した後」とする。

7　傍受の原記録については、第１項から第５項までの規定による場合のほか、これを聴取させ、若しくは閲覧させ、又はその複製を作成させてはならない。ただし、裁判所又は裁判官が、刑事訴訟法の定めるところにより、検察官により傍受記録若しくはその複製等の取調べの請求があった被告事件又は傍受に関する刑事の事件の審理又は裁判のために必要があると認めて、傍受の原記録のうち必要と認める部分を取り調べる場合においては、この限りでない。

本条は、裁判官が保管する傍受の原記録の聴取等について規定している。本条1項は傍受記録に記録されている通信の当事者による聴取等の請求及びその許可について、2項はそれ以外の通信の当事者による聴取等の請求及びその許可について、3項、4項及び6項は検察官又は司法警察員による聴取等の請求及びその許可並びに作成された複製の取扱い（傍受記録とみなすこと等）について、5項は被告人又はその弁護人による聴取等の請求及びその許可について、7項は本条各項の規定によらない聴取等の禁止等について規定するものである。

1 傍受記録の聴取等をした通信の当事者の請求による傍受の原記録の聴取等の許可（1項）

(1) 本項は、傍受記録に記録されている通信の当事者が前条の規定による傍受記録の聴取等をした場合において、当該通信の当事者から請求があり、傍受の原記録（29条6項）を保管する裁判官（「原記録保管裁判官」）が、傍受記録の正確性の確認のため必要があると認めるときその他正当な理由があると認めるときは、傍受の原記録のうち当該通信に相当する部分の聴取等を許可する旨を規定する。

(2) 傍受の原記録は、傍受が適正に実施されたかどうかを事後的に検証することができるように、傍受をし又は再生をした通信を全て記録したものであり、原記録保管裁判官が保管するものであるが、本項によりその聴取等が許可されるのは、傍受記録の当該通信に係る部分の聴取等が行われた場合に限られる。これは、傍受記録に記録されている通信の当事者が傍受された通信の内容の確認等をするためには、通常、傍受記録の聴取等（前条）を行えば足りると考えられるからである。

「傍受記録の正確性の確認のために必要があると認めるときその他正当な理由があると認めるとき」とは、例えば、傍受記録が改ざんされたり、傍受をし又は再生をした通信が正確に傍受記録に記録されていなかったりする疑いがあるなど、傍受の原記録の聴取等を行って、その内容を確認す

る必要がある場合である。

(3) 本項により聴取等が許可されるのは、傍受の原記録のうち「当該通信に相当する部分」、すなわち傍受記録のうち通信の当事者が前条の規定より聴取等をした部分に相当する部分である。

　本項の請求は書面でしなければならず（規則15条1項）、その書面には、聴取等を求める部分を特定するに足りる事項及び法に定める聴取等の理由が存在すると認められる事由を記載しなければならない（同条2項）。この請求を受けた原記録保管裁判官は、必要があると認めるときは、請求者に対し、法に定める聴取等の理由が存在することを認めるべき資料の提示を求めることができる（同条3項）。

　本項により許可された傍受の原記録の聴取等は、裁判所において行うのが原則であるが、原記録保管裁判官が必要と認めるときは、それ以外の場所で行う（規則16条1項）。また、原記録保管裁判官は、傍受の原記録の聴取等の日時、場所及び時間を指定することができ（同条2項）、傍受の原記録の破棄その他不法な行為を防ぐため必要があると認めるときは、裁判所書記官その他の裁判所職員をこれに立ち会わせ、又はその他の適当な措置を講じなければならず（同条3項）、傍受の原記録を聴取させ、又は閲覧させる場合において、必要があると認めるときは、その複製を聴取させ、又は閲覧させることができるものとされている（同条4項）。

2　傍受記録に記録されている通信以外の通信の当事者の請求による傍受の原記録の聴取等の許可（2項）

(1) 本項は、傍受記録に記録されている通信以外の通信の当事者から請求があり、原記録保管裁判官が、傍受された通信等の内容の確認のために必要があると認めるときその他正当な理由があると認めるときは、傍受の原記録のうち当該通信に係る部分の聴取等を許可する旨を規定する。

(2)　本項により傍受の原記録の聴取等が許可される実体的な要件は、「傍受された通信（第20条第1項又は第23条第1項第2号による傍受の場合にあっては、第21条1項又は第23条第4項の規定による再生をされた通信）の内容の確認のために必要があると認めるときその他正当な理由があると認めるとき」である。例えば、捜査官が不必要に長く該当性判断のための傍受や再生（14条1項、21条3項）をしていないかどうかを確認するため必要がある場合などがこれに当たる。

(3)　本項により聴取等が許可されるのは、傍受の原記録のうち「当該通信に係る部分」、すなわち、傍受記録に記録されている通信以外の通信で、当該請求者が当事者であるものに係る部分である。請求者が通信の当事者でないものに係る部分については、本条3項から5項まで又は7項の規定による場合のほか、聴取等は認められない（同項）。
　　なお、聴取等の請求の手続及び許可された聴取等の手続については、前項の場合と同様に、規則15条及び16条が規定している。

3　検察官又は司法警察員による傍受の原記録の聴取等（3項）

(1)　本項は、検察官又は司法警察員から請求があり、原記録保管裁判官が、傍受が行われた事件の犯罪事実の存否の証明に必要があると認めるときその他正当な理由があると認めるときは、傍受の原記録のうち必要と認める部分の聴取等を許可することができる旨を規定する。傍受が行われた事件に関し、現に保管されている傍受の原記録を検察官等が犯罪事実の証明等のためにこれを利用することが必要であるなど、正当な理由がある場合には、その利用を認めることが刑事司法の適正な実現の観点から適当であると考えられることによるものである。

(2)　本項により傍受の原記録の聴取等が許可される実体的な要件は、「傍受が行われた事件に関し、犯罪事実の存否の証明又は傍受記録の正確性の確認のために必要があると認めるときその他正当な理由があると認めると

き」である。

「傍受が行われた事件」とは、傍受令状に記載された被疑事実又は15条の規定により傍受した通信に係る被疑事実に係る事件をいう。

「犯罪事実」とは、犯罪の主体、日時、場所、客体、手段方法、結果、共謀の状況など犯罪そのものを構成する事実をいう。このような犯罪事実が直接明らかになる通信のほか、犯行の準備状況、犯行後の逃亡状況、罪証隠滅の状況、犯行により得た物の処分状況など、犯罪の実行に関連する事実を内容とする通信についても、そのような事実が犯罪事実の存否の証明に必要な間接事実である場合には、犯罪事実の存否の証明のために必要があるときに該当し得る。

「傍受記録の正確性の確認のために必要があると認めるとき」の意義は、本条１項と同じである。

「その他正当な理由があると認めるとき」とは、例えば、誤って傍受記録の内容を消去してしまった場合や、傍受記録が滅失した場合などが考えられる。

(3) 本項の規定による傍受の原記録の聴取等の許可は、本条１項及び２項の場合と異なり、正当な理由がある場合にすることが「できる」ものとされており、必ず許可しなければならないものではない。したがって、聴取等をする「正当な理由」はあると認められ、本項の要件を満たす場合であっても、傍受の手続に違法があったような場合には、原記録保管裁判官は、当該傍受の手続における違法の程度、内容、当該通信の記録の証拠としての価値その他の事情を勘案して、検察官等による傍受の原記録の聴取等を許可することの相当性の観点から、その許否を判断することになる。特に、傍受の手続に違法がある場合における複製の作成については、検察官等に当該傍受に係る通信の記録を保持させることが適当かどうかが問題となる点で、傍受の処分を取り消す場合における傍受記録等の通信の記録の消去の命令（33条３項）と同じであるから、同項の場合と同様の基準で判断するのが相当と考えられる。

⑷　聴取及び閲覧、傍受記録に記録されている通信の記録に係る複製の作成については、傍受の原記録のうち「必要と認める部分」についてすることを許可することができる。

　これに対し、傍受記録に記録されていない通信の記録の「複製の作成」については、当該複製の作成が当該複製に係る通信の内容を刑事手続等に使用することを目的とするものであることや、傍受記録に残すことができる通信の範囲が限定されている趣旨（29条3項・4項参照）に鑑み
① 　傍受すべき通信に該当する通信に係る部分
② 　犯罪事実の存否の証明に必要な証拠となる通信（①に当たるものを除く。）に係る部分
③ 　①又は②の通信と同一の通話の機会に行われた通信に係る部分
についてのみ、許可することができるものとされている（本項ただし書）。具体的には、例えば、傍受記録の作成の際、傍受すべき通信に該当しないものと判断して、その記録を消去した通信の内容が、その後の捜査により、傍受すべき通信に該当することが判明した場合や、傍受の原記録に記録されている通信が、傍受令状に記載された傍受すべき通信には該当しないが、傍受令状に記載された被疑事実に係る犯罪関連通信であり、犯罪事実の存否の証明に必要な証拠となる通信であることが判明した場合などが考えられる。

　「前2号に掲げる通信と同一の通話の機会に行われた通信」の意義は、29条3項4号、同条4項4号と同じである。

　なお、本項による傍受の原記録の複製の作成の請求が、33条3項（27条3項及び28条3項で準用する場合を含む。）の消去命令がされた通信の記録に係るものである場合については、次項がその加重要件を規定している。

　聴取等の請求の手続及び許可された聴取等の手続については、本条1項及び前項の場合と同様に、規則15条及び16条が規定している。

　また、国公委規28条3項・4項は、本項の請求は、「傍受の原記録聴取等請求書」（別記様式第9号）により行わなければならず、その際には、聴取等の理由があることを疎明する捜査報告書その他の資料を添えて行わなければならないこととする。

4 記録の消去を命じた裁判がある場合における複製の作成の許可の請求の加重要件（4項）

本項は、傍受記録等に記録された通信の記録の消去を命じた裁判がある場合における前項の複製の作成の許可の請求の要件（加重要件）等について規定している。

前項は、傍受記録に記録されていない通信に係るものであっても、傍受の原記録のうち、傍受すべき通信に該当する通信に係る部分等については、正当な理由があると認めるときは、その複製の作成を許可することができる旨を規定するものであるが、検察官又は司法警察員がした通信の傍受又は再生に関する処分に対して不服申立てがなされ、当該処分を取り消す場合において、33条3項各号のいずれかに該当すると認めるときは、裁判所は、検察官等に対し、その保管する傍受記録等のうち当該処分に係る通信の記録等の消去を命じなければならないものとされ（同項）、また、傍受実施状況等記載書面の提出を受けた裁判官は、15条に規定する通信として傍受又は再生された通信がこれに該当しないものと認めるときは、当該傍受の処分を取り消し、検察官等に当該処分に係る通信の記録の消去を命じなければならないものとされている（27条3項、28条3項、33条3項）。これらの消去命令の趣旨に鑑みれば、これらの命令がなされた場合に、傍受の原記録のうち当該消去命令に係る部分についての複製の作成の許可の請求を、前項と同一の要件で認めることは適当でないと考えられる。

その一方で、当該通信が、「新たに」、傍受すべき通信に該当する通信（前項1号）又は犯罪事実の存否の証明に必要な証拠となる通信（同項2号）であって「他にこれに代わるべき適当な証明方法がないものであることが判明するに至った」場合には、その利用を認めることが、刑事司法の適正な実現の観点から適当であると考えられる。

そこで、本項は、33条3項の規定（27条3項又は28条3項により準用する場合を含む。）による消去命令がある場合においては、傍受の原記録の複製を作成することの許可の請求は

① 当該裁判により消去を命じられた記録に係る通信が、新たに前項1号又は2号に掲げる通信であって他にこれに代わるべき適当な証明方法がないものであることが判明するに至った場合に限り、
② 傍受の原記録のうち当該通信及びこれと同一の通話の機会に行われた通信に係る部分について

することができるものとし、前項と比べて、複製の作成の許可を請求することができる要件を加重している。

また、記録の消去を命じる裁判が、当該傍受において、通信の当事者の利益を保護するための手続に重大な違法があるとして、これらの通信の記録の消去を命じたものであるときは（33条3項2号）、その利用を認めることは適当でないから、傍受の原記録の複製の作成の許可の請求をすることができないものとしている（本項ただし書）。

「同一の通話の機会に行われた通信」の意義は、29条3項、4項と同じである。

5 被告人又は弁護人による傍受の原記録の聴取等（5項）

(1) 本項は、被告人又はその弁護人から請求があり、原記録保管裁判官が、被告人の防御又は傍受記録の正確性の確認のために必要があると認めるときその他正当な理由があると認めるときは、傍受の原記録のうち必要と認める部分の聴取等を許可することができる旨を規定する。検察官により傍受記録やその複製等の取調べの請求があった被告事件に関し、現に保管されている傍受の原記録を被告人の防御のために利用することが必要であるなど、正当な理由がある場合には、その利用を認めることが刑事司法の適正な実現の観点から適当であると考えられることによるものである。

(2) 本項により傍受の原記録の聴取等が許可される実体的な要件は、「検察官により傍受記録又はその複製等の取調べの請求があった被告事件に関し、被告人の防御又は傍受記録の正確性の確認のため必要があると認めるときその他正当な理由があると認めるとき」である。

「被告人の防御…のために必要があると認めるとき」とは、例えば、被告人の有罪を裏付けるものであるとして検察官が取調べを請求した傍受記録中の通信の内容が実際には被告人の有罪を裏付けるものでないことが、傍受の原記録に記録されている通信の内容により明らかになる場合、傍受の原記録に記録されている通信の内容が被告人の主張を裏付けるものである場合などが考えられる。

「傍受記録の正確性の確認のために必要があると認めるとき」の意義は、本条1項の場合と同じである。

(3) 本項の規定による許可は、本条3項の場合と同様、正当な理由がある場合にすることが「できる」ものとされ、必ず許可しなければならないものではなく、許可の相当性が別途判断されることとなる。

傍受の原記録のうち、「被告人が当事者でない通信に係る部分の複製の作成」については、当該通信の当事者のいずれかの同意がある場合に限り、これを許可することができるものとされる（本項ただし書）。そのような制度とした趣旨は、次のとおりである。

すなわち、傍受の原記録の複製の作成はその内容を刑事手続等において使用するためのものであるから、当該複製は傍受記録と同様に取り扱うのが適当である。そのため、本条3項により検察官又は司法警察員が作成した傍受の原記録の複製は、傍受記録とみなし、複製に記録されている通信の当事者に対しても30条の規定による通知がされるものとしている（次項）。しかしながら、そうした通信当事者に対する通知や、当該通信の当事者が不服申立てをした場合における通信の記録の消去等（33条3項等）の義務を、本項により傍受の原記録の複製を作成した被告人やその弁護人に課すことは、その履行の担保の点で問題がある。また、私人である被告人に一種の守秘義務を課すことも困難と考えられる。そのため、本項は、被告人やその弁護人にそれらの義務を課すのではなく、被告人が当事者でない通信に係る部分の複製の作成は、当該通信の当事者のいずれかの同意がある場合に限り許可することができるものとしたのである。

聴取等の請求の手続及び許可された聴取等の手続については、本条1項から3項までの場合と同様に、規則15条及び16条が規定している。

6　3項の規定により作成した複製の取扱い（みなし傍受記録）（6項）

⑴　本項は、検察官又は司法警察員が本条3項の規定により許可を得て作成した傍受の原記録の複製（同条4項の加重された要件の下で請求がなされ、許可を得て作成した場合を含む。）は、「傍受記録とみなす」ことを規定する。本条3項による傍受の原記録の複製の作成は、当該複製に係る通信の内容を刑事手続等に使用することを目的とするものであるからである。

本項により当該複製が「傍受記録」とみなされることにより、複製に記録されている通信は、傍受記録に記録されている通信について規定する各規定との関係では、傍受記録に記録されている通信として取り扱われることとなる。したがって、次のとおりに取り扱われることとなる。

①　当該複製に記録されている通信については、傍受記録に記録されている通信と同様に、29条7項の規定による通信の内容等の漏示等の禁止の対象から除外される。
②　検察官又は司法警察員は、当該複製に記録されている通信の当事者に対し、30条1項の規定による通知をしなければならない。
③　②の通知を受けた通信の当事者は、当該複製のうち当該通信に係る部分を聴取し、若しくは閲覧し、又はその複製を作成することができる（31条）。
④　原記録保管裁判官は、複製に記録されている通信の当事者が③の聴取等をした場合において、本条1項の要件を満たすと認めるときは、傍受の原記録のうち当該通信に相当する部分の聴取等を許可しなければならない（本条1項）。

(2) 本項後段は、前記(1)②に関し必要な読替えを規定している。

これにより、通知すべき事項は、「傍受記録を作成した旨」及び31条1項各号に掲げる事項並びに「第32条第3項の複製を作成することの許可があった旨及びその年月日」となり、また、この通知は、通信の当事者が特定できない場合又はその所在が明らかでない場合を除き、(傍受の実施の終了後ではなく)複製を作成した後30日以内にこれを発しなければならないこととなる。

7 その他傍受の原記録の聴取等ができる場合（7項）

本項は、傍受の原記録の聴取等は、本条1項から5項までの規定による場合及び裁判所又は裁判官が刑事訴訟法の定めるところにより一定の刑事事件の審理や裁判のため必要と認めて取り調べる場合に限って許され、それ以外の理由による聴取等はさせてはならないことを規定する。

「**刑事訴訟法の定めるところにより**」とは、刑訴法43条3項（事実の取調）、298条2項（証拠調）等の規定によることである。

「**傍受に関する刑事の事件**」とは、当該傍受が行われた事件に係る被告事件、傍受に関する裁判及び処分に対する不服申立事件、当該傍受が違法であることを理由とする通信の秘密の侵害の罪等に係る刑事事件（準起訴手続を含む。）をいう。

「**審理**」とは、裁判の基礎となる事実関係及び法律関係を明確にするために行う裁判所又は裁判官の行為をいい、「**裁判**」とは、審理の結果に基づいて裁判所又は裁判官が判断を示す行為をいう。

9　不服申立て

（不服申立て）
第33条　裁判官がした通信の傍受に関する裁判に不服がある者は、その裁判官が所属する裁判所に、その裁判の取消し又は変更を請求することができる。
2　検察官又は検察事務官がした通信の傍受又は再生に関する処分に不服がある者はその検察官又は検察事務官が所属する検察庁の所在地を管轄する地方裁判所に、司法警察職員がした通信の傍受又は再生に関する処分に不服がある者はその職務執行地を管轄する地方裁判所に、その処分の取消し又は変更（傍受の実施又は再生の実施の終了を含む。）を請求することができる。
3　裁判所は、前項の請求により傍受又は再生の処分を取り消す場合において、次の各号のいずれかに該当すると認めるときは、検察官又は司法警察員に対し、その保管する傍受記録（前条第6項の規定により傍受記録とみなされたものを除く。以下この項において同じ。）及びその複製等のうち当該傍受又は再生の処分に係る通信及びこれと同一の通話の機会に行われた通信の記録並びに当該傍受の処分に係る一時的保存をされた暗号化信号の消去を命じなければならない。ただし、第3号に該当すると認める場合において、当該記録の消去を命ずることが相当でないと認めるときは、この限りでない。
一　当該傍受又は再生に係る通信が、第29条第3項各号又は第4項各号に掲げる通信のいずれにも当たらないとき。
二　当該傍受又は再生において、通信の当事者の利益を保護するための手続に重大な違法があるとき。
三　前2号に該当する場合を除き、当該傍受又は再生の手続に違法があるとき。
4　前条第3項の複製を作成することの許可が取り消されたときは、検察官又は司法警察員は、その保管する同条第6項の規定によりみなされた傍受記録（その複製等を含む。）のうち当該取り消された許可に係

> る部分を消去しなければならない。
> 5　第3項に規定する記録の消去を命ずる裁判又は前項に規定する複製を作成することの許可の取消しの裁判は、当該傍受記録又はその複製等について既に被告事件において証拠調べがされているときは、証拠から排除する決定がない限り、これを当該被告事件に関する手続において証拠として用いることを妨げるものではない。
> 6　前項に規定する裁判があった場合において、当該傍受記録について既に被告事件において証拠調べがされているときは、当該被告事件に関する手続においてその内容を他人に知らせ又は使用する場合以外の場合においては、当該傍受記録について第3項の裁判又は第4項の規定による消去がされたものとみなして、第29条第7項の規定を適用する。
> 7　第1項及び第2項の規定による不服申立てに関する手続については、この法律に定めるもののほか、刑事訴訟法第429条第1項及び第430条第1項の請求に係る手続の例による。

　本条は、裁判官がした通信の傍受に関する裁判に対する不服申立て、検察官又は司法警察員がした通信の傍受又は再生に関する処分に対する不服申立て及び処分を取り消す場合における通信の記録等の消去命令等について規定している。

1　裁判官がした通信の傍受に関する裁判に対する不服申立て（1項）

(1)　本項は、裁判官がした「通信の傍受に関する裁判」に不服がある者は、刑訴法429条1項の場合と同様に、その裁判官が所属する裁判所に、その裁判の取消し又は変更を請求することができることを規定する。

　不服申立てをすることができるのは、裁判に不服がある者である。通信手段の傍受の実施をする部分を管理する者も含まれる。

(2) 「通信の傍受に関する裁判」とは、①傍受令状を発付し、又は傍受令状の請求を却下する裁判（5条1項）、②20条1項若しくは23条1項の許可をし又はその許可の請求を却下する裁判（5条3項）、③傍受ができる期間を延長し、又はその延長の請求を却下する裁判（7条1項）、④27条1項6号若しくは同条2項4号又は28条1項9号若しくは同条2項6号の通信が15条に規定する通信に該当しないことを理由とする当該通信の傍受又は再生の処分を取り消す裁判（27条3項、28条3項）、⑤通信の当事者に対する通知を発しなければならない期間を延長し、又はその延長の請求を却下する裁判（30条2項ただし書、3項後段）、⑥傍受の原記録の聴取等を許可し、又はその許可の請求を却下する裁判（32条1項から3項まで、5項）である。9条による変換符号及び対応変換符号の作成・提供はこれに当たらない。

傍受の原記録の複製の作成を許可する裁判が取り消された場合において検察官等がとるべき措置等については、本条4項・5項に規定している。

2　検察官等がした通信の傍受又は再生に関する処分に対する不服申立て（2項）

(1) 本項は、検察官若しくは検察事務官又は司法警察職員がした「通信の傍受又は再生に関する処分」に不服がある者は、刑訴法430条の場合と同様に、地方裁判所に、その処分の取消し又は変更（傍受の実施又は再生の実施の終了を含む。）を請求することができることを規定する。

この不服申立てをすることができるのは、処分に不服がある者であり、通信手段の傍受の実施をする部分を管理する者も含まれる。

不服申立ての請求先は、検察官又は検察事務官がした処分については、その検察官又は検察事務官が所属する検察庁の所在地を管轄する地方裁判所、司法警察職員がした処分については、その職務執行地を管轄する地方裁判所である。

(2) 「通信の傍受に関する処分」とは、①通信の傍受（3条1項、14条〜16条、20条1項（通信管理者等に命じて指定期間における通信の暗号化及び一時的保存をさせること）、23条1項（通信管理者等に命じて通信の暗号化及び特定電子計算機への伝送をさせること並びに伝送された暗号化信号について特定電子計算機を用いて傍受をすること））、②傍受の実施（5条2項参照）、③傍受令状の提示（10条）、④傍受の実施における必要な処分（11条）、⑤傍受の実施に関し、通信事業者等に対し、必要な協力を求めること（12条）、⑥傍受の実施について通信管理者等を立ち会わせること（13条）、⑦通信の相手方の電話番号等の探知をし、通信事業者等に対し探知のための措置を要請し、及びこれらに関し通信事業者等に対し必要な協力を求めること（17条）、⑧通信管理者等に命じて通話の開始及び終了の年月日時に関する情報を伝達する原信号の暗号化及び一時的保存をさせること（20条2項）、⑨通信管理者等に通信の相手方の電話番号等の情報の保存を求めること（同条3項）、⑩通信事業者等に通信の相手方の電話番号等の情報の保存を要請すること（同条4項）、⑪傍受をした通信の記録（24条、26条）、⑫記録をした記録媒体について、立会人に封印を求めること（25条1項）、⑬記録をした記録媒体の複製の作成（同条3項）、⑭立会人が封印をした記録媒体等の裁判官への提出（同条4項、26条4項）、⑮傍受実施状況等記載書面の提出（27条1項・2項、28条1項・2項）、⑯傍受の実施の中断時等における傍受記録の作成（29条1項、3項）、⑰傍受すべき通信等に該当しない通信の記録の消去（同条5項）、⑱傍受をした通信の記録をした記録媒体等の消去（同条6項）、⑲通信の当事者に対する通知（30条1項）、⑳通信の当事者に対し傍受記録の聴取等をさせること（31条）、㉑本条3項・4項による傍受記録等の通信の記録の消去等である（ただし、⑫〜⑮及び⑰〜㉑については、傍受をした通信に係るものに限る。）。

(3) 「通信の再生に関する処分」とは、①通信管理者等に命じてさせる暗号化信号の復号（21条1項）、②特定電子計算機を用いてする暗号化信号の復号（23条4項）、③通信の再生（21条1項、3項〜6項、23条4項）、④再生の実施（21条1項、23条4項）、⑤通信管理者等に命じてさせる通話の開

始及び終了の年月日時に関する情報を伝達する原信号に係る暗号化信号の復号（21条2項）、⑥通信の相手方の電話番号等の開示を受けること（同条7項）、⑦暗号化信号の消去（22条）、⑧再生の実施における必要な処分（21条1項又は23条4項において準用する11条）、⑨再生の実施に関して、通信事業者等に対し、必要な協力を求めること（21条1項又は23条4項において準用する12条）、⑩再生の実施に通信管理者等を立ち会わせること（21条1項において準用する13条）、⑪再生をした通信の記録（24条、26条）、⑫再生の実施の中断時等における傍受記録の作成（29条2項、4項）、⑬前記(2)⑫〜⑮及び⑰〜㉑の処分（ただし、再生をした通信に係るものに限る。）等である。

(4) 本項の不服申立ての対象となる「通信の傍受又は再生に関する処分」は、検察事務官又は司法巡査がしたものも含まれる。これは、検察事務官又は司法巡査も、検察官又は司法警察員の指示により、自らの権限と責任において必要な処分を行うことができること（11条2項）に対応する。

傍受の処分を取り消す場合における傍受記録等の通信の記録の消去については次項に規定されている。

「処分の変更」とは、例えば、検察官等が傍受令状に記載された傍受の実施の方法とは異なる方法で傍受の実施をしている場合、通信手段の傍受の実施をする部分を管理する者の請求により、傍受令状に記載された傍受の実施の方法への変更をさせることなどである。

本項による処分の変更としての「傍受の実施又は再生の実施の終了」とは、例えば、傍受の理由又は必要がなくなったにもかかわらず、19条の規定に反して傍受の実施を継続している場合に、これを終了させることなどである。

3　処分を取り消す場合における記録等の消去命令（3項）

(1)　本項は、裁判所が前項の請求により傍受又は再生の処分を取り消す場合において、当該傍受又は再生に係る通信が傍受すべき通信等に当たらない

場合、当該傍受又は再生において通信の当事者の利益を保護するための手続に重大な違法がある場合など、本項各号のいずれかに該当する場合には、検察官等に当該傍受又は再生に係る通信の記録を保持させないのが適当であることから、裁判所は、検察官又は司法警察員に対し、「その保管する傍受記録及びその複製等のうち当該傍受又は再生の処分に係る通信及びこれと同一の通話の機会に行われた通信の記録」等の消去を命じなければならないものとしている。

(2) 本項により消去を命じられるのは、①検察官又は司法警察員が保管する傍受記録（前条6項の規定により傍受記録とみなされたものを除く。）及びその複製等のうち当該傍受又は再生の処分に係る通信及びこれと同一の通話の機会に行われた通信の記録並びに②当該傍受の処分に係る一時的保存をされた暗号化信号である。当該傍受記録等が被告事件において証拠として取り調べられ、裁判所において保管されているときは、検察官等が保管するもの（「その保管する傍受記録」）ではないので、本項による消去命令の対象とならない。

「前条第6項の規定により傍受記録とみなされたもの」（検察官等が原記録保管裁判官の許可を得て作成した傍受の原記録の複製。みなし傍受記録）からの消去は、原記録保管裁判官による複製の許可の裁判が取り消された場合（本条1項）に次項により検察官等が行うことから、本項の「傍受記録」から除かれている。

「複製等」の意義は、29条6項に規定されているとおりである。

「当該傍受又は再生の処分に係る通信」とは、前項の請求により取り消された傍受又は再生の処分に係る通信である。これと「同一の通話の機会に行われた通信」の意義は、29条3項、4項と同じである。

また、②の消去が命じられるのは、20条1項又は23条1項2号による傍受の処分を取り消す場合であって、21条1項又は23条4項による復号が行われていない暗号化信号があるときなどにおいて、本項各号のいずれかに該当するときである。

(3) 本項による通信の記録等の消去の命令は、前項の請求により傍受又は再生の処分を取り消す場合において、本項「各号のいずれかに該当すると認めるとき」にしなければならないが、3号に該当すると認める場合において「当該記録の消去を命ずることが相当でないと認めるとき」は、裁判所は、消去を命じないことができる。すなわち、1号に当たる場合（取り消された傍受又は再生の処分に係る通信が「傍受すべき通信」等傍受記録に残すことができる通信（29条3項・4項参照）に当たらない場合）や、2号に当たる場合（取り消された処分に係る傍受又は再生の手続に重大な違法がある場合）には、必ず消去を命じることとなるが、「当該傍受又は再生の手続に違法がある」（3号）場合であっても、相当でないときは消去を命じないことができる。

　これは、例えば、物の差押えにおいては、その手続に違法があり処分が取り消されても、その後改めて当該物を差し押さえる余地があるが、傍受又は再生の場合には、その性質上、あるいは制度上（22条等）、再度同一の通信の傍受や再生をすることはできないため、その瑕疵が軽微である一方で、当該通信の記録の証拠としての価値が高いような場合など、当該記録の消去を命じることが相当でないときは、その利用を認めることが刑事司法の適正な実現の観点から適当であると考えられることによる。

　本項各号の具体的な内容は、次のとおりである。
　ア　1号は、当該傍受又は再生に係る通信が、29条3項各号又は同条4項各号に掲げる通信のいずれにも当たらないときである。当該通信の記録は、傍受記録を作成する際に消去されるべきものであるから、これを検察官等に保持させないこととするものである。これらの各号に掲げる通信のいずれにも当たらないものであるかどうかは、傍受又は再生をした時点や傍受記録作成の時点ではなく、裁判所が本項の消去命令の可否について判断をする時点において客観的に判断する。
　イ　2号は、当該傍受又は再生において、通信の当事者の利益を保護するための手続に重大な違法があるときである。このような場合、検察官等に当該傍受又は再生に係る通信の記録を保持させることは適当でないため、傍受記録等から当該通信の記録等の消去を命じなければならないこととしたものである。

2号に当たるのは、「当該傍受又は再生において」通信の当事者の利益を保護するための手続に重大な違法がある場合であるから、傍受又は再生とは別の手続に違法がある場合や、傍受又は再生の処分の後の手続に違法がある場合は該当しない。例えば、相手方の電話番号等の探知、その保存の求め・要請、その開示（17条、20条3項・4項、21条7項等）、記録をした記録媒体の複製の作成（25条3項）、傍受記録の作成（29条1項～4項）、傍受すべき通信等に該当しない通信の記録の消去（同条5項）、通信の当事者に対する通知（30条1項）、通信の当事者に対し傍受記録の聴取等をさせること（31条）、通信の当事者に対し傍受の原記録の聴取等をさせること（32条1項、2項）、傍受記録等の通信の記録の消去（33条3項、4項）等に関する違法は含まれない。

　また、2号に当たるのは、「通信の当事者の利益を保護するための手続」に重大な違法がある場合であるから、その他の者の利益に関わる手続に違法がある場合は当たらない。例えば、傍受の実施における必要な処分（11条）、傍受の実施に関し、通信事業者等に対し、必要な協力を求めること（12条）、相手方の電話番号等の探知に関し、通信事業者等に対して必要な協力を求めること（17条2項、3項後段等）等に関する違法は含まれない。

　「重大な違法があるとき」に当たるかどうかは、瑕疵の内容と程度を勘案して判断することになる。例えば、次の①～⑩のような場合は、通常これに当たると考えられる。

① 　検察官又は司法警察員が行うものとされている傍受又は再生を、これらの者以外の者が行った場合（3条1項、20条1項、21条1項、23条1項、同条4項等）
② 　指定された検察官又は司法警察員以外の者が傍受令状の請求を行った場合（4条1項）
③ 　地方裁判所の裁判官以外の者が傍受令状を発し、又は20条1項若しくは23条1項の許可をした場合（5条1項、3項）

④　明らかに要件を満たしていないのに、傍受令状を発し、20条1項若しくは23条1項の許可をし（5条1項、3項）、傍受ができる期間を延長し（7条1項）、又は、同一事実に関し、同一の通信手段にする傍受令状を発した場合（8条）

⑤　傍受令状において、傍受すべき通信又は傍受の実施の対象とすべき通信手段の特定がされていない場合（6条）

⑥　傍受令状の提示ができるのに、あえてこれを提示しなかった場合（10条）

⑦　立会人を立ち会わせる必要がある場合において、立会人を一時も立ち会わせないで傍受の実施をした場合（13条1項、21条1項）

⑧　必要最小限度の範囲を著しく超えて、該当性判断のための傍受や再生をした場合（14条1項、21条3項）

⑨　医師等の業務に関する通信を傍受又は再生した場合（16条、21条6項）

⑩　傍受の理由又は必要がなくなったのに、終了すべき時に傍受の実施や再生の実施を終了しなかった場合（19条、21条9項）

ウ　3号は、1号及び2号の場合を除き、当該傍受又は再生の手続に違法があるときである。前記のとおり、この場合、裁判所は、当該記録の消去を命ずることが相当でないと認めるときは、傍受記録等の通信の記録の消去を命じないことができる。

当該記録の消去を命ずることが相当でないかどうかは、瑕疵の内容と程度、当該通信の記録の証拠としての重要性その他の事情を勘案して判断することになる。

「当該傍受又は再生の手続に」違法がある場合であるから、2号の場合と同様、傍受又は再生とは別の手続に違法がある場合や、傍受又は再生の処分の後の手続に違法がある場合は当たらない。

(4) 検察官又は司法警察員は、傍受実施状況等記載書面を裁判官に提出した後、本項に規定する消去命令により通信の記録を消去したときは、速やかに、消去した者の官公職氏名、消去した年月日時及び消去した部分を当該裁判官に通知しなければならない（規則12条）。

4 複製の作成の許可の裁判が取り消されたときにおけるみなし傍受記録からの通信の記録の消去（4項）

(1) 前条3項の規定による傍受の原記録の複製の作成の許可が取り消されたときは、前項の場合と同様、取り消された許可に係る部分の通信の記録を検察官等に保持させることは適当でないことから、本項は、検察官又は司法警察員は、その保管する前条6項の規定によりみなされた傍受記録（その複製等を含む。）のうち当該取り消された許可に係る部分を消去しなければならないものとする。

(2) 前条3項による傍受の原記録の複製を作成することの許可の取消しの裁判は、本条1項の不服申立てにより行われる。

　傍受又は再生の手続に違法があることを理由として複製の作成の許可の裁判を取り消すこととするかどうかの判断は、検察官等に当該傍受又は再生に係る通信の記録を保持させることが適当かどうかが問題となる点で、本条2項の請求により傍受又は再生の処分を取り消す場合における傍受記録等の通信の記録の消去命令の場合と同じであるから、前項の場合と同様の基準で判断するのが相当と考えられる。

(3) 消去しなければならないのは、検察官又は司法警察員が保管している前条6項の規定によりみなされた傍受記録（その複製等を含む。）のうち当該取り消された許可に係る部分である。

　当該傍受記録等が既に被告事件において取り調べられ、裁判所において保管されているときは、検察官等が保管するものではないので、本項による消去の対象とならない。

5 既に被告事件において証拠調べがされた傍受記録等の取扱い等（5項・6項）

　本条3項により検察官等が保管する傍受記録等の一部の消去が命じられた場合や、傍受の原記録の複製の作成を許可する裁判が本条1項の請求により取り消されたときは、消去命令がされた傍受記録等や許可取消しがされた複製を検察官等に保持させることは適当ではなく、そのため、本条3項及び4項は、これらを消去すべきものとしている。また、消去されて「傍受記録に記録されたもの以外のもの」（29条7項）となった当該通信の内容については、これを他人に知らせたり使用したりすることが禁止されることとなる（同項）。

　もっとも、検察官等が保管するこれらの傍受記録等が、これらの裁判（消去命令又は複製の作成の許可の取消しの裁判）をするときに、既に被告事件において証拠として取り調べられている場合があり得、そのような場合においてまで、記録を消去し、その利用を禁止する、すなわち、直ちに証拠から排除するものとするのでは、当該被告事件の審理に影響を及ぼすこととなり、適当でない。

　そこで、本条5項は、そのような場合、本条3項による消去命令や、前条3項による傍受の原記録の複製の作成を許可する裁判を取り消す裁判は、当該傍受記録やその複製等を証拠から排除する決定が別になされない限りは、これを当該被告事件に関する手続において証拠として用いることを妨げないものとする。これにより、当該傍受記録又はその複製等は、そのように証拠として用いる限りにおいて、物理的に消去しなくても良いこととなり、また、その範囲で、それらに記録されている通信の内容について、29条7項は適用されない（使用等が禁止されない）こととなる。

　他方で、本条5項によれば、前記の消去命令等の裁判（本条6項の「前項に規定する裁判」）があったにも関わらず、それらの裁判において消去すべきとされたものが検察官等が保管する傍受記録等から消去されないこととなる。しかしながら、それを消去しないことが認められるのは、「当該被告事件に関する手続においてその内容を他人に知らせ又は使用する」ために必要

があるためであるから、29条7項の趣旨に鑑みれば、その内容をそれ以外に利用することを許すべきではない。

そこで、本条6項は、本条5項に規定する裁判（本条3項による消去命令又は傍受の原記録の複製の作成を許可する裁判を取り消す裁判）があった場合において、当該傍受記録が既に被告事件において取り調べられているときは、当該被告事件に関する手続においてその内容を他人に知らせ又は使用する場合以外の場合においては、「当該傍受記録について…消去がされたものとみなして、第29条第7項の規定を適用する」、すなわち、物理的には、傍受記録から消去されていない場合であっても、同項の適用については、消去され、「傍受記録に記録されたもの以外のもの」（同項）に当たるものとし、「その内容を他人に知らせ、又は使用」することを禁止することとしている。

本条5項及び6項の「被告事件に関する手続」とは、公判手続のほか、勾留、保釈等被告人の身柄に関する手続、判決確定後の刑の執行手続等を含む。

6 準抗告に係る刑事訴訟法の規定の準用（7項）

本項は、本条1項及び2項の規定による不服申立てに関する手続については、この法律に定めるもののほか、刑訴法429条1項及び430条1項の請求（いわゆる準抗告）に係る手続の例によることを規定する。

具体的には、前記各項による裁判又は処分の取消し又は変更の請求の手続を定めた同法431条、これらの請求があった場合について抗告に関する規定（同法424条、426条及び427条）を準用する旨を定める同法432条、特別抗告について規定する同法433条及び434条が準用されることとなるほか、傍受に関する裁判に対する不服申立てについては準抗告を受けた裁判所は合議体で決定をしなければならない旨を定めた同法429条3項が、傍受に関する処分に対する不服申立てについては検察官等の処分に対する準抗告には行政事件訴訟に関する法令の適用がないことを定めた同法430条3項が、それぞれ準用されることとなる。

10　傍受の原記録の保管期間

> （傍受の原記録の保管期間）
> 第34条　傍受の原記録は、第25条第4項若しくは第26条第4項の規定による提出の日から5年を経過する日又は傍受記録若しくはその複製等が証拠として取り調べられた被告事件若しくは傍受に関する刑事の事件の終結の日から6月を経過する日のうち最も遅い日まで保管するものとする。
> 2　原記録保管裁判官は、必要があると認めるときは、前項の保管の期間を延長することができる。

本条は、傍受の原記録の保管期間について規定する。

傍受の原記録は
① 25条4項又は26条4項の規定による提出の日から5年を経過する日
② 傍受記録若しくはその複製等が証拠として取り調べられた被告事件又は傍受に関する刑事の事件の終結の日から6月を経過する日
のうち最も遅い日まで保管するものとされている（本条1項）。

①については、傍受をされた通信の当事者による損害賠償請求等を考慮し、損害賠償請求権の消滅時効が3年であること等を踏まえ、少なくとも、原記録保管裁判官に提出された日から5年を経過する日までは保管するものとしたものである。

さらに、傍受記録若しくはその複製等が証拠として取り調べられた被告事件又は傍受に関する刑事の事件があるときは、それらの事件が継続する以上、傍受の原記録を保管する必要があるが、その終結時期を正確に予測することはできず、廃棄の手続及びその準備には一定の期間が必要であること、これらの事件の終結後に再審請求等のために保管期間を延長する職権の発動（本条2項）を促す機会を確保する必要があること等から、②のとおり、これらの事件の終結の日から6月を経過する日が①より遅い場合には、その日まで保管することとしている。

その上で、本条2項のとおり、原記録保管裁判官は、「必要があると認めるときは、前項の保管の期間を延長することができる」ものとしている。

「傍受に関する刑事の事件」の意義は、32条7項と同じである。

保管期間を延長する「必要があると認めるとき」とは、例えば、傍受記録等が証拠として取り調べられた被告事件の共犯者が逃亡しており、当該共犯者が逮捕されて起訴された場合には、その公判において、傍受記録等を証拠として取り調べることが予想される場合、傍受記録等が証拠として取り調べられた被告事件又は傍受に関する刑事の事件について関係者が再審請求の準備をしている場合などが考えられる。

本条において傍受の原記録の保管期間が上記のように定められていることを踏まえ、検察官は

① 傍受が行われた事件に係る被疑事件について公訴が提起されたとき及び当該被告事件が終結したとき

② 傍受が行われた事件に係る被告事件以外の被告事件において傍受記録またはその複製等が証拠として取り調べられたとき及び当該被告事件が終結したとき

③ 法37条に規定する罪に係る被疑事件について公訴が提起されたとき、当該被告事件が終結したとき及び同被疑事件について刑訴法262条1項の請求（付審判請求）がされたとき

には、速やかに、それぞれその旨を原記録保管裁判官に通知しなければならないこととされている（規則17条）。なお、「当該被告事件が終結したとき」とは、当該被告事件の判決が確定したときである。

第4章　通信の秘密の尊重等

1　関係者による通信の秘密の尊重等

> （関係者による通信の秘密の尊重等）
> 第35条　検察官、検察事務官及び司法警察職員並びに弁護人その他通信の傍受若しくは再生に関与し、又はその状況若しくは傍受をした通信（再生をした通信を含む。）の内容を職務上知り得た者は、通信の秘密を不当に害しないように注意し、かつ、捜査の妨げとならないように注意しなければならない。

　本条は、関係者による通信の秘密の尊重等について規定している。
　通信の傍受により制約される通信の秘密が憲法上保障された権利であり、また、通信の傍受を効果的に実施するためには捜査の秘密を保持する必要があることに鑑み、検察官、検察事務官及び司法警察職員並びに弁護人その他通信の傍受・再生に関与し、又はその状況若しくは傍受・再生をした通信の内容を職務上知り得た者は、通信の秘密を不当に害しないように注意し、かつ、捜査の妨げとならないように注意しなければならないことが規定された。
　「通信の傍受若しくは再生に関与し…た者」とは、通信管理者等、立会人、傍受の実施・再生の実施（通信等の暗号化、暗号化信号の一時的保存、復号やそれによる通信等の復元を含む。）及び通信の相手方の電話番号等の探知に協力した通信事業者等、傍受の実施・再生の実施の補助をした司法警察職員以外の職員、原記録保管裁判官、傍受又は再生に関する裁判の手続や変換符号

等の作成等に関与した裁判官、裁判所書記官又は裁判所事務官、傍受または再生に関する裁判又は傍受または再生に関する処分に対する不服申立ての手続に関与した裁判官、裁判所書記官又は裁判所事務官等である。

　「傍受をした通信（再生をした通信を含む。）の内容を職務上知り得た者」とは、例えば、傍受記録又はその複製等を疎明資料の一部として行われた捜索差押許可状又は逮捕状の発付手続に関与した裁判官、裁判所書記官又は裁判所事務官等である。

2 国会への報告等

> （国会への報告等）
> 第36条　政府は、毎年、傍受令状の請求及び発付の件数、その請求及び発付に係る罪名、傍受の対象とした通信手段の種類、傍受の実施をした期間、傍受の実施をしている間における通話の回数、このうち第29条第3項第1号若しくは第3号又は第4項第1号若しくは第3号に掲げる通信が行われたものの数、第20条第1項又は第23条第1項第1号若しくは第2号の規定による傍受を実施したときはその旨並びに傍受が行われた事件に関して逮捕した人員数を国会に報告するとともに、公表するものとする。ただし、罪名については、捜査に支障を生ずるおそれがあるときは、その支障がなくなった後においてこれらの措置を執るものとする。

　本条は、政府が毎年傍受の実施の状況等を国会に報告し、公表することを規定している。この報告や公表は、通信傍受の制度の在り方や運用状況についての検討の資料とするものである。

　「**傍受が行われた事件**」とは、傍受令状に記載された被疑事実又は15条の規定により傍受した通信に係る被疑事実に係る事件をいう。

　「**第20条第1項又は第23条第1項第1号若しくは第2号の規定による傍受を実施したときはその旨**」を報告・公表するのは、平成28年改正法により導入されたこれらの規定による傍受の実施の在り方やその運用状況についての検討の資料とする観点によるものであり、その国会審議の際に衆議院における修正によって追加された。

　本条ただし書により、「罪名」については、「捜査に支障を生ずるおそれがあるときは、その支障がなくなった後において」国会への報告及び公表を行うものとされている。「**捜査に支障を生ずるおそれがある**」とは、例えば、発生例の少ない罪名の場合、罪名を公表することにより、傍受が行われた事件が特定され、関係者が逃亡したり罪証隠滅をすることにより捜査の目的を

達することが困難になるおそれがある場合等である。

　本条の規定により政府から国会に報告され、公表された平成26年から令和5年までの各年における通信傍受の実施状況等は、参考資料編の表のとおりである。

3 通信の秘密を侵す行為の処罰等

> （通信の秘密を侵す行為の処罰等）
> 第37条　捜査又は調査の権限を有する公務員が、その捜査又は調査の職務に関し、電気通信事業法（昭和59年法律第86号）第179条第１項又は有線電気通信法（昭和28年法律第96号）第14条第１項の罪を犯したときは、３年以下の懲役又は100万円以下の罰金に処する。
> ２　前項の罪の未遂は、罰する。
> ３　前２項の罪について告訴又は告発をした者は、検察官の公訴を提起しない処分に不服があるときは、刑事訴訟法第262条第１項の請求をすることができる。

　本条は、捜査又は調査の権限を有する公務員による通信の秘密を犯す行為に関する罰則及びこの罪に関する付審判請求について規定している。
　電気通信事業法179条１項は、電気通信事業者の取扱中に係る通信の秘密を侵す行為を処罰するものであり、２年以下の懲役又は100万円以下の罰金に処するものとしている。また、有線電気通信法14条１項は、有線電気通信の秘密を侵す行為（同法９条）を処罰するものであり、２年以下の懲役又は50万円以下の罰金に処するものとしている。本条１項は、これらの罰則の加重処罰規定である。

1　罰則（１項・２項）

　本条１項は、捜査又は調査の権限を有する公務員が、その捜査又は調査の職務に関し、電気通信事業法179条１項又は有線電気通信法14条１項の罪を犯したときは、３年以下の懲役又は100万円以下の罰金に処するものとし、本条２項は、その未遂を処罰することを規定している。
　電気通信事業法及び有線電気通信法の罪の法定刑は前記のとおりであるが、本法による通信傍受は、犯罪捜査のために公務員が公権力を行使して憲

法が保障する通信の秘密等の利益を制約することを許すものであって、それが許される場合について厳格な要件及び慎重な手続を規定するものであることから、捜査又は調査の権限を有する公務員がその捜査又は調査の職務に関し通信の秘密を侵す行為については、更に厳重に処罰する必要があるため、本条1項の罪は、その法定刑を加重している。これは、本法制定時の国会審議において、衆議院法務委員会における修正により加えられたものである。

「**捜査又は調査の権限を有する公務員**」とは、傍受を実施する主体である検察官、警察官、麻薬取締官、海上保安官等の捜査権限を有する公務員のほか、国税査察官、税関職員等の調査権限を有する公務員が含まれる。すなわち、本条による処罰及び付審判請求の対象は、捜査の権限を有する公務員だけではなく、調査の権限を有する公務員も同様の取扱いとしている。これは、そのような調査のために通信の傍受を行うことを許すものではないことは当然であるが、警察官にみられるように、同一の公務員が捜査の権限と調査の権限を併有する場合や、国税犯則調査と脱税事件の捜査のように調査と捜査が密接な関係を有する場合があり、調査の権限を有する公務員も本項の罪の対象としないとすると、本来の捜査の権限を有する公務員による通信の秘密を犯す行為に対して厳正な処分が行われることを担保するという目的を達することができないこととなるおそれがあるからである。

「**捜査又は調査の職務に関し**」とは、捜査又は調査の職務と違法に通信の秘密を侵害する行為との関連性をあらわす要件であり、捜査又は調査の権限を有する公務員が、その職務を遂行する際に、本法に定める手続によらないで違法な盗聴を行ったような場合のほか、本法に定める手続に従って職務上通信を傍受した場合において、その傍受した通信の内容をみだりに他人に漏らすといった場合も含むものである。

なお、本条1項の罪の法定刑は、刑法等の一部を改正する法律（令和4年法律第67号）の施行日（令和7年6月1日）に施行される刑法等の一部を改正する法律の施行に伴う関係法律の整理等に関する法律（令和4年法律第68号）の改正規定により、「懲役」が「拘禁刑」に改められる。

2　付審判請求（3項）

　本条 3 項は、同条 1 項の罪及びその未遂罪（同条 2 項）について告訴又は告発をした者が、検察官の公訴を提起しない処分に不服があるときは、刑訴法262条 1 項の付審判請求を行うことができることを規定している。

　本法の趣旨を全うするためには、本条 1 項及び 2 項の罪に当たる行為については厳重な処罰がなされることが必要であり、それが担保される仕組みを設けるものとして、これらの罪を付審判請求の対象としたものである。

第5章 補　則

1　刑事訴訟法との関係

> （刑事訴訟法との関係）
> 第38条　通信の傍受に関する手続については、この法律に特別の定めがあるもののほか、刑事訴訟法による。

　本条は、通信の傍受に関する手続について、本法に特別の規定がない限り、刑訴法の規定を適用することを規定している。
　刑訴法の規定のうち、通信の傍受に関する手続への適用が考えられるものはおおむね以下のとおりである。

① 　第1編（総則）1条
② 　第1編第2章（裁判所職員の除斥及び忌避）の規定
③ 　第1編第5章（裁判）の規定中、43条2項から4項まで、44条から46条まで
④ 　第1編第6章（書類及び送達）の規定中、47条、53条から54条まで
⑤ 　第1編第7章（期間）の規定中、55条、56条1項
⑥ 　裁判所又は裁判官が決定又は命令をする場合において事実の取調べ（43条3項）として行うものとして、第1編第9章（押収及び捜索）の規定、第10章（検証）の規定、第11章（証人尋問）の規定、第12章（鑑定）の規定（ただし、167条、167条の2、168条5項を除く。）及び第13章（通訳及び翻訳）の規定

⑦　第2編（第一審）第1章（捜査）の規定中、189条から196条まで
⑧　第3編（上訴）第1章（通則）の規定中、351条1項、352条、353条、355条から360条まで、360条の3から367条まで（365条については前段に限る。）
⑨　⑥の規定による過料、費用賠償の裁判の執行について、第7編（裁判の執行）第1章（裁判の執行の手続）の規定中、490条、506条及び第2章（裁判の執行に関する調査）の規定

2 最高裁判所規則

> （最高裁判所規則）
> 第39条　この法律に定めるもののほか、傍受令状の発付、傍受ができる期間の延長、記録媒体の封印及び提出、傍受の原記録の保管その他の取扱い、傍受の実施の状況を記載した書面の提出、第15条に規定する通信に該当するかどうかの審査、通信の当事者に対する通知を発しなければならない期間の延長、裁判所が保管する傍受記録の聴取及び閲覧並びにその複製の作成並びに不服申立てに関する手続について必要な事項は、最高裁判所規則で定める。

　本条は、この法律に定めるもののほか、傍受令状の発付等、本条に規定するものについて必要な事項は、最高裁判所規則で定めることを規定するものである。

　これらの事項について定めているのが、「犯罪捜査のための通信傍受に関する規則（平成12年最高裁判所規則第6号）」（参考資料編に掲載）である。本法各条に関係する規則の規定については、当該各条の解説にも記載している。

第2編

参考資料編

犯罪捜査のための通信傍受に関する法律別表

(令和6年7月14日現在)

別表第一（第3条、第15条関係）

一　大麻取締法（昭和23年法律第124号）第24条（栽培、輸入等）又は第24条の2（所持、譲渡し等）の罪

二　覚醒剤取締法（昭和26年法律第252号）第41条（輸入等）若しくは第41条の2（所持、譲渡し等）の罪、同法第41条の3第1項第3号（覚醒剤原料の輸入等）若しくは第4号（覚醒剤原料の製造）の罪若しくはこれらの罪に係る同条第2項（営利目的の覚醒剤原料の輸入等）の罪若しくはこれらの罪の未遂罪又は同法第41条の4第1項第3号（覚醒剤原料の所持）若しくは第4号（覚醒剤原料の譲渡し等）の罪若しくはこれらの罪に係る同条第2項（営利目的の覚醒剤原料の所持、譲渡し等）の罪若しくはこれらの罪の未遂罪

三　出入国管理及び難民認定法（昭和26年政令第319号）第74条（集団密航者を不法入国させる行為等）、第74条の2（集団密航者の輸送）又は第74条の4（集団密航者の収受等）の罪

四　麻薬及び向精神薬取締法（昭和28年法律第14号）第64条（ジアセチルモルヒネ等の輸入等）、第64条の2（ジアセチルモルヒネ等の譲渡し、所持等）、第65条（ジアセチルモルヒネ等以外の麻薬の輸入等）、第66条（ジアセチルモルヒネ等以外の麻薬の譲渡し、所持等）、第66条の3（向精神薬の輸入等）又は第66条の4（向精神薬の譲渡し等）の罪

五　武器等製造法（昭和28年法律第145号）第31条（銃砲の無許可製造）、第31条の2（銃砲弾の無許可製造）又は第31条の3第1号（銃砲及び銃砲弾以外の武器の無許可製造）の罪

六　あへん法（昭和29年法律第71号）第51条（けしの栽培、あへんの輸入等）又は第52条（あへん等の譲渡し、所持等）の罪

七　銃砲刀剣類所持等取締法（昭和33年法律第6号）第31条（銃砲等の発射）の罪（拳銃等の発射に係るものに限る。）、同法第31条の2（拳銃等の輸入）の罪、同法第31条の3（銃砲等の所持等）の罪（拳銃等の所持に係るものに限る。）又は同法第31条の4（拳銃等の譲渡し等）、第31条の7から第31条の9まで（拳銃実包の輸入、所持、譲渡し等）、第31条の11第1項第2号（拳銃部品の輸入）若しくは第2項（未遂罪）若しくは第31条の16第1項第2号（拳銃部品の所持）若しくは第3号（拳銃部品の譲渡し等）若しくは第2項（未遂罪）の罪

八　国際的な協力の下に規制薬物に係る不正行為を助長する行為等の防止を図るための麻薬及び向精神薬取締法等の特例等に関する法律（平成3年法律第94号）第5条（業として行う不法輸入等）の罪

九　組織的な犯罪の処罰及び犯罪収益の規制等に関する法律（平成11年法律第136号）第3条第1項第7号に掲げる罪に係る同条（組織的な殺人）の罪又はその未遂罪

別表第二（第3条、第15条関係）

一　爆発物取締罰則（明治17年太政官布告第32号）第1条（爆発物の使用）又は第2条（使用の未遂）の罪
二　イ　刑法（明治40年法律第45号）第108条（現住建造物等放火）の罪又はその未遂罪
　　ロ　刑法第199条（殺人）の罪又はその未遂罪
　　ハ　刑法第204条（傷害）又は第205条（傷害致死）の罪
　　ニ　刑法第220条（逮捕及び監禁）又は第221条（逮捕等致死傷）の罪
　　ホ　刑法第224条から第228条まで（未成年者略取及び誘拐、営利目的等略取及び誘拐、身の代金目的略取等、所在国外移送目的略取及び誘拐、人身売買、被略取者等所在国外移送、被略取者引渡し等、未遂罪）の罪
　　ヘ　刑法第235条（窃盗）、第236条第1項（強盗）若しくは第240条（強盗致死傷）の罪又はこれらの罪の未遂罪
　　ト　刑法第246条第1項（詐欺）、第246条の2（電子計算機使用詐欺）若しくは第249条第1項（恐喝）の罪又はこれらの罪の未遂罪
三　児童買春、児童ポルノに係る行為等の規制及び処罰並びに児童の保護等に関する法律（平成11年法律第52号）第7条第6項（児童ポルノ等の不特定又は多数の者に対する提供等）又は第7項（不特定又は多数の者に対する提供等の目的による児童ポルノの製造等）の罪

犯罪捜査のための通信傍受に関する規則
（平成12年最高裁判所規則第6号）

第1章　総　　則

（趣旨）
第1条　犯罪捜査のための通信傍受に関する法律（平成11年法律第137号。以下「法」という。）による傍受令状の発付、傍受ができる期間の延長、記録媒体の封印及び提出、傍受の原記録の保管その他の取扱い、傍受の実施の状況を記載した書面の提出、法第15条に規定する通信に該当するかどうかの審査、通信の当事者に対する通知を発しなければならない期間の延長、裁判所が保管する傍受記録の聴取及び閲覧並びにその複製の作成並びに不服申立てに関する手続については、法に定めるもののほか、この規則の定めるところによる。

第2章　傍受令状の請求等の手続

（傍受令状請求権者の指定、変更の通知）
第2条　検事総長は、法第4条第1項の規定により傍受令状を請求することができる検察官を指定したときは、最高裁判所にその旨を通知しなければならない。その通知の内容に変更を生じたときも、同様とする。
2　国家公安委員会、都道府県公安委員会、厚生労働大臣又は海上保安庁長官は、法第4条第1項の規定により傍受令状を請求することができる司法警察員を指定したときは、国家公安委員会、厚生労働大臣又は海上保安庁長官においては最高裁判所に、都道府県公安委員会においてはその所在地を管轄する地方裁判所にその旨を通知しなければならない。その通知の内容に変更を生じたときも、同様とする。

(傍受令状請求書の記載事項)
第3条　傍受令状の請求書には、次に掲げる事項及び傍受令状発付の要件たる事項を記載しなければならない。
　一　被疑者の氏名
　二　被疑事実の要旨、罪名及び罰条
　三　傍受すべき通信
　四　傍受の実施の対象とすべき通信手段
　五　傍受の実施の方法及び場所(法第5条第4項後段の申立てをする場合にあっては、傍受の実施の方法、当該申立てをする旨及びその理由並びに指定期間における傍受の実施の場所及び指定期間以外の期間における傍受の実施の場所)
　六　傍受ができる期間
　七　請求者の官公職氏名
　八　請求者が、法第4条第1項の規定による指定を受けた者である旨
　九　七日を超える有効期間を必要とするときは、その旨及び事由
　十　請求に係る被疑事実の全部又は一部と同一の被疑事実について、前に同一の通信手段を対象とする傍受令状の請求又はその発付があったときは、その旨
　十一　法第20条第1項の許可の請求をするときは、その旨及びその理由並びに通信管理者等に関する事項
　十二　法第23条第1項の許可の請求をするときは、その旨及びその理由並びに通信管理者等に関する事項及び傍受の実施に用いるものとして指定する特定電子計算機を特定するに足りる事項
2　被疑者の氏名が明らかでないときは、その旨を記載すれば足りる。

(資料の提供・法第4条等)
第4条　傍受令状を請求するには、傍受の理由及び必要があることを認めるべき資料を提供しなければならない。
2　法第4条第3項の請求をするには、その請求が相当であることを認めるべき資料をも提供しなければならない。

3　法第5条第4項後段の申立てをするには、その申立てが相当であることを認めるべき資料をも提供しなければならない。

（傍受令状の記載事項）
第5条　法第6条第1項の最高裁判所規則で定める事項は、次に掲げる事項とする。
　一　請求者の官公職氏名
　二　有効期間内であっても、その理由又は必要がなくなったときは、直ちにこれを返還しなければならない旨
　三　法第5条第3項の規定により法第23条第1項の許可をするときは、傍受の実施に用いるものとして指定された特定電子計算機を特定するに足りる事項

（傍受ができる期間の延長請求の方式）
第6条　法第7条第1項の規定による傍受ができる期間の延長の請求は、書面でしなければならない。
2　前項の書面には、延長を必要とする事由及び延長を求める期間を記載しなければならない。
3　第1項の請求をするには、傍受令状を差し出し、かつ、延長を必要とする事由があることを認めるべき資料を提供しなければならない。

（傍受ができる期間の延長の裁判）
第7条　裁判官は、前条第1項の請求を理由があるものと認めて延長の裁判をしたときは、延長する期間及び理由を記載した傍受令状を裁判所書記官をして請求者に交付させなければならない。
2　裁判所書記官は、傍受令状を請求者に交付する場合には、傍受令状に交付の年月日を記載して記名押印しなければならない。
3　前条第1項の請求については、刑事訴訟規則（昭和23年最高裁判所規則第32号）第140条及び第141条の規定を準用する。

第3章　通信傍受の記録等

（記録媒体の封印の方法）
第8条　法第25条第1項又は第2項の規定により立会人が記録媒体を封印する場合においては、封印上に、封印した年月日時を記載して署名押印しなければならない。

（傍受の原記録の提出）
第9条　法第25条第4項又は第26条第4項の規定により記録媒体を裁判官に提出する場合においては、次に掲げる事項を記載した書面及び傍受令状の写しを添付しなければならない。
　一　記録媒体を提出する者の官公職氏名
　二　記録媒体の種類及び数量
　三　各記録媒体への記録の開始及び終了の年月日時
　四　法第26条第1項の規定により記録をした記録媒体があるときは、その旨

（傍受の処分着手後の措置）
第10条　傍受令状に基づき傍受の処分に着手したときは、傍受令状に着手の年月日時及び傍受の実施を終了した年月日時を記載して記名押印しなければならない。

（傍受の実施の状況を記載した書面等の記載事項）
第11条　法第27条第1項第9号の最高裁判所規則で定める事項は、次に掲げる事項とする。
　一　傍受令状の発付及び傍受ができる期間の延長の裁判の年月日並びに傍受令状を発付した裁判官が所属する裁判所名
　二　被疑者の氏名
　三　傍受の実施をした者の官公職氏名

四　傍受の実施の対象とされた通信手段
　五　傍受の実施の方法及び場所
　六　法第14条第2項の規定により傍受をした通信について法第29条第5項の規定により通信の記録を消去したときは、消去した者の官公職氏名、消去した年月日時及び消去した部分
　七　傍受をした通信について、記録媒体中の記録箇所を特定するに足りる事項
2　法第27条第2項第6号の最高裁判所規則で定める事項は、前項各号に掲げる事項のほか、次に掲げる事項とする。
　一　法第23条第1項の規定による通信の原信号の暗号化及び暗号化信号の伝送を行った通信管理者等の氏名及び職業
　二　傍受の実施に用いた特定電子計算機を特定するに足りる事項
3　法第28条第1項第12号の最高裁判所規則で定める事項は、第1項第1号から第5号までに掲げる事項のほか、次に掲げる事項とする。
　一　法第20条第1項の規定による通信の原信号の暗号化及び暗号化信号の一時的保存並びに法第21条第1項の規定による暗号化信号の復号を行った通信管理者等の氏名及び職業
　二　再生の実施をした者の官公職氏名
　三　法第21条第4項の規定により再生した通信について法第29条第5項の規定により通信の記録を消去したときは、消去した者の官公職氏名、消去した年月日時及び消去した部分
　四　再生をした通信について、記録媒体中の記録箇所を特定するに足りる事項
4　法第28条第2項第8号の最高裁判所規則で定める事項は、第1項第1号から第5号まで、第2項各号並びに前項第2号及び第4号に掲げる事項並びに法第23条第4項においてその例によることとされる法第21条第4項の規定により再生した通信について法第29条第5項の規定により通信の記録を消去したときは、消去した者の官公職氏名、消去した年月日時及び消去した部分とする。

(傍受をした通信の記録消去後の措置)
第12条　検察官又は司法警察員は、傍受の実施の状況を記載した書面を裁判官に提出した後、法第29条第5項の規定又は法第33条第3項（法第27条第3項又は第28条第3項において準用する場合を含む。）に規定する消去命令により通信の記録を消去したときは、速やかに、消去した者の官公職氏名、消去した年月日時及び消去した部分を当該裁判官に通知しなければならない。

(通信の当事者に対する通知をした場合の事後措置)
第13条　検察官又は司法警察員は、傍受記録に記録されている通信の当事者に対し、法第30条の規定による通知をしたときは、速やかに、通知書の写しを添付した書面をもって、その旨を原記録保管裁判官に通知しなければならない。

(通信の当事者に対する通知を発しなければならない期間の延長請求の方式)
第14条　法第30条第2項の規定による通知を発しなければならない期間の延長の請求は、書面でしなければならない。
2　前項の書面には、傍受の実施を終了した年月日、通知によって捜査が妨げられるおそれがあることを認めるべき事由及び延長を求める期間を記載しなければならない。前に通知を発しなければならない期間が延長されたときは、その旨及びその期間をも記載しなければならない。
3　第1項の請求をするには、通知によって捜査が妨げられるおそれがあることを認めるべき資料を提供しなければならない。

(傍受の原記録の聴取及び閲覧等の請求の方式)
第15条　法第32条第1項から第5項までの規定による傍受の原記録の聴取若しくは閲覧又はその複製の作成の請求は、書面でしなければならない。
2　前項の書面には、聴取若しくは閲覧又は複製の作成を求める部分を特定するに足りる事項及び法に定める聴取若しくは閲覧又は複製の作成の理由が存在すると認められる事由を記載しなければならない。

3　第1項の請求を受けた原記録保管裁判官は、必要があると認めるときは、請求者に対し、法に定める聴取若しくは閲覧又は複製の作成の理由が存在することを認めるべき資料の提示を求めることができる。

（傍受の原記録等の聴取及び閲覧等）
第16条　法第32条第1項から第5項までの規定による傍受の原記録の聴取及び閲覧並びにその複製の作成は、裁判所において行う。ただし、原記録保管裁判官が必要と認めるときは、この限りでない。
2　原記録保管裁判官は、傍受の原記録の聴取及び閲覧並びにその複製の作成について、日時、場所及び時間を指定することができる。
3　原記録保管裁判官は、傍受の原記録の聴取及び閲覧並びにその複製の作成について、傍受の原記録の破棄その他不法な行為を防ぐため必要があると認めるときは、裁判所書記官その他の裁判所職員をこれに立ち会わせ、又はその他の適当な措置を講じなければならない。
4　原記録保管裁判官は、傍受の原記録を聴取させ、又は閲覧させる場合において、必要があると認めるときは、その複製を聴取させ、又は閲覧させることができる。
5　法第31条の規定による傍受記録の聴取若しくは閲覧又はその複製の作成に関する手続のうち、裁判所が保管する傍受記録に係る手続については、前各項の規定を準用する。

（傍受の原記録の保管に関する通知）
第17条　次に掲げる場合には、検察官は、速やかに、それぞれその旨を当該傍受の原記録保管裁判官に通知しなければならない。
　一　傍受が行われた事件に係る被疑事件について公訴が提起されたとき及び当該被告事件が終結したとき。
　二　傍受が行われた事件に係る被告事件以外の被告事件において傍受記録又はその複製等が証拠として取り調べられたとき及び当該被告事件が終結したとき。

三　法第37条に規定する罪に係る被疑事件について公訴が提起されたとき、当該被告事件が終結したとき及び右の罪に係る被疑事件について刑事訴訟法（昭和23年法律第131号）第262条第1項の請求がされたとき。

第4章　補　　　則

（刑事訴訟規則との関係）
第18条　通信の傍受に関する手続については、法及びこの規則に定めるもののほか、刑事訴訟規則による。

通信傍受規則
（平成12年国家公安委員会規則第13号）

第1章　総　則

（目的）
第1条　この規則は、警察官が犯罪捜査のための通信傍受に関する法律（平成11年法律第137号。以下「法」という。）の規定による通信の傍受を行うに当たって守るべき方法、手続その他通信の傍受に関し必要な事項を定めることを目的とする。

（定義）
第2条　法に定めるもののほか、この規則において、次の各号に掲げる用語の意義は、当該各号に定めるところによる。
　一　令状記載傍受　法第3条第1項の規定による傍受をいう。
　二　スポット傍受　法第14条第1項の規定による傍受をいう。
　三　第十四条外国語等通信　法第14条第2項に規定する通信をいう。
　四　外国語等傍受　法第14条第2項の規定による傍受をいう。
　五　他犯罪通信　法第15条に規定する通信をいう。
　六　他犯罪傍受　法第15条の規定による傍受をいう。
　七　令状記載再生　法第21条第3項の規定による再生であって、傍受すべき通信に該当する通信に係るものをいう。
　八　スポット再生　法第21条第3項の規定による再生であって、傍受すべき通信に該当するかどうか明らかでない通信に係るものをいう。
　九　第二十一条外国語等通信　法第21条第4項に規定する通信をいう。
　十　外国語等再生　法第21条第4項の規定による再生をいう。
　十一　他犯罪再生　法第21条第5項の規定による再生をいう。
　十二　傍受記録作成用媒体　法第24条第1項後段若しくは第26条第2項の

規定により記録をした記録媒体又は法第25条第3項の規定により作成した記録媒体の複製をいう。
十三　通信記録物等　傍受の原記録以外の傍受をした通信（法第21条第1項又は第23条第4項の規定により再生をした通信及びこれらの規定による復号により復元された通信を含む。以下この号において同じ。）の記録をした記録媒体及びその複製その他記録の内容の全部又は一部をそのまま記録した物又は書面並びに傍受をした通信の内容の全部又は一部を要約して記載し又は記録した物又は書面をいう。

第2章　通信傍受の実施の手続等

（令状請求の手続）
第3条　傍受令状の請求は、傍受の理由及び必要その他傍受令状請求書に記載すべき事項について十分に検討してその検討結果を順を経て警察本部長（警視総監又は道府県警察本部長をいう。以下同じ。）に報告し、事前にその承認を受けて行わなければならない。
2　前項の請求をするときは、傍受の理由及び必要があることを疎明する参考人供述調書、捜査報告書その他の資料並びに傍受の実施の方法及び場所その他傍受令状請求書の記載事項を明らかにする資料を添えて行わなければならない。
3　法第4条第3項の請求は、当該請求の相当性その他傍受令状請求書に記載すべき事項について十分に検討してその検討結果を順を経て警察本部長に報告し、事前にその承認を受けて行わなければならない。
4　前項の請求をするときは、当該請求が相当であることを疎明する捜査報告書その他の資料及び次に掲げる事項（法第20条第1項の許可の請求をする場合にあっては、第1号に掲げる事項）を明らかにする資料を添えて行わなければならない。
一　通信管理者等に関する事項

二　傍受の実施に用いるものとして指定する特定電子計算機を特定するに足りる事項
5　法第5条第4項後段の申立ては、当該申立ての相当性その他傍受令状請求書に記載すべき事項について十分に検討してその検討結果を順を経て警察本部長に報告し、事前にその承認を受けて行わなければならない。
6　前項の申立てをするときは、当該申立てが相当であることを疎明する捜査報告書その他の資料及び次に掲げる事項を明らかにする資料を添えて行わなければならない。
一　指定期間における傍受の実施の場所
二　指定期間以外の期間における傍受の実施の場所
7　第1項若しくは第3項の請求又は第5項の申立てをするに当たっては、当該請求又は申立てをしようとする指定警察官（法第4条第1項の規定に基づき国家公安委員会又は都道府県公安委員会が指定する警視以上の警察官をいう。以下同じ。）その他の当該事件の捜査全般の状況を把握している警察官が裁判官の下に出頭し、裁判官の求めに応じ、陳述し、又は書類その他の物を提示しなければならない。

（傍受ができる期間の延長請求の手続）
第4条　傍受ができる期間の延長の請求は、延長を必要とする事由及び延長を求める期間について十分に検討してその検討結果を順を経て警察本部長に報告し、事前にその承認を受けて行わなければならない。
2　前項の請求をするときは、その必要があることを疎明する捜査報告書その他の資料を添えて行わなければならない。
3　前条第7項の規定は、第1項の請求をする場合について準用する。

（捜査主任官等）
第5条　傍受を行う事件の捜査については、警察本部長が捜査主任官を指名しなければならない。
2　捜査主任官は、警察本部長の指揮を受け、傍受の実施、再生の実施、通信記録物等の管理その他の通信の傍受に関する事務を統括するものとする。

3　警察本部長は、傍受の実施ごとに、警部以上の警察官の中から傍受実施主任官を指名するものとする。

4　傍受実施主任官は、捜査主任官の命を受け、傍受の実施及び再生の実施並びにこれらに付随する事務に従事する職員を指揮監督するものとする。

5　警察本部長は、通信記録物等の管理に関する捜査主任官の職務を補助させるため、警部補以上の警察官の中から通信記録物等管理者を指名するものとする。

（傍受指導官）

第6条　警察本部長は、捜査の適正を確保するための指導に関する事務を所掌する警察本部（警視庁及び道府県警察本部をいう。）の課（課に準ずるものを含む。）に所属する警部以上の警察官の中から傍受指導官を指名するものとする。

2　傍受指導官は、傍受の実施及び再生の実施並びにこれらに付随する事務に従事する職員に対して、適正な傍受の実施及び再生の実施に必要な指導教養を行うものとする。

3　傍受指導官は、法第23条第1項の規定による傍受の実施及び同条第4項の規定による再生の実施に当たっては、警察通信職員と相互に緊密に連絡し、及び協力して、当該傍受の実施の場所における特定電子計算機の使用方法に関する助言その他の適正な傍受の実施及び再生の実施に必要な助言及び指導を行うものとする。

（特定電子計算機の保管等）

第7条　特定電子計算機は、警察庁、管区警察局、東京都警察情報通信部又は北海道警察情報通信部において保管するものとする。

2　警察通信職員は、法第23条第1項の規定による傍受の実施に当たっては、当該傍受の実施の場所において、当該傍受の実施に用いるものとして指定された特定電子計算機の設置その他の特定電子計算機の適正な供用の開始のために必要な措置を講じなければならない。

（最小化等に関する指示）
第8条　傍受の実施（法第20条第1項又は第23条第1項第2号の規定によるものを除く。以下この項及び次項において同じ。）に当たっては、警察本部長は、あらかじめ、次に掲げる事項について、捜査主任官に対し、文書により指示しなければならない。
　一　第13条第5項、第6項及び第8項の規定により警察本部長が指定する時間
　二　報道の取材のための通信が行われていると認めた場合に留意すべき事項
　三　前2号に掲げるもののほか、傍受の実施の適正を確保するための事項
2　捜査主任官は、傍受の実施をしている場合においては、傍受実施主任官に、前項の文書の写しを携帯させなければならない。
3　前2項の規定は、再生の実施について準用する。この場合において、第1項第1号中「第13条第5項、第6項及び第8項」とあるのは「第14条第5項、第6項及び第8項（同条第9項の規定によりこれらの規定の例によることとされる場合を含む。）」と、「時間」とあるのは「時間又は部分」と、同項第2号中「報道」とあるのは「再生に係る通信が報道」と、「が行われている」とあるのは「に該当する」と読み替えるものとする。

（傍受令状の記載事項の厳守）
第9条　傍受の実施又は再生の実施に当たっては、傍受令状に記載されている傍受すべき通信、傍受の実施の対象とすべき通信手段、傍受の実施の方法及び場所、傍受ができる期間、傍受の実施に関する条件その他傍受令状に記載されている事項を厳格に遵守しなければならない。

（傍受日誌）
第10条　傍受の実施又は再生の実施に当たっては、逐次、法第27条第1項各号若しくは第2項各号又は第28条第1項各号若しくは第2項各号に掲げる事項その他当該傍受の実施又は再生の実施の状況を警察本部長が定める様式の書面に記載するものとする。

(通信事業者等に対する配慮)
第11条　傍受の実施又は再生の実施(法第23条第4項の規定によるものを除く。)に当たっては、通信事業者等の規模、電気通信設備の概要その他の通信事業者等の事情を理解し、通信事業者等に必要な限度を超えて迷惑を及ぼさないように特に注意しなければならない。
2　電気通信設備に接続する傍受又は再生のための機器については、電気通信設備を損傷し、又はその機能に障害を与えないものを使用するものとする。

(立会い)
第12条　傍受の実施(法第20条第1項又は第23条第1項の規定によるものを除く。)に当たっては、あらかじめ、立会人に対し、次に掲げる事項について説明しなければならない。
　一　法第13条、法第25条その他の立会人に係る主要な法令の規定
　二　傍受令状に記載されている傍受の実施の対象とすべき通信手段、傍受の実施の方法及び場所、傍受ができる期間並びに傍受の実施に関する条件
　三　傍受のための機器の概要及びその使用方法
　四　第8条第1項第1号に掲げる事項
　五　法第25条第1項の封印の具体的方法に関する事項
　六　前各号に掲げるもののほか、立会人が適切な立会いをするため参考となるべき事項
2　法第13条第2項の規定による立会人の意見が述べられたときは、これを勘案して、必要に応じ、傍受の実施の適正を確保するための措置を講じなければならない。
3　前項に規定する場合においては、立会人に意見書の提出を求めなければならない。
4　立会いをしていた期間中に立会人の意見が述べられなかったときは、立会人にその旨を記載した意見書の提出を求めなければならない。
5　前各項の規定は、法第21条第1項の規定による再生の実施について準用

する。この場合において、第1項第1号中「法第13条」とあるのは「法第21条第1項において準用する法第13条」と、同項第3号中「傍受」とあるのは「再生」と、同項第4号中「第8条第1項第1号」とあるのは「第8条第3項において読み替えて準用する同条第1項第1号」と、同項第5号中「法第25条第1項」とあるのは「法第25条第2項」と、第2項中「法第13条第2項」とあるのは「法第21条第1項において準用する法第13条第2項」と読み替えるものとする。

（スポット傍受）
第13条　スポット傍受は、スポット傍受の開始時からあらかじめ設定した時間が経過すると自動的にスポット傍受が中断される機能、スポット傍受をしている旨を標示する機能その他スポット傍受の適正を確保するための機能を有する機器を用いて行うものとする。
2　スポット傍受に当たっては、犯罪の組織的背景、既に傍受をされた通信の内容その他スポット傍受をしている通信の該当性判断に資する事項を考慮しなければならない。
3　傍受の実施の開始時に現に通話が行われているとき又は傍受の実施の間に通話が開始されたときは、スポット傍受を開始するものとする。
4　スポット傍受をしている場合において、次の各号に掲げる通信が行われていると認めるに至ったときは、スポット傍受を終了し、それぞれ当該各号に定める傍受を開始するものとする。
　一　傍受すべき通信に該当することが明らかである通信　令状記載傍受
　二　第十四条外国語等通信　外国語等傍受
　三　他犯罪通信　他犯罪傍受
5　スポット傍受を開始した場合においては、前項の規定により同項各号に定める傍受を開始し、又は第7項の規定によりスポット傍受を終了したときを除き、スポット傍受の開始時からあらかじめ警察本部長が指定した時間内にスポット傍受を中断しなければならない。
6　前項の規定によりスポット傍受を中断した時点からあらかじめ警察本部長が指定した時間が経過した後において、当該スポット傍受を中断した時

点において現に行われていた通話と同一の通話が行われており、傍受すべき通信に該当するかどうかを判断するため必要があると認めるときは、スポット傍受を開始するものとする。

7　スポット傍受をしている場合において、第4項各号のいずれにも該当しない通信であって傍受すべき通信に該当しないことが明らかであるものが行われていると認めるに至ったときは、直ちに、スポット傍受を終了しなければならない。

8　前項の規定によりスポット傍受を終了した時又は第15条第2項の規定により傍受を終了した時に現に行われていた通話が傍受の終了時からあらかじめ警察本部長が指定した時間を超えて継続しており、当該傍受の終了時における通信と内容の異なる通信が行われていないかどうかを確認するため必要があると認めるときは、スポット傍受を開始するものとする。

（スポット再生）

第14条　スポット再生は、スポット再生の開始時からあらかじめ設定した時間が経過し、又はスポット再生を開始した部分からあらかじめ設定した部分までの範囲を表示すると自動的にスポット再生が中断される機能、スポット再生をしている旨を標示する機能その他スポット再生の適正を確保するための機能を有する機器を用いて行うものとする。

2　スポット再生に当たっては、犯罪の組織的背景、既に再生をされた通信の内容その他スポット再生をしている通信の該当性判断に資する事項を考慮しなければならない。

3　再生の実施をするときは、通話ごとに、スポット再生を開始するものとする。

4　スポット再生をしている場合において、当該スポット再生に係る通信が次の各号に掲げる通信のいずれかに該当すると認めるに至ったときは、スポット再生を終了し、それぞれ当該各号に定める再生を開始するものとする。

　一　傍受すべき通信に該当することが明らかである通信　令状記載再生

二　第二十一条外国語等通信　外国語等再生

三　他犯罪通信　他犯罪再生

5　スポット再生を開始した場合においては、前項の規定により同項各号に定める再生を開始し、又は第7項の規定によりスポット再生を終了したときを除き、スポット再生の開始時からあらかじめ警察本部長が指定した時間内又はスポット再生を開始した部分からあらかじめ警察本部長が指定した部分までの範囲内においてスポット再生を中断しなければならない。

6　前項の規定によりスポット再生を中断した時点からあらかじめ警察本部長が指定した時間が経過した後又は同項の規定によりスポット再生を中断した部分からあらかじめ警察本部長が指定した部分までの範囲を通信の内容を知ることができない状態で表示した後において、当該スポット再生を中断した時点又は部分における当該スポット再生に係る通信と同一の通話の機会に行われた通信について法第20条第1項の規定により一時的保存をされた暗号化信号であって法第21条第1項の規定による復号をされていないものがあり、傍受すべき通信に該当するかどうかを判断するため必要があると認めるときは、スポット再生を開始するものとする。

7　スポット再生をしている場合において、当該スポット再生に係る通信が第4項各号のいずれにも該当しない通信であって傍受すべき通信に該当しないことが明らかであるものに該当すると認めるに至ったときは、直ちに、スポット再生を終了しなければならない。

8　前項の規定によりスポット再生を終了した時又は次条第3項において読み替えて準用する同条第2項の規定により再生を終了した時における当該再生に係る通信と同一の通話の機会に行われた通信について、再生の終了時からあらかじめ警察本部長が指定した時間が経過した後又は再生を終了した部分からあらかじめ警察本部長が指定した部分までの範囲を通信の内容を知ることができない状態で表示した後も、法第20条第1項の規定により一時的保存をされた暗号化信号であって法第21条第1項の規定による復号をされていないものがあり、当該再生

の終了時における通信と内容の異なる通信が行われていなかったかどうかを確認するため必要があると認めるときは、スポット再生を開始するものとする。

9　法第23条第4項の規定によりその例によることとされる法第21条第3項の規定による再生であって、傍受すべき通信に該当するかどうか明らかでない通信に係るものについては、前各項の規定の例による。

（令状記載傍受等）
第15条　第13条第4項各号のいずれかに定める傍受をしている場合において、当該各号に掲げる通信以外の通信であって同項各号のいずれかに掲げるものが行われていると認めるに至ったときは、当該傍受を終了し、それぞれ当該各号に定める傍受を開始するものとする。

2　第13条第4項各号のいずれかに定める傍受をしている場合において、同項各号のいずれにも該当しない通信であって傍受すべき通信に該当するかどうか明らかでないものが行われていると認めるに至ったときは、直ちに、当該傍受を終了してスポット傍受を開始するものとし、同項各号のいずれにも該当しない通信であって傍受すべき通信に該当しないことが明らかであるものが行われていると認めるに至ったときは、直ちに、傍受を終了しなければならない。

3　前2項の規定は、前条第4項各号（同条第9項の規定によりその例によることとされる場合を含む。）のいずれかに定める再生をしている場合について準用する。この場合において、前2項中「おいて、」とあるのは「おいて、当該再生に係る通信が」と、「が行われている」とあるのは「に該当する」と、前項中「スポット傍受」とあるのは「スポット再生」と、「ものとし、」とあるのは「ものとし、当該再生に係る通信が」と読み替えるものとする。

（外国語等通信についての該当性判断）
第16条　法第14条第2項後段又は第21条第4項後段（法第23条第4項の規定

によりその例によることとされる場合を含む。）の規定による傍受すべき通信に該当するかどうかの判断のために行う翻訳、復号又は復元及び翻訳、復号又は復元がなされた通信の内容の聴取又は閲覧は、必要最小限度の範囲で行うようにしなければならない。

2　第十四条外国語等通信又は第二十一条外国語等通信であって、傍受の実施（法第23条第 1 項の規定によるものを除く。）の場所（指定期間以外の期間における傍受の実施の場所が定められているときは、その場所）でその内容を容易に復元することができる方法を用いて行われたものについては、当該場所の状況を考慮して適当であると認めるときは、当該場所において立会人の立会いを得て前項の復元若しくは閲覧、法第14条第 2 項後段若しくは第21条第 4 項後段の規定による傍受すべき通信に該当するかどうかの判断又は傍受記録の作成を行わなければならない。

3　第 1 項の翻訳、復号又は復元の嘱託をする場合は、当該嘱託を受ける者が通信の秘密を不当に害することなく、かつ、捜査の妨げとならないようにするための措置を講じなければならない。

4　第 1 項の翻訳、復号又は復元及び聴取又は閲覧については、これらを行った者の氏名、これらが行われた年月日、傍受又は再生をされた通信のうちこれらが行われた部分その他これらが行われた状況を明らかにするために必要な事項を書面に記録しておかなければならない。

（相手方の電話番号等の探知等）

第17条　法第17条第 3 項又は第20条第 4 項（法第23条第 1 項において準用する場合を含む。）の規定による要請は、当該要請に係る通信を特定するために必要な事項を告知して行うものとする。

第3章　通信傍受の記録等

（傍受の原記録用媒体への署名等）
第18条　法第25条第1項又は第2項の規定により記録媒体の封印を求めようとするときは、あらかじめ、当該記録媒体の外面に、当該記録媒体に対する記録を終了した年月日時分及びそれが法第24条第1項前段の規定により記録をした記録媒体である旨を記載して署名押印しなければならない。

2　法第26条第1項の規定による記録を終了したときは、直ちに、当該記録をした記録媒体の外面に、当該記録を終了した年月日時分及びそれが同項の規定により記録をした記録媒体である旨を記載して署名押印しなければならない。

3　犯罪捜査のための通信傍受に関する規則（平成12年最高裁判所規則第6号。以下「最高裁判所規則」という。）第9条に規定する書面の様式は、別記様式第1号のとおりとする。

（傍受記録用の複製の作成）
第19条　法第25条第3項の規定による複製の作成は、傍受の実施の場所（指定期間以外の期間における傍受の実施の場所が定められているときは、その場所）において立会人の立会いを得て行わなければならない。

（傍受記録作成用媒体への署名等）
第20条　法第24条第1項後段若しくは第26条第2項の規定による記録又は法第25条第3項の規定による複製の作成が終了したときは、直ちに、傍受記録作成用媒体の外面に、当該記録又は作成が終了した年月日時分及びそれが傍受記録作成用媒体である旨を記載して署名押印しなければならない。

（傍受の実施の状況を記載した書面等の提出）
第21条　法第27条第1項又は第28条第1項に規定する書面の様式は、別記様式第2号のとおりとする。

2　法第27条第2項又は第28条第2項に規定する書面の様式は、別記様式第3号のとおりとする。
3　第1項の書面を裁判官に提出するときは、第12条第3項又は第4項（同条第5項においてこれらの規定を準用する場合を含む。）の意見書を添えて行わなければならない。
4　傍受の実施又は再生の実施の間に外国語等傍受又は外国語等再生（法第23条第4項の規定によりその例によることとされる法第21条第4項の規定による再生を含む。）をした場合において、当該傍受の実施又は再生の実施に関し第1項又は第2項の書面を裁判官に提出した後に当該外国語等傍受又は外国語等再生をした通信が他犯罪通信に該当すると認められるに至ったときにおける当該他犯罪通信に該当すると認められる通信についての法第27条第1項若しくは第2項又は第28条第1項若しくは第2項の規定により提出しなければならない書面の様式は、別記様式第4号のとおりとする。

（傍受調書）
第22条　傍受の実施をしたときは、その状況（再生の実施をしたときは、傍受の実施及び再生の実施の状況）を明らかにした傍受調書を作成しなければならない。

（傍受記録の作成）
第23条　傍受記録の作成は、傍受記録作成用媒体に記録されている通信のうち、法第29条第3項各号又は第4項各号に掲げる通信の記録を当該傍受記録作成用媒体に残し、それ以外の通信の記録を消去することにより、行うものとする。
2　傍受記録を作成した場合において、他に通信記録物等があるときは、捜査主任官は、通信記録物等管理者にその記録の全部を消去させなければならない。ただし、当該通信記録物等が、傍受記録に記録された通信の内容の全部又は一部を要約して記載した捜査書類であって、傍受記録を作成する前に行った捜査の経過を示すために特に必要なものである場合には、こ

の限りでない。
3　傍受記録から記録を消去したときは、捜査主任官は、通信記録物等管理者に通信記録物等の当該記録に係る部分の記録の全部を消去させなければならない。
4　法第27条第1項若しくは第2項又は第28条第1項若しくは第2項の規定により書面を裁判官に提出した後において、傍受記録から記録を消去したときは、速やかに、通信記録消去通知書（別記様式第5号）により、当該裁判官に通知しなければならない。

（通信記録物等の作成等）
第24条　通信記録物等の作成は、必要最小限度の範囲にとどめなければならない。
2　記録媒体に対する法第24条第1項後段又は第26条第2項の規定による記録、法第25条第3項の規定による複製の作成、傍受記録の作成その他通信記録物等の作成が終了したときは、速やかに、記録媒体作成調書、複製等作成調書、傍受記録作成調書その他通信記録物等の作成の状況を明らかにした書類を作成するとともに、その旨を通信記録物等管理者に通知しなければならない。
3　通信記録物等管理者は、警察本部長が定める様式の簿冊により、通信記録物等の作成、保管及び出納の状況、その記録の消去の状況その他その適正な管理のために必要な事項を明らかにしておかなければならない。
4　通信記録物等が刑事手続において使用する必要がなくなったときは、捜査主任官は、速やかに、通信記録物等管理者にその記録の全部を消去させなければならない。

（通信の当事者に対する通知）
第25条　法第30条第1項の書面の様式は、別記様式第6号のとおりとする。
2　最高裁判所規則第13条の書面の様式は、別記様式第7号のとおりとする。

（通知を発しなければならない期間の延長）
第26条　法第30条第2項ただし書（同条第3項後段において準用する場合を含む。）の規定による請求は、指定警察官がこれを行うものとする。
2　前項の請求は、順を経て警察本部長に報告し、事前にその承認を受けて行わなければならない。
3　第1項の請求は、通知期間延長請求書（別記様式第8号）により行わなければならない。
4　第1項の請求をするときは、通知によって捜査が妨げられるおそれがあることを疎明する捜査報告書その他の資料を添えて行わなければならない。

（警察官が保管する傍受記録の聴取及び閲覧等）
第27条　警察官が保管する傍受記録に係る法第31条の規定による聴取、閲覧又は複製の作成については、当該傍受記録に係る聴取、閲覧又は複製の作成をしようとする者が法第30条第1項の通知を受けた通信の当事者であることを確認しなければならない。
2　前項の聴取、閲覧又は複製の作成は、必要な態勢を確立した上で、警察施設において警察職員を立ち会わせ、その他所要の措置を講じて行わせるようにしなければならない。

（傍受の原記録の聴取及び閲覧等の請求）
第28条　法第32条第3項の規定による聴取、閲覧又は複製の作成の請求は、指定警察官がこれを行うものとする。
2　前項の請求は、順を経て警察本部長に報告し、事前にその承認を受けて行わなければならない。
3　第1項の請求は、傍受の原記録聴取等請求書（別記様式第9号）により行わなければならない。
4　第1項の請求をするときは、法第32条第3項に規定する聴取、閲覧又は複製の作成の理由があることを疎明する捜査報告書その他の資料を添えて行わなければならない。

第4章 補　　則

（通信傍受手続簿）
第29条　次の各号に掲げる措置を執った場合においては、通信傍受手続簿（別記様式第10号）によりその手続等を明らかにしておかなければならない。
　一　傍受令状の請求
　二　傍受の処分の着手
　三　傍受ができる期間の延長の請求
　四　法第25条第4項又は第26条第4項の規定による記録媒体の提出
　五　法第27条第1項若しくは第2項又は第28条第1項若しくは第2項の規定による書面の提出
　六　傍受記録の作成
　七　法第30条の規定による通知
　八　法第30条第2項ただし書（同条第3項後段において準用する場合を含む。）の規定による請求
　九　法第31条の規定により通信の当事者に傍受記録の聴取及び閲覧等をさせること
　十　法第32条第3項の規定による請求

（関東管区警察局の警察官が行う傍受及び再生への適用）
第30条　関東管区警察局の警察官（警察法第61条の3第1項の規定による指示により派遣された者を含む。）が行う傍受及び再生に関する次の表の上欄に掲げる規定の適用については、同表の中欄に掲げる字句は、それぞれ同表の下欄に掲げる字句とする。

第3条第1項	警察本部長(警視総監又は道府県警察本部長をいう。以下同じ。)	関東管区警察局長
第3条第3項及び第5項、第4条第1項、第5条第1項から第3項まで及び第5項、第6条第1項、第8条第1項(同条第3項において準用する場合を含む。)、第10条、第13条第5項、第6項及び第8項、第14条第5項、第6項及び第8項、第24条第3項、第26条第2項並びに第28条第2項	警察本部長	関東管区警察局長
第6条第1項	捜査の適正を確保するための指導に関する事務を所掌する警察本部(警視庁及び道府県警察本部をいう。)の課(課に準ずるものを含む。)	関東管区警察局広域調整部広域調整第一課

2 警察庁の警察官のうち、法第4条第1項の国家公安委員会が指定する警視以上の者は、次に掲げるものとする。
 一 関東管区警察局長の職にある者
 二 関東管区警察局サイバー特別捜査部の警視以上の階級にある警察官
3 前項各号に掲げる者は、傍受令状の請求をするに当たり、裁判官の要求があったときは、国家公安委員会が交付する別記様式第11号の証票を提示しなければならない。

別記様式第1号（第18条第3項関係）

※　　　年　第　　　号

記　録　媒　体　提　出　書

年　月　日

　　地方裁判所
　　　裁判官　殿

　　　　　　　警察
　　　　　　　司法警察員

　被疑者　　　　　　　　　　に対する　　　　　　　　被疑事件について、犯罪捜査のための通信傍受に関する法律（以下「法」という。）第25条第4項
第26条第4項の規定により、下記の記録媒体を提出します。

記

1　記録媒体の種類及び数量

2　各記録媒体への記録の開始及び終了の年月日時分

3　法第26条第1項の規定により記録をした記録媒体があるときは、その旨

（注意）　1　※印欄には、令状請求事件番号を記載すること。
　　　　　2　不用の文字は、横線で消すこと。

別記様式 263

別記様式第2号（第21条第1項関係）

| ※ | 年 | 第 | 号 |

その1

傍 受 実 施 状 況 書　（甲）

年　月　日

地方裁判所
　　裁判官　殿

　　　　　　　　　　　　　　　警察
　　　　　　　　　　　　　　　司法警察員

　被疑者　　　　　　　　　に対する　　　　　　　　被疑事件につき、本職は、傍受令状を　　　　　　に示して、下記のとおり傍受の実施をしたので、本書面を提出します。

記

1　傍受令状の発付及び傍受ができる期間の延長の裁判の年月日並びに傍受令状を発付した裁判官が所属する裁判所名

2　被疑者の氏名

3　傍受の実施をした者の官公職氏名

4　傍受の実施の対象とされた通信手段

5　傍受の実施の方法及び場所

6　犯罪捜査のための通信傍受に関する法律（以下「法」という。）第20条第1項の規定による通信の原信号の暗号化及び暗号化信号の一時的保存並びに法第21条第1項の規定による暗号化信号の復号を行った通信管理者等の氏名及び職業

7　再生の実施をした者の官公職氏名

8　法第13条第1項の規定又は法第21条第1項において準用する法第13条第1項の規定による立会人の氏名及び職業

9　法第13条第2項の規定又は法第21条第1項において準用する法第13条第2項の規定により立会人が述べた意見

10　法第15条に規定する通信については、各通信を特定するに足りる事項ごとに、当該通信に係る犯罪の罪名及び罰条並びに当該通信が同条に規定する通信に該当すると認めた理由

11　法第14条第2項の規定により傍受をした通信又は法第21条第4項の規定により再生をした通信について法第29条第5項の規定により通信の記録を消去したときは、消去した者の官公職氏名、消去した年月日時及び消去した部分

（注意）　1　※印欄には、令状請求事件番号を記載すること。
　　　　　2　不用の文字は、横線で消すこと。

264　第2編　参考資料編

その2			
傍受の実施の開始又は再開の年月日時 傍受の実施の中断又は終了の年月日時	記録媒体の番号	記録媒体を装着した年　月　日　時 記録媒体を取り外した年　月　日　時	封印の年月日時及び封印をした立会人の氏名
年 　月　　日午　　時　　分 　月　　日午　　時　　分		年 　月　　日午　　時　　分 　月　　日午　　時　　分	年 　月　　日午　　時　　分
月　　日午　　時　　分 　月　　日午　　時　　分		月　　日午　　時　　分 　月　　日午　　時　　分	月　　日午　　時　　分
月　　日午　　時　　分 　月　　日午　　時　　分		月　　日午　　時　　分 　月　　日午　　時　　分	月　　日午　　時　　分
月　　日午　　時　　分 　月　　日午　　時　　分		月　　日午　　時　　分 　月　　日午　　時　　分	月　　日午　　時　　分
月　　日午　　時　　分 　月　　日午　　時　　分		月　　日午　　時　　分 　月　　日午　　時　　分	月　　日午　　時　　分
月　　日午　　時　　分 　月　　日午　　時　　分		月　　日午　　時　　分 　月　　日午　　時　　分	月　　日午　　時　　分
月　　日午　　時　　分 　月　　日午　　時　　分		月　　日午　　時　　分 　月　　日午　　時　　分	月　　日午　　時　　分
月　　日午　　時　　分 　月　　日午　　時　　分		月　　日午　　時　　分 　月　　日午　　時　　分	月　　日午　　時　　分
月　　日午　　時　　分 　月　　日午　　時　　分		月　　日午　　時　　分 　月　　日午　　時　　分	月　　日午　　時　　分
月　　日午　　時　　分 　月　　日午　　時　　分		月　　日午　　時　　分 　月　　日午　　時　　分	月　　日午　　時　　分

（注意）　傍受の実施のうち法第20条第1項又は第23条第1項の規定によるもの以外のものについて記載し、当該傍受の実施をしなかった場合は、全体に斜線を引くこと。

別記様式 265

その3					
記録媒体の番号 第 号					
通話番号	通話の開始及び終了の年月日時	傍受をした通信の開始及び終了の年月日時	傍受の根拠となった条項	通信の当事者の氏名その他その特定に資する事項	記録媒体中の記録箇所を特定するに足りる事項
			3①・14① 14②・15		
			3①・14① 14②・15		
			3①・14① 14②・15		
			3①・14① 14②・15		
			3①・14① 14②・15		
			3①・14① 14②・15		
			3①・14① 14②・15		
			3①・14① 14②・15		
			3①・14① 14②・15		
			3①・14① 14②・15		
			3①・14① 14②・15		
			3①・14① 14②・15		

（注意） 1 傍受の実施のうち法第20条第1項又は第23条第1項の規定によるもの以外のものについて記載し、当該傍受の実施をしなかった場合は、全体に斜線を引くこと。
　　　　2 傍受の根拠となった条項欄において、「3①」は法第3条第1項を、「14①」は法第14条第1項を、「14②」は法第14条第2項を、「15」は法第15条をそれぞれ意味し、該当するものに丸印を付けること。

その4

指定期間の開始の年 月 日 時 / 指定期間の終了の年 月 日 時	傍受の実施の開始又は再開の年月日時 / 傍受の実施の中断又は終了の年月日時	傍受の実施をしている間の通話の開始年月日時 / 傍受の実施をしている間の通話の終了年月日時	復号をされた暗号化信号、復号をされる前に消去された暗号化信号又はそれら以外の暗号化信号の別	その他対応する部分を特定するに足りる事項
開始 年 月 日午 時 分 終了 月 日午 時 分	開始 年 月 日午 時 分 終了 月 日午 時 分	開始 年 月 日午 時 分 終了 月 日午 時 分	□復号をされた暗号化信号 □復号をされる前に消去された暗号化信号 □それら以外の暗号化信号	
開始 月 日午 時 分 終了 月 日午 時 分	開始 月 日午 時 分 終了 月 日午 時 分	開始 月 日午 時 分 終了 月 日午 時 分	□復号をされた暗号化信号 □復号をされる前に消去された暗号化信号 □それら以外の暗号化信号	
開始 月 日午 時 分 終了 月 日午 時 分	開始 月 日午 時 分 終了 月 日午 時 分	開始 月 日午 時 分 終了 月 日午 時 分	□復号をされた暗号化信号 □復号をされる前に消去された暗号化信号 □それら以外の暗号化信号	
開始 月 日午 時 分 終了 月 日午 時 分	開始 月 日午 時 分 終了 月 日午 時 分	開始 月 日午 時 分 終了 月 日午 時 分	□復号をされた暗号化信号 □復号をされる前に消去された暗号化信号 □それら以外の暗号化信号	
開始 月 日午 時 分 終了 月 日午 時 分	開始 月 日午 時 分 終了 月 日午 時 分	開始 月 日午 時 分 終了 月 日午 時 分	□復号をされた暗号化信号 □復号をされる前に消去された暗号化信号 □それら以外の暗号化信号	
開始 月 日午 時 分 終了 月 日午 時 分	開始 月 日午 時 分 終了 月 日午 時 分	開始 月 日午 時 分 終了 月 日午 時 分	□復号をされた暗号化信号 □復号をされる前に消去された暗号化信号 □それら以外の暗号化信号	
開始 月 日午 時 分 終了 月 日午 時 分	開始 月 日午 時 分 終了 月 日午 時 分	開始 月 日午 時 分 終了 月 日午 時 分	□復号をされた暗号化信号 □復号をされる前に消去された暗号化信号 □それら以外の暗号化信号	
開始 月 日午 時 分 終了 月 日午 時 分	開始 月 日午 時 分 終了 月 日午 時 分	開始 月 日午 時 分 終了 月 日午 時 分	□復号をされた暗号化信号 □復号をされる前に消去された暗号化信号 □それら以外の暗号化信号	
開始 月 日午 時 分 終了 月 日午 時 分	開始 月 日午 時 分 終了 月 日午 時 分	開始 月 日午 時 分 終了 月 日午 時 分	□復号をされた暗号化信号 □復号をされる前に消去された暗号化信号 □それら以外の暗号化信号	
開始 月 日午 時 分 終了 月 日午 時 分	開始 月 日午 時 分 終了 月 日午 時 分	開始 月 日午 時 分 終了 月 日午 時 分	□復号をされた暗号化信号 □復号をされる前に消去された暗号化信号 □それら以外の暗号化信号	

（注意）　1　法第20条第1項の規定による傍受の実施について記載し、当該傍受の実施をしなかった場合は、全体に斜線を引くこと。
　　　　　2　□印のある欄については、該当の□内にレ印を付すこと。

別記様式 267

その5	記録媒体の番号	記録媒体を装着した年月日時	封印の年月日時及び封印をした立会人の氏名
再生の実施の開始又は再開の年月日時			
再生の実施の中断又は終了の年月日時		記録媒体を取り外した年月日時	
年 月 日午 時 分		年 月 日午 時 分	年 月 日午 時 分
月 日午 時 分		月 日午 時 分	
月 日午 時 分		月 日午 時 分	月 日午 時 分
月 日午 時 分		月 日午 時 分	
月 日午 時 分		月 日午 時 分	月 日午 時 分
月 日午 時 分		月 日午 時 分	
月 日午 時 分		月 日午 時 分	月 日午 時 分
月 日午 時 分		月 日午 時 分	
月 日午 時 分		月 日午 時 分	月 日午 時 分
月 日午 時 分		月 日午 時 分	
月 日午 時 分		月 日午 時 分	月 日午 時 分
月 日午 時 分		月 日午 時 分	
月 日午 時 分		月 日午 時 分	月 日午 時 分
月 日午 時 分		月 日午 時 分	
月 日午 時 分		月 日午 時 分	月 日午 時 分
月 日午 時 分		月 日午 時 分	
月 日午 時 分		月 日午 時 分	月 日午 時 分
月 日午 時 分		月 日午 時 分	
月 日午 時 分		月 日午 時 分	月 日午 時 分
月 日午 時 分		月 日午 時 分	

（注意） 法第21条第1項の規定による再生の実施について記載し、当該再生の実施をしなかった場合は、全体に斜線を引くこと。

その6					
記録媒体の番号 第　　　　号					
通話番号	通話の開始及び終了の年月日時	再生をした通信の開始及び終了の年月日時	再生の根拠となった条項	通信の当事者の氏名その他その特定に資する事項	記録媒体中の記録箇所を特定するに足りる事項
			21③該・21③ 21④・21⑤		
			21③該・21③ 21④・21⑤		
			21③該・21③ 21④・21⑤		
			21③該・21③ 21④・21⑤		
			21③該・21③ 21④・21⑤		
			21③該・21③ 21④・21⑤		
			21③該・21③ 21④・21⑤		
			21③該・21③ 21④・21⑤		
			21③該・21③ 21④・21⑤		
			21③該・21③ 21④・21⑤		
			21③該・21③ 21④・21⑤		
			21③該・21③ 21④・21⑤		

（注意）　1　法第21条第1項の規定による再生の実施について記載し、当該再生の実施をしなかった場合は、全体に斜線を引くこと。
　　　　　2　再生の根拠となった条項欄において、「21③該」は傍受すべき通信に該当する通信の場合における法第21条第3項を、「21③」は傍受すべき通信に該当するかどうか明らかでない通信の場合における法第21条第3項を、「21④」は法第21条第4項を、「21⑤」は法第21条第5項をそれぞれ意味し、該当するものに丸印を付けること。

別記様式　269

別記様式第3号（第21条第2項関係）

※	年　　第　　号

その1
　　　　　　　傍　受　実　施　状　況　書　　（乙）
　　　　　　　　　　　　　　　　　　　　　　　年　月　日
　　地方裁判所
　　　裁判官　殿
　　　　　　　　　　　　　警察
　　　　　　　　　　　　　司法警察員

　被疑者　　　　　　　　　に対する　　　　　　　被疑事件につき、本職は、傍受令状を　　　　　　　に示して、下記のとおり傍受の実施をしたので、本書面を提出します。
　　　　　　　　　　　　　　記

1　傍受令状の発付及び傍受ができる期間の延長の裁判の年月日並びに傍受令状を発付した裁判官が所属する裁判所名

2　被疑者の氏名

3　傍受の実施をした者の官公職氏名

4　傍受の実施の対象とされた通信手段

5　傍受の実施の方法及び場所

6　犯罪捜査のための通信傍受に関する法律（以下「法」という。）第23条第1項の規定による通信の原信号の暗号化及び暗号化信号の伝送を行った通信管理者等の氏名及び職業

7　傍受の実施に用いた特定電子計算機を特定するに足りる事項

8　再生の実施をした者の官公職氏名

9　法第15条に規定する通信については、各通信を特定するに足りる事項ごとに、当該通信に係る犯罪の罪名及び罰条並びに当該通信が同条に規定する通信に該当すると認めた理由

10　法第14条第2項の規定により傍受をした通信又は法第23条第4項の規定によりその例によることとされる法第21条第4項の規定により再生をした通信について法第29条第5項の規定により通信の記録を消去したときは、消去した者の官公職氏名、消去した年月日時及び消去した部分

（注意）　1　※印欄には、令状請求事件番号を記載すること。
　　　　　2　不用の文字は、横線で消すこと。

その2					記録媒体の番号	記録媒体を装着した年　　月　　　日　　　時			
傍受の実施の開始又は再開の年月日時									
傍受の実施の中断又は終了の年月日時					記録媒体を取り外した年　　月　　　日　　　時				
月	日	年午	時	分		月	日	年午	時	分
月	日	午	時	分		月	日	午	時	分
月	日	午	時	分		月	日	午	時	分
月	日	午	時	分		月	日	午	時	分
月	日	午	時	分		月	日	午	時	分
月	日	午	時	分		月	日	午	時	分
月	日	午	時	分		月	日	午	時	分
月	日	午	時	分		月	日	午	時	分
月	日	午	時	分		月	日	午	時	分
月	日	午	時	分		月	日	午	時	分
月	日	午	時	分		月	日	午	時	分
月	日	午	時	分		月	日	午	時	分
月	日	午	時	分		月	日	午	時	分
月	日	午	時	分		月	日	午	時	分
月	日	午	時	分		月	日	午	時	分
月	日	午	時	分		月	日	午	時	分

（注意）　法第23条第1項第1号の規定による傍受の実施について記載し、当該傍受の実施をしなかった場合は、全体に斜線を引くこと。

別記様式 271

その3					
記録媒体の番号　第　　　号					
通話番号	通話の開始及び終了の年月日時	傍受をした通信の開始及び終了の年月日時	傍受の根拠となった条項	通信の当事者の氏名その他その特定に資する事項	記録媒体中の記録箇所を特定するに足りる事項
			3①・14① 14②・15		
			3①・14① 14②・15		
			3①・14① 14②・15		
			3①・14① 14②・15		
			3①・14① 14②・15		
			3①・14① 14②・15		
			3①・14① 14②・15		
			3①・14① 14②・15		
			3①・14① 14②・15		
			3①・14① 14②・15		
			3①・14① 14②・15		
			3①・14① 14②・15		

（注意）　1　法第23条第1項第1号の規定による傍受の実施について記載し、当該傍受の実施をしなかった場合は、全体に斜線を引くこと。
　　　　　2　傍受の根拠となった条項欄において、「3①」は法第3条第1項を、「14①」は法第14条第1項を、「14②」は法第14条第2項を、「15」は法第15条をそれぞれ意味し、該当するものに丸印を付けること。

その4				
傍受の実施の開始又は 再開の年月日時 ------ 傍受の実施の中断又は 終了の年月日時	傍受の実施をしている間の 通話の開始年月日時 ------ 傍受の実施をしている間の 通話の終了年月日時		復号をした暗号化信号、復号 をする前に消去した暗号化信 号又はそれら以外の暗号化信 号の別	その他対応する 部分を特定する に足りる事項
開始　　　年 　　月　日午　時　分 ------ 終了　月　日午　時　分	開始　　年 　月　日午　時　分 ------ 終了　月　日午　時　分		□復号をした暗号化信号 □復号をする前に消去した暗 　号化信号 □それら以外の暗号化信号	
開始　月　日午　時　分 ------ 終了　月　日午　時　分	開始　月　日午　時　分 ------ 終了　月　日午　時　分		□復号をした暗号化信号 □復号をする前に消去した暗 　号化信号 □それら以外の暗号化信号	
開始　月　日午　時　分 ------ 終了　月　日午　時　分	開始　月　日午　時　分 ------ 終了　月　日午　時　分		□復号をした暗号化信号 □復号をする前に消去した暗 　号化信号 □それら以外の暗号化信号	
開始　月　日午　時　分 ------ 終了　月　日午　時　分	開始　月　日午　時　分 ------ 終了　月　日午　時　分		□復号をした暗号化信号 □復号をする前に消去した暗 　号化信号 □それら以外の暗号化信号	
開始　月　日午　時　分 ------ 終了　月　日午　時　分	開始　月　日午　時　分 ------ 終了　月　日午　時　分		□復号をした暗号化信号 □復号をする前に消去した暗 　号化信号 □それら以外の暗号化信号	
開始　月　日午　時　分 ------ 終了　月　日午　時　分	開始　月　日午　時　分 ------ 終了　月　日午　時　分		□復号をした暗号化信号 □復号をする前に消去した暗 　号化信号 □それら以外の暗号化信号	
開始　月　日午　時　分 ------ 終了　月　日午　時　分	開始　月　日午　時　分 ------ 終了　月　日午　時　分		□復号をした暗号化信号 □復号をする前に消去した暗 　号化信号 □それら以外の暗号化信号	
開始　月　日午　時　分 ------ 終了　月　日午　時　分	開始　月　日午　時　分 ------ 終了　月　日午　時　分		□復号をした暗号化信号 □復号をする前に消去した暗 　号化信号 □それら以外の暗号化信号	
開始　月　日午　時　分 ------ 終了　月　日午　時　分	開始　月　日午　時　分 ------ 終了　月　日午　時　分		□復号をした暗号化信号 □復号をする前に消去した暗 　号化信号 □それら以外の暗号化信号	
開始　月　日午　時　分 ------ 終了　月　日午　時　分	開始　月　日午　時　分 ------ 終了　月　日午　時　分		□復号をした暗号化信号 □復号をする前に消去した暗 　号化信号 □それら以外の暗号化信号	

（注意）　1　法第23条第1項第2号の規定による傍受の実施について記載し、当該傍受の実施をしなかった場合は、全体に斜線を引くこと。
　　　　　2　□印のある欄については、該当の□内にレ印を付すこと。

別記様式 273

その5			
再生の実施の開始又は再開の年月日時	記録媒体の番号	記録媒体を装着した年月日時	
再生の実施の中断又は終了の年月日時		記録媒体を取り外した年月日時	
月　日　年午　時　分		月　日　年午　時　分	
月　日　午　時　分		月　日　午　時　分	
月　日　午　時　分		月　日　午　時　分	
月　日　午　時　分		月　日　午　時　分	
月　日　午　時　分		月　日　午　時　分	
月　日　午　時　分		月　日　午　時　分	
月　日　午　時　分		月　日　午　時　分	
月　日　午　時　分		月　日　午　時　分	
月　日　午　時　分		月　日　午　時　分	
月　日　午　時　分		月　日　午　時　分	
月　日　午　時　分		月　日　午　時　分	
月　日　午　時　分		月　日　午　時　分	
月　日　午　時　分		月　日　午　時　分	
月　日　午　時　分		月　日　午　時　分	
月　日　午　時　分		月　日　午　時　分	
月　日　午　時　分		月　日　午　時　分	

（注意）　法第23条第4項の規定による再生の実施について記載し、当該再生の実施をしなかった場合は、全体に斜線を引くこと。

274　第2編　参考資料編

その6					
記録媒体の番号　第　　　号					
通話番号	通話の開始及び終了の年月日時	再生をした通信の開始及び終了の年月日時	再生の根拠となった条項	通信の当事者の氏名その他その特定に資する事項	記録媒体中の記録箇所を特定するに足りる事項
			21③該・21③ 21④・21⑤		
			21③該・21③ 21④・21⑤		
			21③該・21③ 21④・21⑤		
			21③該・21③ 21④・21⑤		
			21③該・21③ 21④・21⑤		
			21③該・21③ 21④・21⑤		
			21③該・21③ 21④・21⑤		
			21③該・21③ 21④・21⑤		
			21③該・21③ 21④・21⑤		
			21③該・21③ 21④・21⑤		
			21③該・21③ 21④・21⑤		

（注意）　1　法第23条第4項の規定による再生の実施について記載し、当該再生の実施をしなかった場合は、全体に斜線を引くこと。
　　　　　2　再生の根拠となった条項欄において、「21③該」は傍受すべき通信に該当する通信の場合における法第23条第4項の規定によりその例によることとされる法第21条第3項を、「21③」は傍受すべき通信に該当するかどうか明らかでない通信の場合における法第23条第4項の規定によりその例によることとされる法第21条第3項を、「21④」は法第23条第4項の規定によりその例によることとされる法第21条第4項を、「21⑤」は法第23条第4項の規定によりその例によることとされる法第21条第5項をそれぞれ意味し、該当するものに丸印を付けること。

別記様式第4号（第21条第4項関係）

	※ 　　年　　第　　号

　　　　　　　　他 犯 罪 通 信 該 当 書

　　　　　　　　　　　　　　　　　　　　　　　年　　月　　日

　　　地方裁判所
　　　　裁判官　殿

　　　　　　　　　　　　　警察
　　　　　　　　　　　　　司法警察員

　被疑者　　　　に対する　　　　被疑事件について、　　年　　月　　日　　　地方裁判所　　裁判官　　　に対し、傍受実施状況書　　を提出しましたが、その後、下記のとおり、犯罪捜査のための通信傍受に関する法律（以下「法」という。）第14条第2項の規定により傍受をした通信又は法第21条第4項（法第23条第4項の規定によりその例によることとされる場合を含む。）の規定により再生をした通信が法第15条に規定する通信に該当すると認めるに至ったので、本書面を提出します。

　　　　　　　　　　　　　記

1　当該通信の開始及び終了の年月日時分

2　当該通信の当事者の氏名その他その特定に資する事項

3　当該通信に係る犯罪の罪名及び罰条並びに当該通信が法第15条に規定する通信に該当すると認めた理由

（注意）　※印欄には、令状請求事件番号を記載すること。

別記様式第5号（第23条第4項関係）

| | ※ | 年 | 第 | 号 |

通信記録消去通知書

　　　　　　　　　　　　　　　　　　　　　　　　　年　月　日

　　地方裁判所
　　　裁判官　殿

　　　　　　　　　　　　　　警察
　　　　　　　　　　　　　　司法警察員

　被疑者（被告人）　　　　　に対する　　　　　被　事件について、年　月　日　　地方裁判所　　裁判官　　　　　に対し、傍受実施状況書　　を提出しましたが、その後、下記のとおり、傍受記録から通信の記録を消去したので、通知します。

　　　　　　　　　　　　　　　記

1　その記録が消去された傍受記録
　　別添傍受記録作成調書の写しに係る傍受記録

2　消去した年月日時

3　消去した部分

4　消去事由

　□　犯罪捜査のための通信傍受に関する法律（以下「法」という。）第27条第3項又は第28条第3項において準用する法第33条第3項の規定による命令により消去

　□　法第29条第5項の規定により消去

　□　法第33条第3項の規定による命令により消去

　□　法第33条第4項の規定により消去

（注意）　1　※印欄には、令状請求事件番号を記載すること。
　　　　　2　□印のある欄については、該当の□内にレ印を付すこと。

別記様式第６号（第25条第１項関係）

傍 受 通 知 書

年　月　日

殿

警察
司法警察員

　下記のとおり通信の傍受をし、傍受記録を作成したので、犯罪捜査のための通信傍受に関する法律（以下「法」という。）第30条の規定により、同記録に記録されている通信の当事者であるあなたに通知します。

記

1　通信の開始及び終了の年月日時並びに相手方の氏名

2　傍受令状の発付の年月日

3　傍受の実施の開始及び終了の年月日

4　傍受の実施の対象とした通信手段

5　傍受令状に記載された罪名及び罰条

6　法第15条に規定する通信については、その旨並びに当該通信に係る犯罪の罪名及び罰条

7　法第32条第３項の複製を作成することの許可があった旨及びその年月日

8　傍受記録の聴取等に関する通知事項
　　この通知を受けた通信の当事者は、法第31条の規定による傍受記録の聴取若しくは閲覧又は複製の作成及び法第32条第１項の規定による傍受の原記録の聴取若しくは閲覧又は複製の作成の許可の請求並びに法第33条第１項又は第２項の規定による不服申立てをすることができます。

（注意）　不用の文字は、横線で消すこと。

別記様式第7号（第25条第2項関係）

　　　　　　　　　　　　　　　　　　　　　※　　年　第　　号

通信当事者に対する通知に関する通知書

　　　　　　　　　　　　　　　　　　　　　　　　　　年　月　日

　　地方裁判所

　　　　裁判官　殿

　　　　　　　　　　警察

　　　　　　　　　　司法警察員

被疑者（被告人）　　　　　　に対する　　　　　　　　　被

事件について、本職は、　　　　　年　月　日、別添傍受通知書の写しのとおり、傍受記録に記録されている通信の当事者に通知したので、通知します。

（注意）　1　※印欄には、令状請求事件番号を記載すること。
　　　　　2　不用の文字は、横線で消すこと。

別記様式第8号（第26条第3項関係）

|※|　|年|　|第|　|号|

通 知 期 間 延 長 請 求 書

　　　　　　　　　　　　　　　　　　　　　　年　月　日

　　地方裁判所
　　　裁判官　殿

　　　　　　　　　　　　　警察
　　　　　　　　　　　　　司法警察員

　被疑者（被告人）　　　　　　　　に対する　　　　　　　被　事件について、下記のとおり傍受記録に記録されている通信の当事者　　　　　　　　に対する通知を発しなければならない期間の延長を請求する。

記

1　傍受の実施を終了した年月日
　　　　　　年　　月　　日

2　犯罪捜査のための通信傍受に関する法律第30条第2項本文に規定する期間が経過した後に、通信の当事者が特定され、又はその所在が明らかになった場合は、その旨、及び通信の当事者が特定され、又はその所在が明らかになった年月日

3　前に延長された期間
　　　始期　　　年　　　月　　　日
　　　終期　　　年　　　月　　　日（　　　日間）

4　延長を求める期間
　　　始期　　　年　　　月　　　日
　　　終期　　　年　　　月　　　日（　　　日間）

5　通知によって捜査が妨げられるおそれがあることを認めるべき事由

（注意）　1　※印欄には、令状請求事件番号を記載すること。
　　　　　2　不用の文字は、横線で消すこと。

別記様式第9号（第28条第3項関係）

```
                                    ※   年   第   号

              傍 受 の 原 記 録 聴 取 等 請 求 書

                                          年   月   日

     地方裁判所

        裁判官　殿

                      警察

                    司法警察員

   被疑者（被告人）　　　　　に対する　　　　　被　事件につい
                                              聴　取
   て、下記のとおり　　年　月　　日提出した傍受の原記録の閲　覧
                                              複製の作成
   をすることの許可を請求する。

                       記

   1  聴取、閲覧又は複製の作成を求める部分を特定するに足りる事項



   2  犯罪捜査のための通信傍受に関する法律第32条第3項に規定する聴取、
      閲覧又は複製の作成の理由が存在すると認められる事由
```

（注意）　1　※印欄には、令状請求事件番号を記載すること。
　　　　　2　不用の文字は、横線で消すこと。

別記様式第10号（第29条関係）

その1			
番　　　号		第　　号	
傍受令状	請求に係る本部長承認年月日時	年　月　日午　時	
	傍受の実施の対象とすべき通信手段		
	請求者の官公職氏名		
	発付	年　月　日　時　分	年　月　日午　時　分
		裁判官の氏名	
	有　効　期　間	年　月　日まで	
	傍受ができる期間	日間	
	一時的保存を命じて行う通信傍受又は特定電子計算機を用いる通信傍受の許可を受けている場合はその旨		
	返還	年　月　日	年　月　日
		返還者の官公職氏名	
傍受の処分の着手	年　月　日　時　分	年　月　日午　時　分	
	着手者の官公職氏名		
傍受ができる期間の延長	第　回	請求に係る本部長承認年月日時	年　月　日午　時
		請求者の官公職氏名	
		延長年月日時分	年　月　日午　時　分
		延長した裁判官の氏名	
		延長後の傍受ができる期間	年　月　日まで
	第　回	請求に係る本部長承認年月日時	年　月　日午　時
		請求者の官公職氏名	
		延長年月日時分	年　月　日午　時　分
		延長した裁判官の氏名	
		延長後の傍受ができる期間	年　月　日まで
備　　考			

その2									
提出年月日時		年　　月　　日午　　時							
提出を受けた裁判官の氏名					受領印				
番号		提出した記録媒体への記録の開始及び終了の年月日時分							

裁判官への記録媒体（傍受の原記録）の提出

番号	年	月	日午	時	分から	年	月	日午	時	分まで
	年	月	日午	時	分から	年	月	日午	時	分まで
	年	月	日午	時	分から	年	月	日午	時	分まで
	年	月	日午	時	分から	年	月	日午	時	分まで
	年	月	日午	時	分から	年	月	日午	時	分まで
	年	月	日午	時	分から	年	月	日午	時	分まで
	年	月	日午	時	分から	年	月	日午	時	分まで
	年	月	日午	時	分から	年	月	日午	時	分まで
	年	月	日午	時	分から	年	月	日午	時	分まで
	年	月	日午	時	分から	年	月	日午	時	分まで
	年	月	日午	時	分から	年	月	日午	時	分まで
	年	月	日午	時	分から	年	月	日午	時	分まで
	年	月	日午	時	分から	年	月	日午	時	分まで
	年	月	日午	時	分から	年	月	日午	時	分まで
	年	月	日午	時	分から	年	月	日午	時	分まで
	年	月	日午	時	分から	年	月	日午	時	分まで
	年	月	日午	時	分から	年	月	日午	時	分まで
	年	月	日午	時	分から	年	月	日午	時	分まで

別記様式 283

その3

番号	傍受記録に記録されている通信の当事者	傍受記録を作成した年月日 / 通知を発しなければならない期間	通知をした年月日	年　月　日 / 備　考
通信の当事者に対する通知		年　月　日まで	年　月　日	
		年　月　日まで	年　月　日	
		年　月　日まで	年　月　日	
		年　月　日まで	年　月　日	
		年　月　日まで	年　月　日	
		年　月　日まで	年　月　日	
		年　月　日まで	年　月　日	
		年　月　日まで	年　月　日	
		年　月　日まで	年　月　日	
		年　月　日まで	年　月　日	

（注意）
1　番号欄には、その2の番号欄に対応する番号を記載すること。
2　通信の当事者が特定できないときは、備考欄に当該通信の記録媒体中の記録箇所を特定するに足りる事項その他当該当事者の特定に資する事項を記載し、特定できた時点で、傍受記録に記録されている通信の当事者欄に特定できた年月日及び特定に係る事項を記載すること。
3　通信の当事者の所在が明らかでないときは、備考欄にその旨を記載し、明らかになった時点で、同欄に明らかになった年月日及び明らかになった旨を記載すること。
4　犯罪捜査のための通信傍受に関する法律第30条第2項ただし書（同条第3項後段において準用する場合を含む。）の規定により期間が延長されたときは、備考欄に延長された後の通知を発しなければならない期間を記載すること。

その4						
傍受実施状況書	第一回	提出者の官公職氏名				
		提出年月日		年	月	日
		提出を受けた裁判官の氏名		受領印		
	第二回	提出者の官公職氏名				
		提出年月日		年	月	日
		提出を受けた裁判官の氏名		受領印		
	第三回	提出者の官公職氏名				
		提出年月日		年	月	日
		提出を受けた裁判官の氏名		受領印		
他犯罪通信該当書	第一回	提出者の官公職氏名				
		提出年月日		年	月	日
		提出を受けた裁判官の氏名		受領印		
	第二回	提出者の官公職氏名				
		提出年月日		年	月	日
		提出を受けた裁判官の氏名		受領印		

別記様式 285

その5

通知を発しなければならない期間の延長の請求	番　　号	第　　　号	第　　　号
	通知に係る通信の当事者		
第一回延長	請求に係る本部長承認年月日	年　月　日	年　月　日
	請求者の官公職氏名		
	延　長　年　月　日	年　月　日	年　月　日
	延長した裁判官の氏名		
	延長後の通知を発しなければならない期間	年　月　日まで	年　月　日まで
第二回延長	請求に係る本部長承認年月日	年　月　日	年　月　日
	請求者の官公職氏名		
	延　長　年　月　日	年　月　日	年　月　日
	延長した裁判官の氏名		
	延長後の通知を発しなければならない期間	年　月　日まで	年　月　日まで
備　　考			

その6

	番　　　　号	第　　　　　　号	
警察官が保管する傍受記録の聴取及び閲覧等	傍受記録を特定するに足りる事項		
	通信の当事者		
	通信の当事者であることを確認した方法		
	聴取等をさせた通信を特定するに足りる事項	聴取等の別	
		聴取・閲覧・複製の作成	
		聴取・閲覧・複製の作成	
		聴取・閲覧・複製の作成	
		聴取・閲覧・複製の作成	
		聴取・閲覧・複製の作成	
		聴取・閲覧・複製の作成	
		聴取・閲覧・複製の作成	
		聴取・閲覧・複製の作成	
		聴取・閲覧・複製の作成	
		聴取・閲覧・複製の作成	
	聴取等をさせた年月日時	年　月　日　午前／午後　時　分から　午前／午後　時　分まで	
	聴取等をさせた場所		
	備　　　　考		

（注意）　聴取等の別欄には、該当するものに丸印を付けること。

別記様式 287

	その7			
傍受の原記録の聴取及び閲覧等の請求	番　　　号	第　　　号	第　　　号
	請求に係る本部長承認年月日	年　月　日	年　月　日
	請求者の官公職氏名		
	請求に係る部分を特定するに足りる事項		
	請求の年月日	年　月　日	年　月　日
	許可した裁判官の氏名		
	備　　　考		

別記様式第11号（第30条関係）

```
No._____

                証　　票

                            所属
                            官職　氏　　名

　上記の者は犯罪捜査のための通信傍受に関する法律第4条第1項の規定による指定を受けた司法警察員であることを証明する。

　　年　月　日

                            国家公安委員会　　㊞
```

原議保存期間	30年（平成62年3月31日まで）
有効期間	一種（平成62年3月31日まで）

各都道府県警察の長　　　　　　警察庁丙刑企発第111号、丙組企発第66号
庁内関係局部課長　殿　　　　　丙生企発第94号、丙交企発第97号
各地方機関の長　　　　　　　　丙備企発第179号、丙外事発第75号
（参考送付先）　　　　　　　　丙情企発第58号
各附属機関の長　　　　　　　　平成 3 1 年 4 月 2 6 日
　　　　　　　　　　　　　　　警　察　庁　刑　事　局　長
　　　　　　　　　　　　　　　警　察　庁　生　活　安　全　局　長
　　　　　　　　　　　　　　　警　察　庁　交　通　局　長
　　　　　　　　　　　　　　　警　察　庁　警　備　局　長
　　　　　　　　　　　　　　　警　察　庁　情　報　通　信　局　長

　　　「犯罪捜査のための通信傍受に関する法律の運用に当たっての留意事項」
　　の改正について（通達）
　犯罪捜査のための通信傍受に関する法律（平成11年法律第137号。以下「法」
という。）の運用については、「「犯罪捜査のための通信傍受に関する法律の運
用に当たっての留意事項」の改正について」（平成28年10月20日付け警察庁丙刑
企発第67号等。以下「旧通達」という。）をもって示達したところであるが、こ
の度、刑事訴訟法等の一部を改正する法律（平成28年法律第54号）により、法が
改正されたことに伴い、留意事項を別添のとおり改正したので、事務処理上遺漏
のないようにされたい。
　なお、以下本通達において、
○　「最高裁判所規則」とは、「犯罪捜査のための通信傍受に関する規則」（平
　成12年最高裁判所規則第 6 号）
○　「通信傍受規則」とは、「通信傍受規則」（平成12年国家公安委員会規則第
　13号）
○　「次長通達」とは、「通信傍受規則の制定について（依命通達）」（平成12
　年 8 月11日付け警察庁乙刑発第21号等）
○　「書式例」とは、「「犯罪捜査のための通信傍受に関する司法警察職員捜査
　書類書式例の全部改正について（指示）」（平成31年 4 月19日付け最高検企第
　117号）
をいうものとするほか、用語の意義は法、最高裁判所規則及び通信傍受規則に定
めるところによる。
　また、本通達は平成31年 6 月 1 日から実施することとし、同日をもって旧通達

は廃止する。

「犯罪捜査のための通信傍受に関する法律の運用に当たっての留意事項」の改正について（通達）

別添

犯罪捜査のための通信傍受に関する法律の運用に当たっての留意事項

第1 傍受令状を請求することができる警察官の指定
 1 指定に関する都道府県公安委員会規則の制定
　　傍受令状の請求及び傍受ができる期間の延長の請求をすることができる都道府県警察の警察官については、法第4条第1項及び法第7条第1項の規定に基づき、都道府県公安委員会が指定することとされているので、所要の都道府県公安委員会規則の制定のための手続を執るものとする。

 2 指定の対象
　　法第4条第1項及び法第7条第1項の規定に基づく傍受令状の請求及び傍受ができる期間の延長の請求をすることができる都道府県警察の警察官の指定は、(1)又は(2)に掲げる者について行うものとする。ただし、職務の性質により必要がないと認められる者については、指定を要しないものとする。
　　なお、都道府県警察において、その他の警察官について指定する必要があると認めるときは、事前に警察庁に報告するものとする。
 (1) 都道府県警察（方面）本部の刑事部、組織犯罪対策部若しくは暴力団対策部、生活安全部、交通部又は警備部（警視庁にあっては、公安部）に勤務する警視以上の警察官（方面本部にあっては、これらに対応する部門に勤務する警視以上の警察官）
 (2) 警察署に勤務する警視以上の警察官

 3 裁判所への通知
　　1の都道府県公安委員会規則を制定したときは、最高裁判所規則第2条第2項の規定に従い、確実に、都道府県公安委員会規則を制定した旨及びその内容を当該都道府県の区域を管轄する地方裁判所に通知しなければならない。また、当該規則を改正した場合も同様である。

 4 指定警察官への教養
　　法が傍受令状の請求権者を限定する趣旨は、通信の傍受が憲法の保障する通信の秘密に制約を加えるものであり、捜索・差押え等の従来の強制処分とは異なり、継続的かつ密行的に行われることから、そのような捜査が真に必要な場合に限られるべきであり、その判断には、特に慎重を期すべきであるから、傍受令状の請求権者をより高い立場からの判断ができると思われる地位にある者に限定するというものである。

そこで、傍受令状の請求等をすることができる警察官として指定した者については、その者が法の趣旨に沿った役割を迅速・的確に遂行し得るようにするために、傍受令状の請求手続、傍受の実施及び再生の実施の手続、保秘の徹底等の実施上の留意事項等に関する必要な教養を行うものとする。

第2 捜査主任官等

通信傍受規則第5条の規定により、警察本部長は、捜査主任官、傍受実施主任官及び通信記録物等管理者を指名するものとされたが、これは、その適正な遂行についての責任の所在を明らかにすることにより、傍受の実施、再生の実施、通信記録物等の管理等の適正に万全を期そうとするものである。

1 捜査主任官

傍受を行う事件の捜査について、全般を把握して捜査方針を立てるなどの職務は、極めて高い重要性を帯びることとなるため、通信傍受規則第5条第1項の規定により、警察本部長が捜査主任官を指名しなければならないこととされた。

通信傍受規則上は、捜査主任官となる警察官の階級に限定はないが、その職務の重要性、その統括下の捜査態勢の大きさ等から、通常、警視以上を捜査主任官として指名することが適当である。

なお、警察署長の指揮の下で捜査していた事件が、捜査の進捗により傍受を行うこととなったときは、警察本部長が指揮すべき事件となることは当然であり、また、通信傍受規則第5条第1項の規定により、警察本部長が捜査主任官を指名し直さなければならないこととなる。

2 傍受実施主任官

傍受実施主任官は、最小化等に関する警察本部長の指示書の写しを携帯し、捜査主任官の命を受け、傍受の実施等に従事する職員を指揮監督するものとされている（通信傍受規則第5条第4項及び同規則第8条第2項（同条第3項において準用する場合を含む。））。

具体的には、傍受実施主任官は、法第10条各項の規定による傍受令状の提示、法第11条第1項の規定による処分、法第12条の規定による協力の要請、通信傍受規則第12条第1項（同条第5項において準用する場合を含む。第7の4(2)及び(3)において同じ。）の規定による立会人に対する説明、法第24条第1項又は法第26条第1項若しくは第2項の規定による傍受又は再生をした通信の記録、法第25条第4項又は法第26条第4項の規定による記録媒体の提出等の適正について責任を負うほか、最も重要な職務として、最小化等に関する警察本部長の指示等に従い、自らスポット傍受又はスポット再生（法第23条第4項の規定によりその例によることとされる法第21条第3項の規定

による再生であって、傍受すべき通信に該当するかどうか明らかでない通信に係るものを含む。以下同じ。）を行って適正に該当性判断をするなどの責任を負う。

　このように、傍受実施主任官は、傍受の実施（一時的保存型傍受（法第20条第１項の規定による傍受をいう。以下同じ。）の実施及び特定電子計算機使用型一時的保存傍受（法第23条第１項第２号の規定による傍受をいう。以下同じ。）の実施を除く。以下この項において同じ。）又は再生の実施をしている間は、基本的には、傍受の実施の場所に位置して職務を行うことが予定されているので、例えば、中断なしで傍受の実施や再生の実施を何日も行うような場合は、警察本部長は、傍受実施主任官を複数指名して交代制で傍受の実施又は再生の実施に当たらせるなどの適切な措置を講ずるものとする。

３　通信記録物等管理者

　通信記録物等管理者は、通信記録物等の管理に関する捜査主任官の職務を補助することとされ（通信傍受規則第５条第５項）、具体的な職務の内容は、第10で述べるとおりである。

　そして、通信記録物等管理者は、通信記録物等が作成されたときに通信傍受規則第24条第２項の規定による通知を受け、また、所要の出納手続等も行うこととなるため、通信記録物等管理者が不在の場合に、通信記録物等の適正な管理に間隙を生じさせないようにするため、警察本部長は、その不在の間に通信記録物等管理者の職務を代行すべき者をあらかじめ指名しておくなどの措置を講じなければならない。

　また、通信記録物等の保管を継続している場合において、通信記録物等管理者として指名されている警察官が人事異動等をするときは、警察本部長は、後任の通信記録物等管理者を指名して業務を確実に引き継がせなければならない。

第３　傍受指導官

　通信傍受規則第６条第１項の規定により、警察本部長は、捜査の適正を確保するための指導に関する事務を所掌する都道府県警察本部の課（課に準ずるものを含む。以下「適正捜査指導担当課」という。）に所属する警部以上の警察官の中から傍受指導官を指名するものとされ、同条第３項の規定により、傍受指導官は、特定電子計算機使用型傍受（法第23条第１項の規定による傍受をいう。以下同じ。）の実施及び同条第４項の規定による再生の実施に当たっては、警察通信職員と相互に緊密に連絡し、及び協力して、当該傍受の実施の場所における適正な傍受の実施及び再生の実施に必要な助言及び指導を行うものとされたが、これは、特定電子計算機使用型傍受では通信事

業者等の立会いがなくなることから、通信傍受の対象となっている犯罪の捜査に従事していない職員が必要な助言及び指導を行うことにより、その適正な実施を担保するためである（注）。

1　傍受指導官の指名

警察本部長は、「通信傍受の適正な実施を図るための体制整備について（通達）」（平成29年9月11日付け警察庁丙刑企発第58号等）に基づいて指定された傍受指導担当者の中から、傍受指導官を指名することとする。

警察本部長は、特定電子計算機使用型傍受を行う事件ごとに、当該事件の傍受実施主任官全員と同等以上の階級を有する傍受指導官1名を当該事件の担当者に指定する。

なお、事案に応じ、傍受指導官の指揮監督下においてその職務を補助する者（以下「傍受指導補助者」という。）を置くことは差し支えない。

2　傍受指導官の職務内容

傍受指導官は、適正な傍受の実施及び再生の実施に必要な指導教養を行うほか、特定電子計算機使用型傍受の適正な実施を担保するため、警察通信職員と相互に緊密に連絡し、及び協力して、傍受の実施開始前、実施期間中、傍受記録作成時、実施終了後等の各段階において、必要に応じて、傍受の実施の場所に赴くなどして適切な助言及び指導を行わなければならない。

具体的には、傍受指導官は、傍受の実施開始前においては、特定電子計算機の設定及び接続、スポット傍受及びスポット再生の時間設定等に関する助言及び指導、傍受の実施期間中においては、スポット傍受及びスポット再生の実施等、原記録用媒体及び通信記録物等の保管等に関する助言及び指導、傍受記録作成時においては、傍受記録の保管、傍受記録以外の通信記録物等の廃棄又は消去等に関する助言及び指導、傍受の実施終了後においては、機器の停止、原記録用媒体及び通信記録物等の保管、通信当事者への通知等に関する助言及び指導を行う。なお、傍受指導官及び傍受指導補助者は、別添1の様式により、指導結果を適切に記録し保管すること。

（注）刑事訴訟法等の一部を改正する法律案に対する附帯決議（参議院）
　　　「4　特定電子計算機を用いる傍受の実施においては通信事業者等の立会いがなくなることから、同時進行的な外形的チェック機能を働かせるため、通信傍受の対象となっている犯罪の捜査に従事していない検察官又は司法警察員を立ち会わせること。また、該当性判断のための傍受又は再生を行うに当たっては、特に通信の秘密及びプライバシーの保護に十分に留意して、厳正に実施すること。」
　　　平成27年8月5日衆議院法務委員会（警察庁三浦刑事局長）

「特定電子計算機を用いて捜査機関の施設において通信傍受を行う場合には、当該事件の捜査に従事していない警察官または警察職員、各都道府県においては適正捜査の指導を行う部署の警察官となるということを今念頭に置いておりますけれども、そうした者が、傍受または再生の実施状況について適正を確保するため、現場において必要な指導をする体制を整えるということを考えているところであります。」
　同月26日衆議院法務委員会（警察庁三浦刑事局長）
　　「今回、新しくそうした指導制度というものを考えているわけでありますけれども、その指導の内容としましては、（中略）通信傍受の開始前あるいは実施期間中、特に実施期間中が重要だということかと思いますけれども、また終了後の各段階において、例えば、スポット傍受の実施状況の確認でありますとか、あるいは傍受記録の作成などを含む法令手続面に関する指導、あるいは傍受の現場における機器の設定、接続等の技術的な指導などを考えているところであります。こうした指導を行うに当たりまして、捜査官の経験や熟練度というのは事件ごとに異なりまして、指導の内容もさまざまと考えられますので、必ずしもその指導を行う者が常時その傍受場所に所在をする必要があるというところまでは今のところまだ考えていないわけでありますけれども、適時、巡回をするといいますか、現場に赴くことによりまして、そうした適正な実施というものがきちっとなされているかどうかということを常にチェックしていく。」
　同月5日衆議院法務委員会（警察庁三浦刑事局長）
　　「指導を行いました場合には、その結果を適切に記録し保管するようにするということを考えております。（中略）後日の検証にたえられるように保管をするということを考えているところであります。」

第4　保秘及び情報管理
1　捜査主任官による事前指導
　通信の傍受は、憲法の保障する通信の秘密に制約を加えるものであること等から、法は、傍受の要件・手続を厳格に定めるとともに、法第29条第7項において傍受記録に記録された通信以外の通信の内容の他人への告知又は使用の禁止を、法第35条において関係者による通信の秘密の尊重等を、法第37条各項において通信の秘密を侵す行為の処罰等を規定している。
　このような法の趣旨に鑑み、捜査主任官は、傍受指導官と緊密に連携し、幹部警察官を含めた傍受の実施及び再生の実施に関わる全職員に対し、以下の事項に係る事前指導を行うなどして保秘及び情報管理の重要性につき十分に認識させた上で職務に携わらせなければならない。

(1) 保秘の徹底

　法第37条第1項は、実施主体である警察官が、捜査の職務に関し、通信の秘密を侵す行為に及んだ場合には、3年以下の懲役又は100万円以下の罰金に処することとしており、捜査員が傍受した通信の内容を第三者に漏らしてはならないことはもとより当然であるが、通信の内容の漏示のみならず、傍受を実施した事実を漏示した場合にも、通信当事者を始め関係者の名誉やプライバシーを害するおそれや今後の捜査への支障を生じるおそれがある。

　したがって、通信傍受の実施に関わる全職員は、傍受の実施及び再生の実施が終了する前はもとより、これらが終了した後も、通信の内容、傍受実施の事実等を当該捜査と関係のない第三者に漏示する行為をしてはならない。

(2) 目的外使用の禁止

　法第29条第7項は、傍受した通信内容に関し、傍受記録に記録されたもの以外のものについては、その内容を他人に知らせ、又は使用してはならないと規定しており、例えば、傍受記録作成の際に消去したにもかかわらず、当該消去に係る通信の内容を被疑者の取調べで告知したり、他の捜査員に教示したりする行為も同項の禁止行為に該当する。

　かかる行為は、本来の捜査目的を逸脱した通信の内容の使用であって法令違反として懲戒処分の対象になるのみならず、通信の秘密侵害罪にも該当し得る行為であり（注）、したがって、傍受した通信内容のうち、傍受記録に記録されたもの以外の通信内容を使用することがないよう情報管理を徹底しなければならない。

(注) 平成28年5月10日参議院法務委員会（法務省林刑事局長）

　　「他方で、この傍受記録に記録されていない通信につきましては、（中略）その内容を他人に知らせ、又は使用してはならないと規定しております。したがいまして、捜査官は、この傍受をした通信のうち傍受記録に記録されていない通信の内容を被疑者の取調べ等において告げて使用するというようなことは許されないものでございます。」

　（仁比参議院議員）

　　「許されないとおっしゃるけれども、許されないことをしたら一体どんな制裁があるんですか。」

　（法務省林刑事局長）

　　「この点につきましては、現行の通信傍受法30条におきましては、捜査官がその職務に関し通信の秘密を侵したとき、3年以下の懲役（中略）に処する旨を規定しております。また、こういった罪について告訴、告発をした者が検察官の公訴を提起しない処分に不服があるとき

は、刑事訴訟法262条第１項の付審判請求をすることができる旨を定めております。先ほど罰金について10万円と言いましたが、100万円以下の罰金となっております。もとより、こういった通信傍受法に違反している行為は違法でございますので、当然懲戒処分の対象ともなるということでございます。」

2 傍受室の入退室管理等

　特定電子計算機使用型傍受は、警察施設において実施可能となることから、警察本部の一室等（以下「傍受室」という。）が傍受の実施の場所となることが考えられるところ、傍受実施主任官は、適切な保秘及び情報管理の観点から、傍受の実施（再生の実施及び傍受記録の作成も含む。以下この項において同じ。）の間においては、以下の各措置を講じなければならない。

　また、傍受指導官は、以下の各措置が講じられているかを適宜確認し、別添１を参考にしてその確認状況を記録すること。

(1) 傍受室を常時施錠するなどして、当該傍受の実施に関わらない第三者（捜査官を含む。）を立ち入らせないようにするとともに、外部から、当該傍受室において傍受の実施中であることが明らかにならないようにすること。

(2) 傍受室に立ち入る者の所属先及び氏名とその入退室の時刻を記録すること。当該記録は、可能な限り電磁的に記録することが望ましいが、これが困難である場合には、入退室管理簿を作成すること。

(3) 傍受の実施の際には、対象通信手段を担当する捜査員のみが当該通信手段の通信内容を認識できるように、ヘッドフォンを使用させること。

(4) 傍受の実施に従事する者が、録音又は録画機能付きの電子機器を傍受室に持ち込むことがないよう、傍受室の入室前にこれらの電子機器を提出させ、所定のロッカーにおいて保管するなど、所要の措置を講じること。

第５ 傍受令状の請求

1 傍受令状の請求者

　傍受令状の請求は，法第４条第１項の規定により都道府県公安委員会が指定した警視以上の警察官のうち、傍受を行う事件の捜査全般の状況を最もよく把握している捜査幹部、すなわち、通常は捜査主任官にこれを行わせるものとする。

　警察本部長は、傍受令状の請求に係る承認を求められたときは、こうした意味で適当な者が請求者となっているかについても、確認しなければならない。

298　第2編　参考資料編

2　傍受令状発付の要件たる事項

　傍受令状の請求をするときは、傍受令状請求書によることとされたが（書式例様式第1号1ないし3）、傍受令状請求書における「傍受令状発付の要件たる事項」とは、

(1)　法別表第1又は法別表第2に掲げる罪が犯されたと疑うに足りる十分な理由がある場合において当該犯罪が数人の共謀によるもの（法別表第2に掲げる罪については、当該罪に当たる行為が、あらかじめ定められた役割の分担に従って行動する人の結合体により行われているものに限る。）であると疑うに足りる状況があるとき等、法第3条第1項各号のいずれかに該当する場合であること

(2)　当該各号に規定する犯罪（第2号及び第3号にあっては、その一連の犯罪をいう。）の犯罪関連通信が行われると疑うに足りる状況があること

(3)　他の方法によっては、犯人を特定し、又は犯行の状況若しくは内容を明らかにすることが著しく困難であること

(4)　傍受の実施の対象とすべき通信手段が、電話番号その他発信元又は発信先を識別するための番号又は符号によって特定された通信の手段であって、被疑者が通信事業者等との間の契約に基づいて使用しているもの（犯人による犯罪関連通信に用いられる疑いがないと認められるものを除く。）又は犯人による犯罪関連通信に用いられると疑うに足りるものであることをいう。

　また、通信傍受規則第3条第1項及び第2項の「傍受の理由」とは、(1)、(2)及び(4)の要件をいい、「（傍受の）必要」とは、(3)の要件をいう。

　そして、こうした要件が具備されているかを検討するに当たっては、法第1条に規定する法の目的（組織的な犯罪が平穏かつ健全な社会生活を著しく害していることにかんがみ、数人の共謀によって実行される組織的な殺人、薬物及び銃器の不正取引に係る犯罪等の重大犯罪において、犯人間の相互連絡等に用いられる電話その他の電気通信の傍受を行わなければ事案の真相を解明することが著しく困難な場合が増加する状況にあることを踏まえ、これに適切に対処するため必要な刑事訴訟法に規定する電気通信の傍受を行う強制の処分に関し、通信の秘密を不当に侵害することなく事案の真相の的確な解明に資するよう、その要件、手続その他必要な事項を定めること）も十分に考慮しなければならない（注）。

(注)　平成11年7月29日参議院法務委員会

　　　（漆原衆議院議員）

　　　「最近、オウム真理教事件のような組織的な殺人だとか、あるいは暴力団等による薬物、銃器の不正取引事案、あるいは集団密航事犯などの組織的な犯罪が平穏な市民生活を脅かし、あるいは健全な社会の維

- 8 -

持発展を著しく害しているという現状にかんがみますと、これに適切に対処して一般国民の人権を守るためには、この種の犯罪の捜査手段として必要かつ最低限の範囲で通信傍受制度を認めることが必要であると考えます。

　第1条に定める目的に、…『組織的な犯罪が平穏かつ健全な社会生活を著しく害していることにかんがみ』という文言を付加することによりまして、そのような本法案による通信傍受の制度の趣旨がより明確になり、今後、本法案の解釈、運用の指針となるだろうということを期待してこの文言を加えさせていただきました。」

（大森参議院議員）

「これは一つのある解釈の基準になります。というのは、具体的場面でどうなるか、これは一律に言うことはできないんですけれども、例えば対象犯罪の中に単純所持が含まれております。…

　ただ、私たちが心配いたしましたのは、この通信傍受という方法が組織犯罪対策であるといいながら、こういう解釈の基準がないがために、いわゆる末端の少量所持者、その摘発のみを目的として、つまり上へ突き上げする一つの端緒ではなく、最終的に末端のそういう少量所持者、単純所持者の摘発のみを目的として使われるおそれ、これを払拭できなかったわけでございます。

　そういった意味で、こういうケースを想定しますと、この文言が入ることによって制約された、そして、これに反するような形はやはり乱用と評価されると思うのですが、刑事局長、そのような理解でよろしいでしょうか。」

（法務省松尾刑事局長）

「そのように理解しております。」

3　傍受令状請求書の記載事項に関する検討及び当該記載事項を明らかにする資料の添付

(1)　傍受の実施の方法及び場所等

　ア　傍受令状請求書に傍受の実施の方法及び場所を記載するに当たっては、傍受の実施の対象とすべき通信手段に係るシステムの状況その他の通信事業者等の具体的事情を把握した上で、政府答弁で説明された法の趣旨（注）に照らして、傍受の実施が可能でありかつ最適な方法及び場所について検討する必要がある（通信傍受規則第3条第1項）。

　そして、傍受令状の請求を受けた裁判官の適切な判断に資するため、傍受の実施の対象とすべき通信手段に係るシステムの状況その他の通信事業者等の具体的事情を、捜査報告書等をもって、裁判官に対し明らか

にしなければならない（通信傍受規則第3条第2項）。
（注）平成11年7月13日参議院法務委員会（法務省松尾刑事局長）
「傍受の実施の場所は、電話局等通信事業者等の看守する場所におきまして、通信手段の傍受の実施をする部分を管理する者等の立ち会いのもとに録音等の記録を行いながら実施するということを法案は想定しているわけでございます。」
平成27年7月31日衆議院法務委員会（法務省林刑事局長）
「通信傍受の場所が今まで通信事業者の施設であったというのも、やはり立会人確保ということからそちらでやっていたわけでございますが、（中略）立会人の役割は特定電子計算機が代替するということで不要となった場合においては、通信事業者ではなくて捜査機関を傍受場所としてすることによって、何ら、これまで行われてきた通信傍受というものが、その傍受できる範囲を拡大するものでもないですし、また不正な、不適正な傍受がなされないための担保措置が今回なくなるわけではないわけですので、それは捜査機関において実施されることは問題がないと考えております。」
同年8月5日衆議院法務委員会
（井出衆議院議員）
「今後の運用のところで伺いたいのですが、これから警察施設で通信傍受が、（中略）できるようになりますが、警察施設とは一体どのような施設で通信傍受をすることを想定されているか、答弁をお願いします。」
（警察庁三浦刑事局長）
「それは、事件ごとにケース・バイ・ケースということもあろうかとは思いますけれども、基本的には、警察本部等における例えば会議室でありますとか、そういったような場所で行うということが一般的ではないかというように考えております。」

イ 法第5条第4項後段の申立て、すなわち、一時的保存型傍受の許可の請求とともに、指定期間における傍受の実施の場所（一時的保存型傍受の下で通信管理者等が通信の暗号化及び一時的保存をする場所）と指定期間以外の期間における傍受の実施の場所（従来型傍受（一時的保存型傍受及び特定電子計算機使用型傍受以外の傍受をいう。以下同じ。）の実施の場所）をそれぞれ定める旨の申立てをするに当たっては、申立てに係る場所の施錠設備の状況、通信管理者等がとろうとする通信の暗号化及び一時的保存の方法、施設や人員の提供の可否その他の通信管理者等に関する事情等を具体的に把握した上で、当該申立てをすることが相当といえるかについて検討する必要がある（通信傍受規則第3条第5

項）。
　　　そして、当該申立てを受けた裁判官の適切な判断に資するため、
　　○　申立てに係る場所の施錠設備の状況
　　○　通信管理者等がとろうとする通信の暗号化及び一時的保存の方法、施設や人員の提供の可否その他の通信管理者等に関する事情
　等を、捜査報告書等をもって、裁判官に対し明らかにしなければならない（通信傍受規則第3条第6項）。
(2)　傍受の実施の対象とすべき通信手段
　　傍受の実施の対象とすべき通信手段は、電話番号その他発信元又は発信先を識別するための番号又は符号（以下「電話番号等」という。）によって特定する必要がある（注）。ただし、ホテルの客室の電話等内線を利用して行われる通信については、さらに、通信手段を、その内線番号や部屋番号で特定する必要がある。
　　また、一つの電話回線を複数人で共用している場合や複数の回線を利用してそれぞれ複数の固定電話で通信を行うことができる形態の電話についても、犯人による犯罪関連通信に用いられると疑うに足りる通信手段として特定される限り、傍受の実施の対象となり得るが、その通信手段が不特定多数の者によって犯罪に関連しない通信にも用いられているという場合は、当該通信手段を傍受の対象とした場合の弊害をも考慮すべきであり、通信手段が特定されたことから直ちにこれを傍受の実施の対象とすることは適当でない場合がある。
　　傍受の実施の対象とすべき通信手段については、当該通信手段が用いられている状況も可能な限り把握した上で、以上に述べた点に照らして、傍受の実施の対象とすることの適否を検討する必要がある（通信傍受規則第3条第1項）。
　　そして、傍受令状の請求を受けた裁判官の適切な判断に資するため、傍受の実施の対象とすべき通信手段に関し把握した事項を、捜査報告書等をもって、裁判官に対し明らかにしなければならない（通信傍受規則第3条第2項）。
（注）平成11年7月13日参議院法務委員会（法務省松尾刑事局長）
　　　　「市内局番を単位としての傍受があるのかということでございます。そうした場合には不特定多数の者が当事者となる通信をいわば無差別に傍受することになりますので、犯人による犯罪関連通信に用いられる通信を特定したとは言えないということで、法的にそのような傍受の方法は許されておりません。（中略）一個のドメインの中には、（中略）多数のユーザー名が入っているということになります。多数のメールアドレスが置かれていると言いかえてもいいかと思いますが、ド

メイン名を特定して傍受を行いましても不特定多数の者にあてた電子メールを無差別に傍受するということになります。したがいまして、犯人による犯罪関連通信に用いられる通信手段を特定したということが言えなくなります。法的には、そのような方法での傍受は許されないという結論になります。」

(3) 傍受ができる期間

傍受ができる期間については、必要な期間について十分に検討するとともに（通信傍受規則第3条第1項）、傍受令状請求書に記載した期間が必要であることを、具体的状況を記載した資料により、裁判官に対し明らかにしなければならない（同条第2項）。

(4) 一時的保存型傍受の許可の請求をするときは、その旨及びその理由並びに通信管理者等に関する事項

一時的保存型傍受の許可の請求をするときは、通信管理者等が実際に通信の暗号化及び一時的保存に用いようとする機器の機能その他の技術的措置、一時的保存をされた暗号化信号を記録する記録媒体の管理方法等の具体的事情を把握した上で、当該請求をすることが相当といえるかを検討する必要がある（通信傍受規則第3条第3項）。

そして、当該請求を受けた裁判官の適切な判断に資するため、通信管理者等が一時的保存等に用いようとする機器の機能等の技術的措置、一時的保存をされた暗号化信号を記録する記録媒体の管理方法等の具体的事情を、

○ 機器の仕様書、当該機器を製造した業者が仕様書に沿って製造したことを証する文書その他の技術的措置に関する報告書

○ 通信管理者等における担当役職員数、役職・職業及び勤務体制等に関する捜査報告書

等をもって、裁判官に対し明らかにしなければならない（通信傍受規則第3条第4項）。

(5) 特定電子計算機使用型傍受の許可の請求をするときは、その旨及びその理由並びに通信管理者等に関する事項及び傍受の実施に用いるものとして指定する特定電子計算機を特定するに足りる事項

特定電子計算機使用型傍受の許可の請求をするときは、特定電子計算機として用いようとする機器の機能その他の技術的措置、通信を暗号化して特定電子計算機に伝送するための通信管理者等における設備・技術・人員面での態勢等の具体的事情を把握した上で、当該請求が相当といえるかを検討する必要がある（通信傍受規則第3条第3項）。

そして、当該請求を受けた裁判官の適切な判断に資するため、特定電子計算機として用いようとする機器の機能その他の技術的措置、通信を暗号

化して特定電子計算機に伝送するための通信管理者等における設備・技術・人員面での態勢等の具体的事情を、
○ 特定電子計算機として用いようとする機器の仕様書、当該機器を製造した業者が仕様書に沿って製造したことを証する文書その他の技術的措置に関する報告書
○ 通信管理者等における担当役職員、役職・職業及び勤務体制等に関する捜査報告書

等をもって、裁判官に対し明らかにしなければならない（通信傍受規則第3条第4項）（注）。

　加えて、特定電子計算機に該当するかの判断を求める対象機器を特定するため、機器に付与された番号その他の当該機器を特定するに足りる事項を、捜査報告書等をもって、裁判官に対し明らかにしなければならない（通信傍受規則第3条第4項）。

（注）平成27年7月14日衆議院法務委員会（法務省林刑事局長）
　　　「新たな通信傍受の手続の許可を得ようとする場合には、捜査機関は、傍受令状の請求に当たりまして、実際に用いようとする装置の仕様書でありますとか、当該装置を製造した民間業者がこの仕様書に沿って製造したものであることを証する文書、当該装置が法律で定めるところの特定電子計算機の要件を満たす機能を有するものであって、裁判所の職員が作成する鍵を用いた暗号化や復号を行うことができるものであることを示す資料、こういったものを提供することとなろうかと思います。また、通信の暗号化等を行う通信事業者の設備面、人員面での体制でありますとか、捜査機関と通信事業者との間の事前協議の状況に関する資料など、技術的な事項も含めまして、裁判官が新たな傍受の方法を許可するのが相当であると判断するに足りる資料を提供することとなろうと思います。」

　　　平成28年4月14日参議院法務委員会（警察庁三浦刑事局長）
　　　「警察庁としましては、信頼できるメーカーにその機器の製造を発注するとともに、仕様書どおりに当該機器が製造され、必要なセキュリティーシステムも導入をされていることなどについてメーカーから証明書を発行してもらうことを検討しております。通信傍受を実施する場合には、捜査機関は裁判所に対し、通信傍受に使用する特定電子計算機等の技術的な事項を含め、裁判官が新たな傍受の方法を許可するのが相当であると判断するに足りる資料を提供することが求められているところ、メーカーから発行された証明書などを用いてこれを説明することを想定をしております。」

4　傍受令状請求等に当たっての警察本部長の承認

　第1の4で述べたとおり、法は、傍受令状の請求に係る判断を特に慎重に行わせるため、傍受令状の請求権者を限定したところであるが、通信傍受規則により、更に慎重に判断をさせ、かつ、組織的責任を明確にするため、警察本部長の事前の承認を得なければならないこととされた。

　そこで、警察本部長の承認自体についてはもちろんのこと、警察本部長の承認に至るまでの間における組織的検討については、それが本来の趣旨にのっとって行われたかどうかを事後的に検証できるようにしておくことが極めて重要である。この趣旨から、事件指揮簿を活用するなどして、警察本部長を含め、各手続に関与した者が、それぞれ、どのような資料に基づきどのような判断をしたのかについて、明らかにしておかなければならない。

　なお、一時的保存型傍受の許可の請求、特定電子計算機使用型傍受の許可の請求、傍受の実施の場所の申立て、傍受ができる期間の延長の請求、通知を発しなければならない期間の延長の請求並びに傍受の原記録の聴取及び閲覧等の請求に当たっての事前の警察本部長の承認についても、同様である。

5　傍受令状の請求先等について

　傍受令状の請求及び傍受ができる期間の延長の請求は、法第4条第1項及び法第7条第1項の規定により、地方裁判所の裁判官に対して行うこととされているが、最高裁判所との協議の結果、当分の間、これらの請求は、地裁本庁、東京地裁立川支部又は福岡地裁小倉支部（以下「地裁本庁等」という。）の裁判官に限定して行うものとするので、誤りのないようにされたい。

　なお、法第25条第4項及び法第26条第4項の規定による傍受の原記録用媒体の提出については、地裁本庁等の裁判官に宛てて地裁本庁等以外の支部（宿日直廃止庁の場合の夜間・休日を除く。）に提出することも可能であるので、その旨了知されたい。

第6　最小化等に関する指示

1　スポット傍受及びスポット再生の時間間隔

　「通信傍受規則第8条第1項第1号に規定する時間の指定に係る基準等について」（平成31年4月26日付警察庁丙刑発第109号ほか）に示されたところによること。

　なお、当該通達の2及び3による連絡は、都道府県警察の傍受を行う事件の捜査担当部門から対応する警察庁の部門に対して行い、当該警察庁の部門は、警察庁刑事局（刑事企画課刑事指導室）の意見を聴いた上で、適切な指導を行うものとする。

　特定電子計算機使用型傍受については、従来型傍受における立会人の機能

を特定電子計算機の技術的な措置により全て代替・担保される一方、通信事業者等の立会いがないため同時進行的な外形的チェックが働かないと指摘をされている（注）ことを踏まえ、警察本部長は、特定電子計算機使用型傍受の実施に当たって、傍受実施主任官に対し、警察本部長が指示したとおりにスポット傍受又はスポット再生をする時間間隔の設定がなされているか否かについて、遠隔で通信管理者等に確認をさせることを指示するものとする。
（注）刑事訴訟法等の一部を改正する法律案に対する附帯決議（衆議院）
「4　通信事業者等の立会いがないため同時進行的な外形的チェック機能が働かないことを踏まえ、特定電子計算機を用いる傍受の実施において、該当性判断のための傍受又は再生を行うに当たっては、通信の秘密及びプライバシーの保護に十分に留意して、厳正に実施すること。」
平成27年8月5日衆議院法務委員会（警察庁三浦刑事局長）
「特定電子計算機の方であらかじめスポット傍受をする時間というのを設定するわけですけれども、その設定時間がどのようになっているかということについては事業者側から確認ができるというようなことでありまして、もし仮に、それによって、例えばスポット傍受がそもそも設定されていないといったような、法に従わない傍受が行われようとしていたような場合には、そうした通信が行われないというようなことが想定されるわけであります。」

2　報道の取材のための通信が行われていると認めた場合に留意すべき事項
　　報道機関には、様々な形態のものがあり得るところであり、また、報道機関による取材及び報道機関に対する情報提供は、原則、報道に資することを前提としたものと考えられることから、個人の秘密を委託されることによって成り立つ医師や弁護士等の場合（法第16条の規定により、その業務に関する通信の傍受が禁止されている。）と同一に論ずることはできない。
　　しかし、法による通信の傍受又は再生は、傍受令状により、高度の嫌疑が認められる特定の犯罪の実行、準備等の謀議、指示等の犯罪関連通信に用いられると疑うに足りる通信手段を電話番号等で特定して行うものであるところ、報道機関には、犯罪に関する情報を含めて種々の情報が集約されるものであることから、たとえ報道機関が設置、使用している電話等に犯罪に関する情報が寄せられることが判明したとしても、そのような報道機関の特質に照らし、また、報道の自由を尊重するという観点からも、報道機関が設置、使用している電話等を傍受の実施の対象とすべきではない。
　　他方、被疑者が使用している電話を傍受の実施の対象としている場合に、たまたま、報道機関が取材のために電話をかけてきたというような場合にお

いては、被疑者が犯行告白を行うなどしたために取材のための通信であることが判明するまでの間に令状記載傍受等を開始しているという希有な場合を除き、取材のための通信であることが判明すれば、報道の自由を尊重するとの観点から、直ちに、傍受又は再生を終了しなければならない。

そこで、警察本部長は、犯罪の組織的背景、報道機関の一員の関与の状況等、傍受の実施をするまでの捜査により把握した状況に応じ、以上に述べた観点から必要な留意事項を指示するものとする。

3 その他傍受の実施及び再生の実施の適正を確保するための事項
(1) 心構え

通信の秘密を尊重し、傍受の実施及び再生の実施の適正を確保するため、次のような文章を、心構えとして盛り込まなければならない。

「ア 法令等の厳守

通信の傍受は、憲法の保障する通信の秘密に制約を加えるものであること等から、法は、傍受の要件・手続を厳格に定めるとともに、法第29条第7項において傍受記録に記録された通信以外の通信の内容の他人への告知又は使用の禁止を、法第35条において関係者による通信の秘密の尊重等を、法第37条各項において通信の秘密を侵す行為の処罰等を規定している。

さらに、犯罪捜査規範(昭和32年国家公安委員会規則第2号)第3条により法令等の厳守が規定され、また、通信傍受規則第9条の規定により、傍受令状に記載されている事項を厳格に遵守しなければならないこととされている。

そこで、法令の規定、傍受令状の記載事項及びこの指示書にのっとって適正に傍受の実施又は再生の実施をしなければ、傍受又は再生の結果得られた証拠の証拠能力が否定されかねないこと、通信の秘密侵害罪等による処罰や懲戒処分の対象となること等の可能性があることを銘記する必要がある。

イ 法令に準拠した慎重な判断

通信の傍受又は再生をしているときは、常に、傍受又は再生の根拠条項を明確に意識しておかなければならない。傍受又は再生をした各通信については、各根拠条項に該当すると判断した理由の説明を公判等で求められる可能性もある。スポット傍受又はスポット再生をしている通信が、傍受すべき通信等に該当するかもしれないがはっきりしないというようなときは、令状記載傍受又は令状記載再生等の開始には慎重にならなければならない。」

(2) その他

第7の9で述べる事項のほか、傍受の実施又は再生の実施をするまでの捜査により、例えば、傍受令状に記載された傍受の実施の対象とすべき通信手段により医師等と通信が行われる可能性が認められる場合に、法第16条の規定の遵守を確保するため、当該医師等の電話番号等を記載してその旨を注意喚起するなど、具体的状況に応じ、傍受の実施又は再生の実施の適正を確保するため必要な事項を指示に盛り込まなければならない。

なお、法第16条に列挙する職業に薬剤師は含まれていないが、国会での議論を踏まえ、その職業の特質に鑑み、医師に準じて取り扱うものとする。ただし、法第16条に規定する医師等が傍受令状に被疑者として記載されている場合は、その者との間の通信については、傍受又は再生が禁止されていないところ、薬物事犯の中には、薬剤師が被疑者となっている事案もあり得ることから、判断をする際留意すること。

また、通信傍受規則第16条第1項の規定により復元、閲覧する場合における電子メール等の傍受に当たっては、第7の6(1)で述べる留意事項についても、指示に盛り込まなければならない。

4 文書による指示のモデル
通信傍受規則第8条第1項（同条第3項において準用する場合を含む。）の規定により指示するに当たっては、別添2のモデルに準拠すること。

第7 傍受の実施及び再生の実施
1 傍受令状の記載事項の厳守等
通信の傍受が憲法の保障する通信の秘密に制約を加えるものであり、捜索・差押え等の従来の強制処分とは異なり、継続的かつ密行的に行われるものであることから、法は、傍受の要件・手続を厳格に定めるとともに、法第29条第7項において傍受記録に記録された通信以外の通信の内容の他人への告知又は使用の禁止を、法第35条において関係者による通信の秘密の尊重等を、法第37条各項において通信の秘密を侵す行為の処罰等を規定しているところである。

さらに、犯罪捜査規範第3条により法令等の厳守が規定され、また、通信傍受規則第9条の規定により、傍受令状に記載されている事項を厳格に遵守しなければならないこととされたが、その趣旨は、通信の傍受等の捜査を行うに当たり、通信の秘密を含め個人の自由及び権利の不当な侵害の絶無を期すことにある。

そこで、関連する法令・通達の規定等及び傍受令状の記載事項の厳格な遵守を確保するため、捜査主任官は、傍受の実施又は再生の実施に従事する者に、必要な資料（傍受令状の写しを含む。）を熟読させ、かつ、傍受の実施

又は再生の実施をしている場合においてはこれらを携帯させなければならない。

2　通信事業者等に対する配慮

　　通信事業者等の事情についての理解を欠くと、通信事業者等に無用の負担を与えるような不適切な協力要請をすることになりかねず、また、傍受の実施の方法等についての通信事業者等との打合せにおいて、初歩的な事項の説明を繰り返し求めるなど、無用の迷惑を与えることとなりかねない。

　　そこで、警察庁において通信事業者と意見交換等を実施し、傍受を実施する都道府県警察に対して、実施通信事業者のシステムの類型別の傍受の実施の方法及び場所等に関する執務資料を作成して個々に示すこととしているので、当該資料を事前に熟読した上で、通信事業者等との打合せ等に当たられたい。

　　また、傍受の実施の方法及び場所や立会人の確保等については、個別の事情を把握した上で適切な傍受を行い、かつ、通信事業者等の負担を軽減するという観点から、当分の間、傍受の実施までの必要十分な時間的余裕をもって、通信事業者等との間で打合せを行うものとする。

3　略

4　立会い（従来型傍受の実施及び一時的保存型傍受における再生の実施のみ）
　(1)　立会いの趣旨

　　　　立会人の役割は、次長通達の第2の5のとおりである。ただし、立会人が、通信の内容を聴取・閲覧すること等を、法は予定していない。

　　　　また、法第13条第1項（法第21条第1項において準用する場合を含む。）の規定により、通信管理者等を立ち会わせることができないときに地方公共団体の職員を立ち会わせることとされていることからも明らかなとおり、従来型傍受の実施又は一時的保存型傍受における再生の実施をするときは、通信管理者等を立ち会わせるのが原則である。

　　　　さらに、電気通信設備の保全、通信事業の適正な遂行を確保するため、従来型傍受の実施又は一時的保存型傍受における再生の実施に立ち会うことは、通信管理者等にとっての権利でもあると考えられる。

　(2)　立会人の確保

　　　　従来型傍受の実施又は一時的保存型傍受における再生の実施をするときは、立会人を常時立ち会わせなければならないため、立会人の休憩時間等を考慮すると、中断なく従来型傍受の実施又は一時的保存型傍受における再生の実施をするためには、通常、立会いのための人員を複数確保してお

くことが必要であるし、立会人の疲労等を考慮して適当な時間間隔で交代させることも必要となる。その際、新たに立会人となろうとする者に対しては、通信傍受規則第12条第1項の規定による説明をしなければならないので、そのための時間も十分に見込んでローテーションを組むなどしなければならない。

そして、従来型傍受の実施又は一時的保存型傍受における再生の実施に当たっては、(1)で述べた趣旨を踏まえ、かつ、通信事業者等の事情も理解しつつ、あらかじめ、通信事業者等との間で、立会いのために必要な人員の確保について打合せをするものとする。そして、通信事業者等において人員確保が困難であるために地方公共団体の職員を立ち会わせるときにおいても、立会人の役割に鑑みると、通信管理者等と組み合わせて立ち会わせるなどの配慮をしなければならない。

いずれにしても、立会人が確保できないこととなったときは、従来型傍受の実施又は一時的保存型傍受における再生の実施を中断しなければならない。

(3) 立会人に対する説明

通信傍受規則第12条第1項の規定により、同項各号に掲げる事項を立会人に説明すべきこととされたのは、(1)で述べた立会人の役割の重要性に鑑み、その適切な立会いに資するためである。したがって、捜査主任官は、別添3を参考にして立会人に対する説明の要領を作成し、傍受実施主任官に命じて、当該要領に基づいて分かりやすく説明を行わせるようにしなければならない。

傍受実施主任官は、立会人に説明したときは、説明を十分に理解したかどうかを立会人に確認し、十分理解したと答えた場合は、立会人に対し、その旨を所定の用紙に記載して署名することを求めなければならない。

また、説明の内容及びその状況については、傍受日誌(通信傍受規則第10条)、傍受調書(同規則第22条)に記載するなど、明らかにしておかなければならない。

(4) 立会人の意見

(1)で述べたとおり、立会人は言わば外形的事項についてのチェックを行うこととされており、法第13条第2項(法第21条第1項において準用する場合を含む。)の規定による立会人の意見は、こうした外形的事項について述べられることとなる。そして、立会人の意見が述べられたときは、通信傍受規則第12条第3項(同条第5項において準用する場合を含む。)の規定により、立会人に意見書(書式例様式第3号)の提出を求めなければならないこととされ、他方、立会いをしていた期間中に立会人の意見が述べられなかったときは、同条第4項(同条第5項において準用する場合

を含む。)の規定により、立会人にその旨を記載した意見書の提出を求めなければならないこととされているが、立会人が複数の場合は、立会人ごとに意見書の提出を求める必要がある。

また、傍受実施主任官は、立会人の述べた意見と意見書に記載された内容に相違がないかどうかを確認するものとし、相違がある場合は、立会人の真意を確認し、その真意を意見書に反映させるよう立会人に対し求めるものとする。

傍受実施状況書(甲)(通信傍受規則別記様式第2号)を裁判官に提出するときは、通信傍受規則第21条第3項の規定により、当該意見書を添えて行わなければならないこととされているので、傍受実施状況書(甲)の「法第13条第2項の規定又は法第21条第1項において準用する法第13条第2項の規定により立会人が述べた意見」欄については、立会人が述べた意見が意見書に十分反映されている場合には、「別添意見書のとおり。」等と記載すれば足りる。これに対し、立会人が述べた意見が十分に意見書に反映されていない場合は、警察官において、同欄に、添付した意見書を引用した上でこれを補充すべき事項を記載するものとする。

(5) 立会人であった者の保護

法令の規定により立会人の氏名等を書面に記載すべきことは当然としても、立会人であった者の氏名又はこれらを推知されるような事項については、みだりに公にしてはならない。

また、万が一、立会人であった者に後難が及ぶおそれがあると認められるときは、必要に応じ、その者の保護のための措置を講じなければならない。

5 スポット傍受・スポット再生
(1) 略

(2) 慎重な判断

通信の傍受又は再生をしているときは、常に、傍受又は再生の根拠条項を明確に意識しておかなければならない。そして、傍受又は再生をした各通信については、各根拠条項に該当すると判断した理由の説明を公判等で求められることも銘記しておかなければならない。スポット傍受又はスポット再生をしている通信が、傍受すべき通信等に該当するかもしれないがはっきりしないというようなときは、令状記載傍受等の開始には慎重にならなければならない。

(3) 該当性判断に資する事項の考慮

法第3条第1項の要件(とりわけ補充性の要件)があることを疎明して

傍受令状を請求するのであるから、それまでの捜査により、犯罪の組織的背景等については相当程度明らかになっているはずであり、捜査主任官は、これらを整理して適当な資料を作成し、傍受実施主任官に携帯させるなどの措置を執るものとする。また、傍受の実施又は再生の実施がある程度長期にわたるような場合は、捜査主任官は、傍受記録を元に、それまでに令状記載傍受又は令状記載再生をした通信の内容のうち、その後の該当性判断に資する事項を抽出して、傍受実施主任官に携帯させる資料に含ませるようにするものとする。

　また、スポット傍受又はスポット再生に当たって考慮すべき事項として、既に傍受又は再生をされた通信の内容が挙げられている（通信傍受規則第13条第2項又は同規則第14条第2項）が、傍受の実施又は再生の実施を続けることにより、傍受の実施の対象とすべき通信手段における通信の内容のパターン、例えば、特定の相手方との通信については傍受すべき通信である確率が低いこと等が把握されることが考えられるが、こうした事項を考慮することは最小化の観点から有益であること、同一の通話の中でも、既に行われた通信の内容を考慮することは、該当性判断を速やかに行うことが可能となり、最小化の観点から有益であること等の理由によるものである。

　そのほか、「その他スポット傍受をしている通信の該当性判断に資する事項」としては法第17条第1項の規定により探知をした通信の相手方の電話番号等が、「その他スポット再生をしている通信の該当性判断に資する事項」としては法第21条第7項（法第23条第4項において準用する場合を含む。）の規定により開示を受けた通信の相手方の電話番号等が挙げられる。

(4)　その他

　他犯罪傍受及び他犯罪再生の適切な実施や法第16条の規定の遵守を担保するために必要な事項を、1の資料に含ませるものとする。

6　外国語等通信についての該当性判断

(1)・(2)　略

(3)　翻訳等の嘱託をする場合の措置

　通信傍受規則第16条第3項の措置の例としては、翻訳等を行う場所を警察施設に指定すること、警察職員を立ち会わせること、不必要にメモ等をすることがないように注意を与えること等が考えられる。

(4)　翻訳等の状況の記録

　通信傍受規則第16条第4項の規定による書面の様式の例を示すと、別添4のとおりである。

7　相手方の電話番号等の探知及び開示
(1)　探知又は開示の要件
　　法第17条各項の規定による通信の相手方の電話番号等の探知は、同条第1項の要件に該当する通信について行うことができるものであり、法第21条第7項（法第23条第4項において準用する場合を含む。以下この項において同じ。）の規定による通信の相手方の電話番号等の開示は、法第21条第7項の要件に該当する通信について行うことができるものである。
　　法第17条各項の規定による通信の相手方の電話番号等の探知は、通話開始前には、同項の要件に該当するかどうかの判断ができないことから、別の令状なしで発信・着信の相手方の電話番号等を探知することは許されないし、また、通話の終了後に相手方の電話番号等を探知することも許されない。
　　したがって、電話用記録等装置は、アナログ方式の固定電話をMDF（主配線盤）において傍受をする場合に回線制御信号（設定に係るものに限る。）を履歴（ログ）として記録する機能を有しているが、別の令状なしでPB信号（プッシュボタン）又はナンバーディスプレイ情報を記録の対象として設定してはならない。
　　なお、オンフック（受話器下ろしに係る信号）、オフフック（受話器上げに係る信号）、リングバックトーン（発信者に呼出中であることを知らせる呼出音に係る信号）及びリンガー（着信側に呼び出されていることを伝える呼出信号）については、傍受の実施（法第5条第2項参照）として、これらを記録することができるため、別に令状を必要としない。
(2)　傍受の実施の場所以外の場所における措置の要請
　　法第17条第3項又は法第20条第4項（法第23条第1項において準用する場合を含む。）の規定による要請は、傍受の実施の場所以外の場所における措置に係るものであることから、法第17条第2項の規定による要請の場合とは異なり、要請を受ける通信事業者等がどの通信について傍受の対象とされているかを承知していないことがあるため、通信傍受規則第17条の規定により、当該要請に係る通信を特定するために必要な事項を告知して行うこととされた。「必要な事項」は、傍受の実施の対象としている通信手段（電話番号等により特定）、通信の開始時刻等が考えられる。
　　また、要請を受けた通信事業者等が適切に対応するためには、当該要請が傍受令状に基づく傍受の実施をしている警察によるものであることを、通信事業者等が確認できるようにすることが必要な場合もあり得る。そこで、要請の際に傍受令状に記載された裁判官の氏名、傍受ができる期間等を告知すること、通信事業者等からの回答を警察本部等に設置された特定

の内線番号の電話に対して行うよう連絡すること等、適当な措置を執る必要がある。

8　再生の実施の時期について
　法第21条第1項（法第23条第4項において準用する場合を含む。）の規定による再生の実施は、言わば、一時的保存の過程を経て、リアルタイムで行われる傍受の実施を時間軸をずらして実施するものであるが、一時的保存は、その後復号がなされるまでの中間的・暫定的なものであり、実際にも、一時的保存をした通信の内容は早期に再生をして次の捜査に生かしていく必要があることから、再生の実施は、一時的保存後速やかになされるべきものである（注）。
　そのため、再生の実施は、通常は、傍受令状に記載された傍受ができる期間内になされることになると考えられる。
　もっとも、傍受ができる期間の終了時まで一時的保存をした場合等においては、再生の実施は、傍受ができる期間の終了後になされることとなるが、そのような場合であっても、一時的保存後、再生の実施がなされずに漫然とその保存が継続されることとなるのは適切ではない。
　そのため、法第21条第8項（法第23条第4項において準用する場合を含む。）において、傍受令状に記載された傍受ができる期間内に再生の実施が終了しなかったときは、できる限り速やかにこれを終了しなければならないとされた。
（注）平成27年9月4日衆議院法務委員会（警察庁三浦刑事局長）
　　　　「捜査の実際を考えましても、通信傍受というのは特に捜査上の高い必要性があって実施をするものでございまして、ある意味、傍受をしたものがどういう内容であるかというのは、当然、早くそれを知って次の捜査に生かしていくということが求められるわけでありますので、実際問題としても、そんなに著しく長い期間、保存をした状態で、それを再生もせずに放置をしておくといったようなことは通常考えられないというように考えています。」

9　傍受の実施又は再生の実施の終了
　法第19条及び法第21条第9項（法第23条第4項において準用する場合を含む。以下同じ。）本文の規定により、傍受の実施又は再生の実施は、傍受の理由又は必要がなくなったときは、傍受令状に記載された傍受ができる期間内であっても、これを終了しなければならないこととされているため、警察本部長は、傍受の必要等がなくなっていないかどうかの判断の適正を確保するための措置について、通信傍受規則第8条第1項第3号（同条第3項にお

いて準用する場合を含む。）の規定により文書により捜査主任官に指示するものとする。

　ただし、法第21条第９項ただし書の規定により、傍受の必要等がなくなるに至るまでの間に一時的保存された暗号化信号について、傍受すべき通信に該当する通信が行われると疑うに足りる状況がなくなったこと、又は傍受令状に記載された傍受の実施の対象とすべき通信手段が、被疑者が通信事業者等との間の契約に基づいて使用しているものではなくなったこと若しくは犯人による傍受すべき通信に該当する通信に用いられると疑うに足りるものではなくなったことを傍受の必要等がなくなった理由としている場合には、なお再生の実施をすることができる。

　これを受け、捜査主任官は、警察本部長の指示に従い、傍受実施主任官から報告された令状記載傍受又は令状記載再生をした通信の内容、傍受が行われている事件の捜査の状況等を考慮し、傍受の理由又は必要がなくなっていないかどうか常に注意しなければならない。

　また、傍受すべき通信に該当する通信が行われない状態がある程度継続するような場合には、捜査主任官は、傍受実施主任官に対し、誰が通信の当事者となっているかについて報告を求めるなどして、傍受の理由又は必要について検討しなければならない。

10　傍受日誌の作成

　傍受の実施及び再生の実施の全過程において、警察官が行った事項及び生起した事項を、逐次、その時刻とともに認識したとおり正確に記録することは、傍受の実施又は再生の実施の適正を確保するという観点から重要であるため、通信傍受規則第10条の規定により、傍受の実施又は再生の実施に当たり、当該傍受の実施又は再生の実施の状況を傍受日誌に記載するものとされた。

　傍受日誌の様式は、別添５－１及び２を参考にして、警察本部長において定めるものとする。

　なお、警察庁において開発した傍受のための機器は、
○　記録媒体の交換（媒体装着又は媒体取出し）の別及びその年月日時分秒
○　記録の開始及び停止の別並びにその年月日時分秒
○　スポット傍受又はスポット再生タイマーのカウントダウン開始及び終了の別並びにそれらの年月日時分秒
○　令状記載ボタン、外国語等ボタン、他犯罪ボタン、記録停止ボタンを押した年月日時分秒

等の履歴（ログ）を記録媒体内に自動的に記録する機能を有していることから、傍受日誌の作成は、これらの履歴（ログ）を活用しつつ行うものとする。

(1) 従来型傍受

　従来型傍受における傍受の実施に当たっては、逐次、法第27条第1項各号に掲げる事項その他当該傍受の実施の状況を傍受日誌に記載すること。「その他当該傍受の実施の状況」には、法第10条各項の規定による傍受令状の提示の状況、法第11条第1項の規定による電気通信設備に対する傍受のための機器の接続その他の必要な処分の状況、法第12条又は法第17条第2項の規定による通信事業者等に対する協力の要請及びそれに対して通信事業者等が行った協力の状況、通信傍受規則第12条第1項の規定による立会人に対する説明の状況、同条第2項の規定により措置を講じた状況、法第17条第1項の規定による相手方の電話番号等の探知の状況等が含まれる。

(2) 一時的保存型傍受

　一時的保存型傍受における傍受の実施及び再生の実施に当たっては、逐次、法第28条第1項各号に掲げる事項その他当該傍受の実施及び再生の実施の状況を傍受日誌に記載すること。「その他当該傍受の実施及び再生の実施の状況」には、法第10条各項の規定による傍受令状の提示の状況、法第11条第1項（法第21条第1項において準用する場合を含む。12(2)において同じ。）の規定による電気通信設備に対する傍受のための機器の接続その他の必要な処分の状況、法第12条（法第21条第1項において準用する場合を含む。12(2)において同じ。）の規定による通信事業者等に対する協力の要請及びそれに対して通信事業者等が行った協力の状況、通信傍受規則第12条第5項において準用する同条第1項の規定による立会人に対する説明の状況及び同条第5項において準用する同条第2項の規定により措置を講じた状況、法第20条第3項の規定による通信管理者等に対する通信の相手方の電話番号等の保存の求めの状況、法第21条第7項の規定による通信の相手方の電話番号等の開示の状況等が含まれる。

　なお、傍受令状に記載された傍受ができる期間内において、一時的保存型傍受のみならず従来型傍受も実施した場合は、逐次、前記(1)の内容をも記載すること。

(3) 特定電子計算機使用型即時傍受

　特定電子計算機使用型即時傍受（法第23条第1項第1号の規定による傍受）の実施に当たっては、逐次、法第27条第2項各号に掲げる事項その他当該傍受の実施の状況を傍受日誌に記載すること。「その他当該傍受の実施の状況」には、法第10条各項の規定による傍受令状の提示の状況、法第11条第1項の規定による電気通信設備に対する傍受のための機器の接続その他の必要な処分の状況、法第12条又は法第17条第2項の規定による通信事業者等に対する協力の要請及びそれに対して通信事業者等が行った協力

の状況、同条第1項の規定による相手方の電話番号等の探知の状況等が含まれる。
(4) 特定電子計算機使用型一時的保存傍受
　　特定電子計算機使用型一時的保存傍受の実施及び再生の実施に当たっては、逐次、法第28条第2項各号に掲げる事項その他当該傍受の実施及び再生の実施の状況を傍受日誌に記載すること。「その他当該傍受の実施及び再生の実施の状況」には、法第10条各項の規定による傍受令状の提示の状況、法第11条第1項（法第23条第4項において準用する場合を含む。12(4)において同じ。）の規定による電気通信設備に対する傍受のための機器の接続その他の必要な処分の状況、法第12条（法第23条第4項において準用する場合を含む。12(4)において同じ。）の規定による通信事業者等に対する協力の要請及びそれに対して通信事業者等が行った協力の状況、法第23条第1項において準用する法第20条第3項の規定による通信管理者等に対する通信の相手方の電話番号等の保存の求めの状況、法第23条第4項において準用する法第21条第7項の規定による通信の相手方の電話番号等の開示の状況等が含まれる。
　　なお、傍受令状に記載された傍受ができる期間内において、特定電子計算機使用型一時的保存傍受のみならず特定電子計算機使用型即時傍受も実施した場合は、逐次、前記(3)の内容をも記載すること。

11　傍受実施状況書、他犯罪通信該当書の提出
　　傍受実施状況書（通信傍受規則別記様式第2号又は第3号）は、傍受の実施及び再生の実施の適正を担保するとともに、裁判官が、傍受の原記録の聴取及び閲覧等をさせる際に関係部分を特定するための資料（最高裁判所規則第15条第3項）、裁判官が傍受ができる期間の延長請求を許可するか否かを判断するための資料（法第27条第1項及び第2項並びに法第28条第1項及び第2項）又は他犯罪傍受若しくは他犯罪再生に関する裁判官の事後審査の判断の基礎（法第27条第3項及び法第28条第3項）となる。
　　傍受又は再生をしている警察官において要件に該当すると認めて他犯罪傍受又は他犯罪再生をしたときは、法第27条第3項又は法第28条第3項の規定による裁判官の審査を受けなければならず、また、裁判官が、他犯罪傍受又は他犯罪再生をした通信が法第15条の要件に該当するかどうかを審査する際、その求めがあった場合は、傍受記録を裁判官に聴取又は閲覧させるものとする。
　　また、傍受実施状況書を提出した時点において内容の復元等ができていなかった通信について、傍受実施状況書を提出した後、その内容の復元等をしたところ他犯罪通信に該当すると認めるに至ったときも、法第27条第3項又

は法第28条第3項の規定による裁判官の審査を受けなければならないことから、通信傍受規則第21条第4項の規定により、他犯罪通信該当書（同規則別記様式第4号）を提出し、法第27条第3項又は法第28条第3項の規定による裁判官の審査を受けることとなるが、この場合も、傍受実施状況書の提出時と同様の措置が求められる。

12　傍受調書の作成

　　通信傍受規則第22条の規定により、傍受の実施又は再生の実施をしたときは、その状況を明らかにした傍受調書（書式例様式第4号の1ないし4）を作成しなければならないこととされた。

　　なお、傍受調書には、傍受又は再生をした通信の記録の内容は記載しないものとする。

(1)　従来型傍受

　　従来型傍受を実施した場合には、書式例様式第4号の1を用いることとし、「その他傍受の実施の経過」欄には、法第10条各項の規定による傍受令状の提示の状況、法第11条第1項の規定による電気通信設備に対する傍受のための機器の接続その他の必要な処分の状況、法第12条又は法第17条第2項の規定による通信事業者等に対する協力の要請及びそれに対して通信事業者等が行った協力の状況、通信傍受規則第12条第1項の規定による立会人に対する説明の状況、同条第2項の規定により措置を講じた状況、法第17条第1項の規定による相手方の電話番号等の探知の状況等を記載するものとする。

(2)　一時的保存型傍受

　　一時的保存型傍受を実施した場合には、書式例様式第4号の3を用いることとし、その「その他傍受の実施又は再生の実施の経過」欄には、法第10条各項の規定による傍受令状の提示の状況、法第11条第1項の規定による電気通信設備に対する傍受のための機器の接続その他の必要な処分の状況、法第12条の規定による通信事業者等に対する協力の要請及びそれに対して通信事業者等が行った協力の状況、通信傍受規則第12条第5項において準用する同条第1項の規定による立会人に対する説明の状況及び同条第5項において準用する同条第2項の規定により措置を講じた状況、法第20条第3項の規定による通信管理者等に対する通信の相手方の電話番号等の保存の求めの状況、法第21条第7項の規定による通信の相手方の電話番号等の開示の状況等を記載するものとする。

　　なお、傍受令状に記載された傍受ができる期間内において、一時的保存型傍受のみならず従来型傍受も実施した場合は、書式例様式第4号の3を用いて前記(1)の事項をも記載すること。

(3) 特定電子計算機使用型即時傍受

　　特定電子計算機使用型即時傍受を実施した場合には、書式例様式第4号の2を用いることとし、その「その他傍受の実施の経過」欄には、法第10条各項の規定による傍受令状の提示の状況、法第11条第1項の規定による電気通信設備に対する傍受のための機器の接続その他の必要な処分の状況、法第12条又は法第17条第2項の規定による通信事業者等に対する協力の要請及びそれに対して通信事業者等が行った協力の状況、同条第1項の規定による相手方の電話番号等の探知の状況等を記載するものとする。

(4) 特定電子計算機使用型一時的保存傍受

　　特定電子計算機使用型一時的保存傍受をした場合には、書式例様式第4号の4を用いることとし、その「その他傍受の実施又は再生の実施の経過」欄には、法第10条各項の規定による傍受令状の提示の状況、法第11条第1項の規定による電気通信設備に対する傍受のための機器の接続その他の必要な処分の状況、法第12条の規定による通信事業者等に対する協力の要請及びそれに対して通信事業者等が行った協力の状況、法第23条第1項において準用する法第20条第3項の規定による通信管理者等に対する通信の相手方電話番号等の保存の求めの状況、法第23条第4項において準用する法第21条第7項の規定による通信の相手方の電話番号等の開示の状況等を記載するものとする。

　　なお、傍受令状に記載された傍受ができる期間内において、特定電子計算機使用型一時的保存傍受のみならず特定電子計算機使用型即時傍受も実施した場合は、書式例様式第4号の4を用いて前記(3)の事項をも記載すること。

第8　原記録用媒体の裁判官への提出の具体的方法等
1　従来型傍受又は一時的保存型傍受を実施した場合

　従来型傍受又は一時的保存型傍受を実施した場合において、取り外した傍受の原記録用媒体について、法第25条第1項又は第2項の規定により立会人に封印を求めるなどの手順は、次のとおりとする。

(1) 傍受の原記録用媒体への署名等

　　通信傍受規則第18条第1項の規定による傍受の原記録用媒体への署名等は、司法警察員（原則として、傍受実施主任官とする。）において、傍受の原記録用媒体の外面に、当該記録媒体に対する記録を終了した年月日時分及びそれが法第24条第1項前段の規定により記録をした記録媒体である旨を記載して署名押印した粘着式ラベルを貼付する又はゴム印等で直接記録媒体に記載することにより行うものとする。

　　なお、粘着式ラベルについては、市販のシール等、適宜のものを使用す

ること。通信傍受規則第20条の規定による傍受記録作成用媒体への署名等についても、同様の方法によるものとする。
(2) 立会人による封印
　　所定の粘着式紙片（別添６）に、立会人に、封印の年月日時分及び当該記録媒体の残容量（時間（時分秒）又は空き領域（バイト））を記載させて署名押印させるものとする。そして、記録媒体を収納した容器（以下「ケース」という。）の開閉される部分にまたがるように当該粘着式紙片を立会人に貼付させるものとする。
　　次に、ケース、粘着式紙片又はシールを破損しない限りケース内の記録媒体の取り出しが不可能となるような方法で、当該粘着式紙片の上から所定のシール（別添７）を立会人に貼付させるものとする。
　　以上の粘着式紙片及びシールの貼付の方法について図解すると、別添８のとおりである。
(3) 裁判官に対する提出
　　傍受の実施及び再生の実施の適正を図るため、立会人が封印をした記録媒体は、遅滞なく、裁判官に提出しなければならないこととされている（法第25条第４項）。この記録媒体を傍受の実施の場所から警察施設に持ち帰るなどした場合には、無用の疑念を生じさせかねないので、これを一時警察施設に持ち帰ること等はすべきでない。
　　また、短い時間とはいえ、傍受の実施の場所に置いておかざるを得ない場合もあり得るが、そうした場合であっても、封印された傍受の原記録用媒体を立会人から常時見える場所に置くなどの措置を講じ、その状況を傍受日誌等に明らかにしておかなければならない。
　　なお、通信傍受手続簿（通信傍受規則別記様式第10号）その２「裁判官への記録媒体（傍受の原記録）の提出」欄中に受領印欄があるが、これは、最高裁判所との協議により、傍受の原記録用媒体の提出を受けた裁判所から押印を受けるために設けられたものである。そこで、傍受の原記録用媒体の提出に当たっては、当該簿冊を持参し、該当欄に受領印の押印を受けるものとする。

2　特定電子計算機使用型傍受を実施した場合
　　特定電子計算機使用型傍受を実施した場合において、取り外した傍受の原記録用媒体について、通信傍受規則第18条第２項の規定により署名押印をするなどの手順は、次のとおりとする。
(1) 傍受の原記録用媒体への署名等
　　通信傍受規則第18条第２項の規定による傍受の原記録用媒体への署名等は、司法警察員（原則として、傍受実施主任官とする。）において、傍受

の原記録用媒体の外面に、当該記録媒体に対する記録を終了した年月日時分及びそれが法第26条第1項の規定により記録をした記録媒体である旨を記載して署名押印した粘着式ラベルを貼付する又はゴム印等で直接記録媒体に記載することにより行い、更にケースの開閉される部分にまたがるようにシールを貼付するものとする。

　なお、粘着式ラベル及びケース貼付用シールについては、市販のシール等、適宜のものを使用すること。通信傍受規則第20条の規定による傍受記録作成用媒体への署名等についても、同様の方法によるものとする。

(2) 裁判官に対する提出

　傍受の実施及び再生の実施の適正を図るため、司法警察員が署名するなどした記録媒体は、傍受の実施の終了後（傍受の実施を終了するときに一時的保存をした暗号化信号であって復号していないものがあるときは、再生の実施の終了後）、遅滞なく、裁判官に提出しなければならないこととされている（法第26条第4項）。

　そのため、司法警察員が署名するなどした記録媒体は、傍受の実施又は再生の実施が終了するまでの間、警察施設において保管することが予定されているところ、原記録の重要性に鑑み、第10の3に記載する傍受記録作成用媒体、傍受記録及び複製等（書面以外）の保管に準じ、他の証拠物件等と区別した上で、所定の金庫その他の施錠できる設備に収納して保管しなければならないこととする。

　なお、当該設備の鍵は、捜査主任官（不在の場合はこれに代わるべき者）が保管するものとし、通信記録物等管理者がその保管の状況を第10の2(5)の管理簿に記載して捜査主任官の決裁を受けるものとする。

　また、通信傍受手続簿（通信傍受規則別記様式第10号）その2「裁判官への記録媒体（傍受の原記録）の提出」欄中に受領印欄があるが、これは、最高裁判所との協議により、傍受の原記録用媒体の提出を受けた裁判所から押印を受けるために設けられたものである。そこで、傍受の原記録用媒体の提出に当たっては、当該簿冊を持参し、該当欄に受領印の押印を受けるものとする。

第9　事後手続
1　通信の当事者に対する通知
(1) 確実な通知の実施

　法第30条の規定による通知は、傍受記録に記録されている通信の当事者が、傍受をされた通信の内容を確認する機会及び不服申立てをする機会を十分に保障し、違法な処分が行われた場合の救済を図るとともに、通信の傍受の適正を担保しようとするものであり、傍受記録に記録されている傍

受された通信の当事者及び再生された通信の当事者に対して行わなければならない。

その通知の期限については、法第30条第2項に規定されているとおり、通信の当事者が特定できない場合又は所在が明らかでない場合を除き、「傍受の実施が終了した後30日以内」であり、この点は、傍受の実施を終了するときに一時的保存をされた暗号化信号であって復号されていないものがあり、傍受の実施の終了後において再生の実施を行うこととなるときであっても同様である。

なお、通知を遺漏なく行う必要があることを受け、通信傍受手続簿(通信傍受規則別記様式第10号)その3に「通信の当事者に対する通知」欄を設け、傍受記録を作成したときは、法第30条の規定による通知をしなければならない者を明らかにし、その後も当該通知の状況等を明らかにしておかなければならないこととされたものである。

(2) 通知の方法

法第30条の規定による通知を行わなければならないのは、傍受記録に記録されている通信の当事者であり、これらの者は、傍受すべき通信に該当する通信等、法第29条第3項各号又は第4項各号に掲げる通信の当事者であるから、被疑者又は参考人として、取調べを行うこととなると考えられる。したがって、法第30条の規定による通知は、原則として、警察職員が傍受通知書(通信傍受規則別記様式第6号)を通信の当事者に直接交付することにより行うものとする。また、傍受通知書を交付することにより通知をした場合においては、あらかじめ受取証を準備しておき、通知を受けた者に署名押印を求めるなど、適当な措置を執るものとする。

なお、通知が行われたかどうかについて紛議が生じないようにするため、極力通信の当事者に直接交付することにより行うべきであるが、通信の当事者に直接交付することを申し入れてもその者が申入れを拒絶するなど、法の定める期間内に傍受通知書を交付することが困難な場合は、配達証明郵便に付して行うものとする。

(3) 通知の内容

前述のとおり、通知は傍受通知書(通信傍受規則別記様式第6号)を用いて行うこととなるが、通信傍受の実施の適正をより一層確保するとの観点から、通知の際に、法第31条に基づく傍受記録の聴取、閲覧等ができること、法第32条第1項に基づく傍受の原記録の聴取、閲覧等ができること、法第33条第1項又は第2項に基づく不服申立てができることを併せて通知することとされた(法第30条第1項第7号)。

したがって、通知を行うに際しては、通信の当事者に対し、傍受通知書(通信傍受規則別記様式第6号)を交付するとともに口頭で補足説明を行

うなど、適切な通知の実施を心がけること。
(4) 通知を発しなければならない期間の延長

　通知を発しなければならない期間の延長の請求は、傍受記録に記録されている通信の当事者ごとに行うものとし、当該当事者に係る通信が複数ある場合は、各通信が記録されている傍受記録及び記録されている部分を特定するに足りる事項を資料にまとめ、これを通信傍受規則第26条第4項の規定により添付する資料に含めなければならない。

2　警察官が保管する傍受記録の聴取及び閲覧等
　警察官が保管する傍受記録の聴取及び閲覧等に係る事務については、捜査主任官の指揮を受け、以下の点に留意しつつ、行うものとする。
(1) 通知を受けた通信の当事者であることの確認

　1(2)で述べたとおり、通知を受けた通信の当事者については、被疑者又は参考人として、捜査過程において人定事項が明らかにされることとなるが、いずれにせよ、無関係の者に傍受記録の聴取等を行わせてはならないので、通信傍受規則第27条第1項の規定により、傍受記録の聴取等をしようとする者が通知を受けた通信の当事者であることを確認しなければならないこととされた。

(2) 傍受記録の破棄等の防止

　法第31条の規定による傍受記録の聴取等は、通知を受けた通信の当事者の権利であるが、当該通信の当事者による傍受記録の破棄、当該通信以外の通信に係る部分の聴取等を防止する必要があるため、通信傍受規則第27条第2項の規定が設けられたものである。

　同項の所要の措置としては、聴取、閲覧又は複製の作成のための機器の操作を警察職員が行うこと等が考えられる。

(3) 複製の作成の用に供する記録媒体

　法第31条の規定による傍受記録の複製を作成しようとする者に対しては、あらかじめ、警察において複製可能な記録媒体を持参するように連絡するものとする。

　また、傍受記録が暗号化されている場合には、記録装置を用いて復号化した上で、持参した記録媒体に複製を作成するものとする。

(4) 裁判官からの照会への対応

　原記録保管裁判官は、法第31条の規定による傍受記録の聴取等の状況を確認する必要がある場合があるため（法第32条第1項）、原記録保管裁判官から警察に対し傍受記録の聴取及び閲覧等の状況について照会がなされたときは、通信傍受手続簿（通信傍受規則別記様式第10号）その6に基づき、回答しなければならない。

第10 通信記録物等の管理
 1 略

 2 通信記録物等の作成
 (1) 必要最小限度の範囲内の作成
　　通信記録物等の作成は、必要最小限度の範囲にとどめなければならない（通信傍受規則第24条第1項）。
　　そして、この必要最小限度の範囲内かどうかについては、捜査全般を把握している捜査主任官が判断しなければならないから、通信記録物等の作成については、捜査主任官の指揮を受けなければならない。このうち、あらかじめ定型的に作成が予想される場合（傍受の実施の場所において、傍受記録作成用媒体を作成する場合等）は、ある程度包括的な指示になっても差し支えないが、いずれにしても、捜査主任官に対する結果報告は、必ず行わなければならない。
　　なお、ソフトウェアの中には、あるファイルが更新されたときに自動的に更新前のファイルが保存される機能等を有するものがあり、こうしたソフトウェアを用いた場合は、意図しないまま通信記録物等が作成されることにもなりかねないので、特に注意しなければならない。そこで、通信記録物等の作成に用いる機器は、こうした観点からも不都合が生じないように、周到に検討しなければならない。
 (2) 傍受記録の作成
　ア 作成者の限定
　　　傍受記録の作成に従事する者は、傍受記録に残される通信以外の通信の内容を知り得ることとなるため、捜査主任官は、傍受記録の作成に従事する者を必要最小限度の範囲内に限定しなければならない。こうした観点から、捜査主任官は、原則として、傍受又は再生をした警察官に傍受記録の作成に当たらせるようにするものとし、それが困難な場合は、傍受記録の作成に当たる者を指定し、指定された者以外の者にみだりに関与させないようにしなければならない。
　イ 略
 (3) 作成の状況を明らかにした書類
　　通信記録物等の作成が終了したときにおいて、通信傍受規則第24条第2項の規定により速やかに作成しなければならない書類は、通信記録物等の種類ごとに次に定めるとおり。
　ア 略
　イ 傍受記録

傍受記録作成調書（書式例様式第7号）を作成する。
　　　　　傍受記録作成調書の作成は、記録装置が自動的に記録する履歴（ログ）を活用しつつ行うものとする。
　　　ウ　複製等（書面）
　　　　　傍受記録を作成する前に作成した場合は、複製等作成調書（甲）（書式例様式第6号）を作成する。
　　　　　傍受記録を作成した後に作成した場合は、複製等作成調書（乙）（書式例様式第8号）を作成する。
　　　エ　複製等（書面以外）
　　　　　ウに同じ。
　　　オ　通信記録物等（その他）
　　　　　通信記録物等（その他）作成報告書（別添9）を作成する。
(4)　通信記録物等の作成が終了した旨の通知
　　　通信傍受規則第24条第2項の規定による通信記録物等管理者に対する通知は、(3)の書類（又はその写し）を提出することにより行うものとする。
(5)　通信記録物等の作成状況の簿冊への記載
　　　通信記録物等管理者は、原記録用媒体管理簿（別添10）、傍受記録管理簿（別添11）、複製等（書面）管理簿（別添12）、複製等（書面以外）管理簿（別添13）及び通信記録物等（その他）管理簿（別添14）に所要の事項を記載するとともに、(4)により提出を受けた書類の写しを編綴し（通信傍受規則第24条第3項）、捜査主任官の決裁を受けるものとする。

3　保管
(1)　傍受記録作成用媒体、傍受記録及び複製等（書面以外）
　　　他の証拠物件等と区別した上で、所定の金庫その他の施錠できる設備に収納して保管しなければならない。また、当該設備の鍵は、捜査主任官（不在の場合はこれに代わるべき者）が保管するものとする。
　　　通信記録物等管理者は、保管の状況を2(5)の管理簿に記載し（通信傍受規則第24条第3項）、捜査主任官の決裁を受けるものとする。
(2)　複製等（書面）及び通信記録物等（その他）
　　　ア　作成者による保管
　　　　　作成者において、他の証拠物件と区別した上で、執務室の書庫等の適宜の設備に保管するものとする。
　　　　　通信記録物等管理者は、保管の状況を2(5)の管理簿に記載し（通信傍受規則第24条第3項）、捜査主任官の決裁を受けるものとする。
　　　イ　保管の引継ぎ
　　　　　保管を他の者に引き継ごうとする者は、通信記録物等を特定するに足

りる事項、新たな保管者及び保管場所等を記載した書面により捜査主任官に承認を求め、承認を受けた後に保管の引継ぎをするものとし、当該書面は、通信記録物等管理者に交付するものとする（検察官に送致等をしようとするときも、同様とする。）。通信記録物等管理者は、当該書面の交付を受けたときは、2(5)の管理簿に新たな保管者及び保管場所等を記載するとともに、当該書面を編綴し（通信傍受規則第24条第3項）、捜査主任官の決裁を受けるものとする。

4　出納

傍受記録作成用媒体、傍受記録及び複製等（書面以外）の出庫を受けようとする者は、通信記録物等出納簿（別添15）に所定事項を記載しなければならない。そして、通信記録物等管理者は、通信記録物等出納簿の記載を確認し、捜査主任官の承認を得て、通信記録物等を引き渡すものとする。

通信記録物等管理者は、通信記録物等の返納を確認したときは、返納年月日欄に所定事項を記載するものとする（通信傍受規則第24条第3項）。

5　通信記録物等からの記録の消去
(1)　消去すべき場合
　ア　傍受記録を作成したとき等

法第29条第6項の規定により、傍受記録を作成した場合において、他に複製等（書面以外）又は複製等（書面）があるときは、その記録の全部を消去しなければならないこととされている。

通信傍受規則第23条第2項は、傍受記録を作成した場合は、法第29条第6項に掲げる記録物に加え、通信記録物等（その他）についても、原則として、その記録の全部を消去しなければならないこととするものである。ただし、同規則第23条第2項ただし書の規定により、通信記録物等（その他）が傍受記録に記録された通信の内容の全部又は一部を要約して記載した捜査書類であって、傍受記録を作成する前に行った捜査の経過を示すために特に必要なものである場合（例えば、緊急逮捕手続書等に傍受記録に記録された通信の内容の全部又は一部を要約して記載していた場合）には、その記録を消去することは適当ではないため、消去すべき対象から除外することとされた。

なお、傍受記録に記録された通信の内容の全部又は一部をそのまま記録したものについては、法上に例外規定が置かれていないことから、傍受記録を作成する前に行った捜査の経過を示すために必要なものであっても、法第29条第6項の規定により、その記録の全部を消去しなければならないことに注意する必要がある。

このように、傍受記録を作成したときは、基本的には、他の通信記録物等の記録の全部を消去しなければならないのであるから、できる限り、傍受記録の作成を優先して行い、その後、傍受記録を元に必要な通信記録物等を作成するようにしなければならない。
　なお、通信傍受規則第23条第2項の規定により消去しなければならないこととなるようなメモ等については、そもそも作成しないことを原則としなければならないが、傍受記録作成までの過程で必要があってこうしたメモ等を作成する場合は、後に消去することが予定されていることを踏まえ、所定のメモ用紙のみに記載する（備忘録への記載等は避けること）など管理に適した方法で作成しなければならない。
　一方、法第29条第5項の規定により傍受記録から通信の記録を消去しなければならない場合には、同条第6項後段の規定により、当該記録の複製等（書面以外）又は複製等（書面）があるときは、その当該記録に係る部分の記録の全部を消去しなければならないこととされている。
　通信傍受規則第23条第3項の規定により、法第29条第5項等の規定により傍受記録から記録を消去したときは、通信記録物等（その他）についても、その当該記録に係る部分の記録の全部を消去しなければならないこととなる。
　他方、傍受記録の作成に当たり、傍受すべき通信に該当すると認めた通信については、必ず傍受記録にその記録を残さなければならないが、当該通信について、その後の捜査等により、傍受すべき通信に該当しないものと判断されるに至る場合もあり得ないわけではない。このような場合であっても、警察限りの判断によって消去することは、手続の明確性と安定性を害し、実務上も問題を生じるため適当ではなく、法が定める手続（傍受記録に記録された通信の当事者に対する通知、傍受又は再生の処分に対する不服申立てを経た傍受又は再生の処分の取消し及び裁判官による消去命令）による消去のみが許される。
イ　刑事手続において使用する必要がなくなったとき
　通信傍受規則第24条第4項の規定により、通信記録物等が刑事手続において使用する必要がなくなったときは、速やかに、その記録の全部を消去しなければならないこととされた。
　この「刑事手続」には、公訴、公判の手続のほか、捜査も含まれる。そして、傍受を行った事件を送致した先の検察庁において、刑事手続において使用する必要がなくなったと判断して傍受記録等（警察が送致したもの）を廃棄したときは、その旨が検察庁から警察に対し書面で通知されることとなるので、「刑事手続において使用する必要」の有無については、かかる検察庁における措置を踏まえて適切に判断しなければな

らない。
　　　なお、捜査上の必要があって傍受記録の複製（傍受記録は送致）を作成、保管している場合に、検察庁では傍受記録の保管が継続されているが、捜査上の必要がなくなったために、警察が保管する当該傍受記録の複製の記録の全部を消去しなければならないこととなること等も考えられる。
　　　通信記録物等を保管している場合は、これらを踏まえ、「刑事手続において使用する必要」がなくなっていないかどうかについて、常に注意しておかなければならない。
　　ウ　その他
　　　以上のほか、法第33条第３項（法第27条第３項又は法第28条第３項において準用する場合を含む。）に定める消去命令を裁判所から命ぜられた場合又は法第33条第４項に定める複製作成許可が取り消された場合は、通信記録物等からその記録を消去しなければならないこととされている。
(2)　消去すべき通信記録物等の確認
　　通信記録物等から記録の消去をしなければならないときは、捜査主任官は、通信記録物等管理者に命じて、同時にその記録の消去を行うべき通信記録物等がないかどうか確認させなければならない。
　　なお、法の規定によりその記録を消去しなければならない通信記録物等が検察官に送致されているときは、捜査主任官は、消去事由その他必要な事項を当該検察官に通知するものとする。
(3)　消去
　　通信記録物等からの記録の消去は、捜査主任官が通信記録物等管理者に命じて行わせなければならない（通信傍受規則第23条第２項及び第３項並びに同規則第24条第４項）。また、指示を受けた通信記録物等管理者は、万全を期するため、捜査主任官又はこれに代わるべき者の立会いを得た上で消去の作業を行うものとする。
　　消去の作業は、記録媒体の場合は、記録装置の消去機能その他の消去した内容を復元できない方法により行うものとし、書面の場合は、可能であれば書面全体を裁断すること、該当部分を切り取ってこれを裁断すること、該当部分に黒塗り（裏面から透けて見える可能性がある場合は、裏面にも黒塗り）をすること等、いかなる方法によっても内容を認識することができなくなる方法により行うものとし、その他の物の場合も、これらに準じて、いかなる方法によっても内容を認識することができなくなる方法により行うものとする。
(4)　通信記録消去報告書の作成等

通信記録物等から記録を消去したときは、通信記録物等管理者は、速やかに、通信記録消去報告書（別添16）を起案して捜査主任官及び都道府県警察において定める幹部（必ず所属長以上の者とする。）の決裁を受け、２(5)に掲げるそれぞれの管理簿に所要事項を記載するとともに、当該通信記録消去報告書を編綴するものとする（通信傍受規則第24条第３項）。

また、傍受実施状況書を提出した後に傍受記録から記録を消去したときは、通信傍受規則第23条第４項の規定により、同規則別記様式第５号の通信記録消去通知書により裁判官に通知しなければならないこととされているが、当該通知を行ったときは、当該通信記録消去通知書の写しも同様に編綴するものとする。

6　傍受記録等の送致

書式例本文第１の10に定める傍受記録等を送致する場合は、事件記録・証拠品送致票（甲）の備考欄に、「傍受記録等」と記載し、さらに、書式例様式第９号の傍受記録等総目録の番号を記載した上、検察庁証拠品係に提出し、同備考欄に証拠品事務官による受領印を受けるものとする。

なお、傍受記録作成用媒体の記録の全部を消去して作成した傍受記録についても、検察官に送致する必要があることに留意されたい。

7　点検

通信記録物等管理者は、原則として始業時又は終業時（事件処理が一段落した後にあっては、毎月最低１回）は、関係簿冊の記載と通信記録物等の保管等の状況の突合せを行うほか、必要な点検をしてその結果を捜査主任官及び５(4)の幹部に対し報告しなければならない。捜査主任官も、できる限り、自ら必要な点検をしなければならない。

通信記録物等管理者は、適宜の方法により、これら点検の状況を書面に記録しておかなければならない。

8　警察本部長に対する報告

捜査主任官は、通信記録物等を送致した場合、法第27条第３項又は法第28条第３項において準用する法第33条第３項の規定による命令により消去をした場合等の節目において、通信記録物等の作成、保管及び出納の状況、その記録の消去の状況その他その適正な管理のために必要な事項を警察本部長に対し報告しなければならない。

また、警察本部長は、毎年最低２回は、捜査の適正を確保するための指導に関する事務を所掌する警察本部の課（課に準ずるものを含む。）に所属する警視以上の警察官の中から適当な者を指名して、通信記録物等の作成、保

管及び出納の状況、その記録の消去の状況その他その適正な管理のために必要な事項を点検・確認させ、その結果の報告を求めなければならない。

9　管理要領の制定
　　別添17を参考に、都道府県警察における通信記録物等の管理要領を制定すること。

第11　様式について
　　通信傍受規則において規定された様式については、最高裁判所等関係機関とも協議の上、その用紙の規格を日本工業規格A列4番とするので、誤りのないようにすること。
　　なお、通信傍受規則別記様式第1号から第10号まで（第2号及び第3号にあってはその2からその6までを除く。）の様式については、枠組みを省略したり、必要に応じ適宜の項目から継続用紙を使用したりすることは、差し支えない。

第12　その他
　1　関係資料の写しの保存
　　傍受令状の請求に関する捜査書類、傍受の実施の状況に関する捜査書類その他傍受が行われた事件に関する捜査書類については、法又は通信傍受規則の規定により消去しなければならない記録に係るものを除き、その写しを作成して保存しておくものとする（犯罪捜査規範第273条）。

　2　記録装置の保管・管理
　　記録装置は、決して目的外に使用されることのないように、適正捜査指導担当課の長（以下「適正捜査指導担当課長」という。）の責任において、施錠できる施設において保管・管理するものとする。ただし、警察本部長が適当と認めるときは、傍受を行う事件の捜査を担当する所属長をして、施錠できる施設において保管・管理させることができるが、この場合であっても、適正捜査指導担当課長は、随時、点検・確認することにより、記録装置の保管・管理の状況を把握しておかなければならない。

　3　警察庁に対する報告等
　(1)　報告、指導等
　　都道府県警察の傍受を行う事件の捜査担当部門は、警察庁の対応する部門に対し、傍受令状の請求前、傍受ができる期間の延長の請求前、傍受の実施の終了時その他傍受を行う事件の捜査の節目において、所要の事項を

報告するものとする。警察庁の対応する部門は、刑事局（刑事企画課刑事指導室）との連携を密にし、法、最高裁判所規則、通信傍受規則、関連通達等にのっとった適正な運用を行うため必要な指導を、都道府県警察の傍受を行う事件の捜査担当部門に対し行うものとする。

(2) 国会への報告等のための報告

適正捜査指導担当課は、別途指示する時点において、法第36条の規定により国会への報告等を行うべき事項を取りまとめの上、警察庁刑事局（刑事企画課刑事指導室）に対し、報告するものとする。

なお、一時的保存型傍受、特定電子計算機使用型即時傍受又は特定電子計算機使用型一時的保存傍受を実施したときはその旨も報告しなければならない。

「犯罪捜査のための通信傍受に関する法律の運用に当たっての留意事項」の
改正について（通達）

別添1

傍受指導に関する報告書モデル（ゴシックは、不動文字。）

　　　　　　　　　　　　　　　　　　　　　　　　　　　年　　月　　日

**　　警察**
　　　　司法警察員　　　　　　　　　　殿
　　　　　　　　　　　　　　　　　警察
　　　　　　　　　　　　　　　　　司法警察員

　本職は、下記のとおり特定電子計算機使用型傍受における適正に係る指導を実施
したので、報告します。
　　　　　　　　　　　　　　　　記
1　指導を行った年月日時
　(1)　〇年〇月〇日〇時〇分～〇時〇分
　(2)　同日△時△分～△時△分
　(3)　同日×時×分～×時×分
　(4)　同日□時□分～□時□分

2　指導を行った場所
　　　〇〇県警察本部〇〇課〇〇室

3　指導に係る傍受令状記載の対象通信手段
　　　〇〇〇―〇〇―〇〇〇〇
　　　△△△―△△―△△△△

4　指導内容
　(1)　〇年〇月〇日〇時〇分～〇時〇分
　　　ア　指導内容
　　　　　□　傍受の実施開始前の指導
　　　　　　　　□　入退室管理の確認
　　　　　　　　□　機器の設定・接続
　　　　　　　　□　スポット時間等設定
　　　　　　　　□　その他（内容：　　　　　　）
　　　イ　特記事項
　　　　［　　　　　　　　　　　　　　　　　　　　　　　　　］

　(2)　同日△時△分～△時×分
　　　ア　指導内容
　　　　　□　傍受の実施期間中の指導

　　　　　　　□　入退室管理の確認
　　　　　　　□　スポット傍受・スポット再生遵守確認（傍受・再生）
　　　　　　　□　ヘッドフォン使用確認（傍受・再生・傍受記録作成）
　　　　　　　□　録音・録画機器等の保管確認
　　　　　　　□　傍受日誌の確認
　　　　　　　□　原記録用媒体・通信記録物等の保管確認
　　　　　　　□　その他（内容：　　　　　　）
　　　イ　特記事項
　　　［　　　　　　　　　　　　　　　　　　　　　　　　　　　］

(3) 同日×時×分～×時×分
　　　ア　指導内容
　　　　□　傍受記録作成時の指導
　　　　　　　□　傍受記録の保管確認
　　　　　　　□　傍受記録以外の通信記録物等の廃棄・消去確認
　　　　　　　□　その他（内容：　　　　　　）
　　　イ　特記事項
　　　［　　　　　　　　　　　　　　　　　　　　　　　　　　　］

(4) 同日□時□分～□時□分
　　　ア　指導内容
　　　　□　傍受の実施終了後の指導
　　　　　　　□　機器の停止確認
　　　　　　　□　原記録用媒体・通信記録物等の保管確認
　　　　　　　□　傍受日誌の確認
　　　　　　　□　その他（内容：　　　　　　）
　　　イ　特記事項
　　　［　　　　　　　　　　　　　　　　　　　　　　　　　　　］

5　その他参考事項

（注意）1　事例に応じ、必要な訂正を加えて使用すること。
　　　　2　□印のある欄については、該当の□内にレ印を付すこと。

「犯罪捜査のための通信傍受に関する法律の運用に当たっての留意事項」の
改正について（通達）

別添2

最小化等に関する指示書モデル（ゴシックは、不動文字。）

捜査主任官　○○○○　殿

　　　　　　　　　　　　　　　　　　　○○県警察本部長　○○○○

　被疑者○○○○による○○○○○○○○○事件の捜査のため、裁判官の傍受令状に基づき行う電話番号○○○○○○○○に係る傍受の実施又は再生の実施に関し、以下のとおり指示する。

1　心構え
(1)　法令等の厳守

　通信の傍受は、憲法の保障する通信の秘密に制約を加えるものであること等から、犯罪捜査のための通信傍受に関する法律（以下「法」という。）は、傍受の要件・手続を厳格に定めるとともに、法第29条第7項において傍受記録に記録された通信以外の通信の内容の他人への告知又は使用の禁止を、法第35条において関係者による通信の秘密の尊重等を、法第37条各項において通信の秘密を侵す行為の処罰等を規定している。

　さらに、犯罪捜査規範第3条により法令等の厳守が規定され、また、通信傍受規則第9条の規定により、傍受令状に記載されている事項を厳格に遵守しなければならないこととされている。

　そこで、法令の規定、傍受令状の記載事項及びこの指示書にのっとって適正に傍受の実施又は再生の実施をしなければ、傍受又は再生の結果得られた証拠の証拠能力が否定されかねないこと、通信の秘密侵害罪等による処罰や懲戒処分の対象となること等の可能性があることを銘記する必要がある。

(2)　法令に準拠した慎重な判断

　通信の傍受又は再生をしているときは、常に、傍受又は再生の根拠条項を明確に意識しておかなければならない。傍受又は再生をした各通信については、各根拠条項に該当すると判断した理由の説明を公判等で求められる可能性もある。**スポット傍受又はスポット再生**をしている通信が、**傍受すべき通信**等に該当するかもしれないがはっきりしないというようなときは、**令状記載傍受又は令状記載再生**等の開始には慎重にならなければならない。

2　スポット傍受又はスポット再生の時間間隔

　スポット傍受又はスポット再生を開始した場合は、できる限り速やかに該当性判断を行うようにしなければならない。
(1)　該当性判断がつかない場合

① 該当性判断がつかないとしても、第1回目のスポット傍受又はスポット再生の開始時から＿＿以内にスポット傍受又はスポット再生を中断しなければならない（中断後は、②に移行）。
　　② 中断の時点から＿＿が経過した後において、通話が継続しており、傍受すべき通信に該当するかどうかを判断するため必要があるときは、スポット傍受又はスポット再生を再開するものとする（再開後は、③に移行）。
　　③ スポット傍受又はスポット再生を再開した場合も、できる限り速やかに該当性判断を行うようにしなければならない。仮に、該当性判断がつかないとしても、スポット傍受又はスポット再生の再開時から＿＿以内にスポット傍受又はスポット再生を中断しなければならない（中断後は、②に移行）。ただし、話者・話題の転換を認めたために白紙の状態で該当性判断をしなければならないときは、①に移行する。
　(2) 傍受すべき通信に該当しないことが明らかであると認めて傍受を終了した場合
　　① この終了時から＿＿を超えて通話が継続しており、当該終了時における話者・話題が転換していないかどうかを確認するため必要があると認めるときは、スポット傍受又はスポット再生を開始するものとする（開始後は、②に移行）。
　　② スポット傍受又はスポット再生を開始した場合、話者・話題が転換していないことの確認をできる限り速やかに行うようにしなければならない。この場合のスポット傍受又はスポット再生は、仮に確認がつかないとしても、開始時から＿＿以内に中断しなければならない（中断後は、①に移行）。ただし、話者・話題の転換を認めたために白紙の状態で該当性判断をしなければならないときは、(1)①に移行する。
　(3) 注意
　　以上の時間が経過する前であっても、傍受すべき通信に該当しないことが明らかである場合に直ちにスポット傍受又はスポット再生を終了することはもちろんのこと、法第16条に規定する通信である可能性が認められるなどスポット傍受又はスポット再生を継続してよいかどうか判断に迷ったときも、慎重を期して、指示した時間が経過しなくともスポット傍受又はスポット再生を終了するようにしなければならない。

3　報道の取材のための通信が行われていると認めた場合に留意すべき事項
　今回の被疑事実については、共犯者の中に報道機関等の者が含まれているという状況は認められない。
　したがって、報道の取材のための通信と認められた場合には、被疑者が犯行

告白を行うなどしたために、取材のための通信であることが判明するまでの間に令状記載傍受又は令状記載再生等を開始しているという希有な場合を除き、直ちに、傍受又は再生を終了しなければならない。

4　その他傍受の実施又は再生の実施の適正を確保するための事項
(1)　医師等との間の通信について
　　医師、歯科医師、助産師、看護師、弁護士、弁理士、公証人又は宗教の職にある者との間の通信については、他人の依頼を受けて行うその業務に関するものと認められるときは、決して傍受をしてはならない（法第16条）。
　　また、薬剤師についても、医師に準じて取り扱わなければならないが、薬物事犯の中には薬剤師が被疑者となっている事案もあり得ることから、慎重に判断すること。
　　これまでの捜査により、被疑者は、医師○○○○（電話番号○○○○）との間で通信を行う可能性があることが判明している。したがって、当該電話番号との間の通信については、法第16条の規定に違反しないように、特に、注意しなければならない。
(2)　該当性判断のため考慮すべき事項
　　スポット傍受又はスポット再生の最小化を図るため、次の事項を考慮しなければならない。
　　○　傍受の実施又は再生の実施を続けることにより把握された、傍受の実施又は再生の実施の対象とすべき通信手段における通信の内容のパターン（例えば、特定の相手方との通信については傍受すべき通信である確率が低いこと等が把握されることが考えられるが、こうした事項を考慮することは最小化の観点から有益である。）
　　○　同一の通話において、既に行われた通信の内容
　　○　法第17条第1項の規定により探知をした通信の相手方の電話番号又は法第21条第7項の規定により開示を受けた通信の相手方の電場番号等
(3)　メモ等の作成について
　　メモ等の作成は、必要最小限度の範囲にとどめなければならない。そして、メモ等を作成する場合でも、備忘録等によるのではなく、所定の書面を用いて作成しなければならない。
(4)　記録装置の故障、立会人の不在等の場合
　　記録装置が故障し、又は何らかの異常を感じた場合は、直ちに、傍受の実施を中断しなければならない。立会人が不在となる場合も同様である（特定電子計算機使用型傍受を除く。）。
(5)　傍受の実施又は再生の実施の終了

傍受の理由又は必要がなくなったときは、傍受の実施は、傍受ができる期間内でもこれを終了しなければならないほか、再生の実施は、その開始前にあってはこれを開始してはならず、その開始後にあってはこれを終了しなければならないが、この判断は、捜査主任官が、令状記載傍受をした通信の内容、当該事件の捜査全般の状況等を考慮して行うものとする。そこで、傍受実施主任官は、逐次、必要な事項を捜査主任官に対し報告しなければならない。

(6) 判断に迷った場合の措置

予想外の事態が発生し、どう対処すべきか判断に迷った場合は、直ちに、傍受の実施又は再生の実施を中断した上で捜査主任官の判断を求めるように指示しておかなければならない。捜査主任官にあっても、判断に迷ったときは、順を追って本職に判断を求めなければならない。

「犯罪捜査のための通信傍受に関する法律の運用に当たっての留意事項」の改正について（通達）

別添3

立会人に対する説明要領（モデル）

これから、適切な立会いをするために参考となるべき事項を御説明します。説明書を御覧ください。

1 **通信傍受法第13条、第25条その他の立会人に係る主要な法令の規定**

通信傍受法13条第1項（通信傍受法第21条第1項において準用する場合を含みます。）の規定により、傍受の実施又は再生の実施をするときは、立会人を常時立ち会わせなければならないこととされています。

そして、立会人には、

① 傍受令状に記載されている傍受の実施の対象とすべき通信手段、傍受の実施の方法及び場所、傍受ができる期間並びに傍受の実施に関する条件
② スポット傍受及びスポット再生の時間・間隔に関する警察本部長の指示
③ 傍受又は再生をした通信については全て記録しなければならない旨の通信傍受法第24条第1項の規定

等の遵守状況を確認していただきます。

そして、立会人は、通信傍受法第13条第2項（通信傍受法第21条第1項において準用する場合も含みます。）の規定により、警察官に対し当該傍受の実施又は再生の実施に関し意見を述べることができることとされ、通信傍受規則第12条第2項（同条第5項の規定において準用する場合を含みます。）の規定により、立会人の意見が述べられたときは、警察官は、これを勘案して、必要に応じ、傍受の実施又は再生の実施の適正を確保するための措置を講じなければならないこととされています。意見がある場合には、所定様式の意見書に意見を記載していただき、意見がない場合には、その旨を意見書に記載していただくこととなります。

また、通信傍受法第25条第1項又は第2項の規定により、記録媒体の交換をしたときは、立会人にその封印を求めなければならないこととされています。封印の方法については、後で説明します。

2 **傍受令状に記載されている傍受の実施の対象とすべき通信手段、傍受の実施の方法及び場所、傍受ができる期間並びに傍受の実施に関する条件**

傍受の実施の対象とすべき通信手段は、〇〇〇－〇〇〇－〇〇〇〇番の電話番号の電話です。

通信傍受法第20条第1項の規定によらない傍受（以下「従来型傍受」といいます。）を実施する場合、傍受の実施の方法及び場所は、〇県〇市…所在の〇〇株式会社〇〇支店●●階「●●」室において、記録装置をMDFの〇〇〇〇－〇〇〇－〇〇〇〇の電話番号の回線に接続することにより実施するというもの

です。
　通信傍受法第20条第１項の規定による傍受（以下「一時的保存型傍受」といいます。）を実施する場合、傍受の実施の方法及び場所は、○県○市…所在の○○株式会社○○支店●●階「●●」室において、一時記録装置をＭＤＦの○○○－○○○－○○○○の電話番号の回線に接続することにより実施するというものです。
　傍受ができる期間は、平成○○年○○月○○日から○日間です。

3　傍受又は再生のための機器の概要及びその使用方法
（1）　基本的事項
　　従来型傍受を実施する場合、傍受をした通信については全て２つの記録媒体に同時に記録します。記録していないとき等は、傍受できない仕組みになっています。
　　スポット傍受を開始した時点からあらかじめ設定した時間が経過すると自動的にスポット傍受が中断されます。
　　一時的保存型傍受を実施する場合、再生をした通信については全て２つの記録媒体に同時に記録します。記録していないとき等は、再生できない仕組みになっています。
　　スポット再生を開始した時点からあらかじめ設定した時間が経過すると自動的にスポット再生が中断されます。
（2）　画面表示等
　　捜査員の作業状況が記録装置の画面に標示されます。
　ア　従来型傍受を実施する場合（別添１の図（省略）を御覧ください。）
　　記録装置において、傍受中は「記録中」と赤色表示され、傍受をしていないときは「中断・停止中」と緑色表示されます。
　　スポット傍受中は、「スポット傍受」と「記録中」が赤色表示されます。
　　令状記載傍受をしようとするときは、「令状記載」をクリックします。
　　そうすると、「令状記載」と「記録中」が赤色表示されます。外国語等傍受、他犯罪傍受及びスポット傍受についても同じです。
　　傍受を終了しようとするときは、「記録停止」をクリックします。そうすると、「記録停止」が赤色表示されます。
　イ　一時的保存型傍受を実施する場合（別添２の図（省略）を御覧ください。）
　　一時記録装置において、再生中は「記録中」と赤色表示され、再生をしていないときは「中断・停止中」と緑色表示されます。
　　スポット再生中は、インジケーターが青色表示されます。
　　令状記載再生をしようとするときは、「令状記載」をクリックします。
　　そうすると、インジケーターが赤色表示されます。

同様に、外国語等再生はインジケーターが黄色、他犯罪再生はインジケーターがピンク色表示されます。

再生を終了しようとするときは、「記録停止」をクリックします。そうすると、「記録停止」が緑色表示されます。

4 スポット傍受又はスポット再生の時間間隔に関する警察本部長の指示

今回の傍受の実施又は再生の実施について、以下のとおり警察本部長の指示がなされており、これに基づいてスポット傍受又はスポット再生を行うこととしています。

(指示の内容)

スポット傍受又はスポット再生を開始した場合は、できる限り速やかに該当性判断を行うようにしなければならない。

(1) 該当性判断がつかない場合

① 該当性判断がつかないとしても、第1回目のスポット傍受又はスポット再生の開始時から　　以内にスポット傍受又はスポット再生を中断しなければならない(中断後は、②に移行)。

② 中断の時点から　　が経過した後において、通話が継続しており、傍受すべき通信に該当するかどうかを判断するため必要があるときは、スポット傍受又はスポット再生を再開するものとする(再開後は、③に移行)。

③ スポット傍受を再開した場合も、できる限り速やかに該当性判断を行うようにしなければならない。仮に、該当性判断がつかないとしても、スポット傍受又はスポット再生の再開時から　　以内にスポット傍受又はスポット再生を中断しなければならない(中断後は、②に移行)。ただし、話者・話題の転換を認めたために白紙の状態で該当性判断をしなければならないときは、①に移行する。

(2) 傍受すべき通信に該当しないことが明らかであると認めて傍受を終了した場合

① この終了時から　　を超えて通話が継続しており、当該終了時における話者・話題が転換していないかどうかを確認するため必要があると認めるときは、スポット傍受又はスポット再生を開始するものとする(開始後は、②に移行)。

② スポット傍受又はスポット再生を開始した場合、話者・話題が転換していないことの確認をできる限り速やかに行うようにしなければならない。この場合のスポット傍受又はスポット再生は、仮に確認がつかないとしても、開始時から　　以内に中断しなければならない(中断後は、①に移行)。ただし、話者・話題の転換を認めたために白紙の状態で該当性判断をしなければならないときは、(1)①に移行する。

(3) 注意

　　以上の時間が経過する前であっても、傍受すべき通信に該当しないことが明らかである場合に直ちにスポット傍受又はスポット再生を終了することはもちろんのこと、法第16条に規定する通信である可能性が認められるなどスポット傍受又はスポット再生を継続してよいかどうか判断に迷ったときも、慎重を期して、指示した時間が経過しなくともスポット傍受又はスポット再生を終了するようにしなければならない。

5　**通信傍受法第25条第１項又は第２項の封印の具体的方法に関する事項**

　　前述のとおり、傍受中又は再生中は常に２つの記録媒体に同時に記録しますが、
○　傍受の実施又は再生の実施を中断したとき
○　傍受の実施中又は再生の実施中に記録媒体を交換したとき
○　傍受の実施又は再生の実施を終了したとき

は、記録された２つのうちの１つについては、速やかに、立会人に封印を求めることとされています。そして、立会人が封印をした記録媒体は、遅滞なく、裁判官に提出しなければならないこととされています。

　　封印の具体的方法は、次のとおりです（別添３の図（省略）を御覧ください。）。

(1)　当方で用意した粘着式紙片に、封印した年月日時分及び当該記録媒体の残容量を記載の上、署名押印してください。

(2)　(1)の粘着式紙片を記録媒体を収納したケースの外側から開閉される部分にまたがるように貼り、更にその上から、当方で用意したシール（透明で、剥がすと「開封済」と浮き出ます。）を帯状に貼り付けてください。

6　**立会人であった方の保護**

　　立会人であった方の氏名又はこれらを推知されるような事項は、みだりに公にされることは決してありません。したがって、立会人であった方に危害が及ぶということはほとんど考えられませんが、万が一そのような兆候がありましたら、警察に御連絡ください。警察においては、必要に応じ、保護のための措置を講じます。

7　**秘密の保持**

　　通信の傍受に関与した者等は、通信の秘密を不当に害しないように注意し、かつ、捜査の妨げとならないように注意しなければならない（通信傍受法第35条）ことに注意してください。

　　以上の説明に対し、質問があればお答えいたします。また、説明が理解いただけましたら、説明書の末尾に署名をお願いいたします。説明書は、立会いの終了の際に、お返しください。

別紙

説明書

1 通信傍受法第13条、第25条その他の立会人に係る主要な法令の規定

　通信傍受法第13条第1項（通信傍受法第21条第1項において準用する場合を含みます。）の規定により、傍受の実施又は再生の実施をするときは、立会人を常時立ち会わせなければならないこととされています。
　そして、立会人には、
① 傍受令状に記載されている傍受の実施の対象とすべき通信手段、傍受の実施の方法及び場所、傍受ができる期間並びに傍受の実施に関する条件
② スポット傍受及びスポット再生の時間・間隔に関する警察本部長の指示
③ 傍受又は再生をした通信については全て記録しなければならない旨の通信傍受法第24条第1項の規定
等の遵守状況を確認していただきます。
　そして、立会人は、通信傍受法第13条第2項（通信傍受法第21条第1項において準用する場合も含みます。）の規定により、警察官に対し当該傍受の実施又は再生の実施に関し意見を述べることができることとされ、通信傍受規則第12条第2項（同条第5項において準用する場合を含みます。）の規定により、立会人の意見が述べられたときは、警察官は、これを勘案して、必要に応じ、傍受の実施又は再生の実施の適正を確保するための措置を講じなければならないこととされています。意見がある場合には、所定様式の意見書に意見を記載していただき、意見がない場合には、その旨を意見書に記載していただくこととなります。
　また、通信傍受法第25条第1項又は第2項の規定により、記録媒体の交換をしたときは、立会人にその封印を求めなければならないこととされています。封印の方法については、後で説明します。

2 傍受令状に記載されている傍受の実施の対象とすべき通信手段、傍受の実施の方法及び場所、傍受ができる期間並びに傍受の実施に関する条件

　傍受の実施の対象とすべき通信手段は、〇〇〇－〇〇〇〇－〇〇〇〇番の電話番号の電話です。
　通信傍受法第20条第1項の規定によらない傍受（以下「従来型傍受」といいます。）を実施する場合、傍受の実施の方法及び場所は、〇県〇市…所在の〇〇株式会社〇〇支店●●階「●●」室において、記録装置をＭＤＦの〇〇〇－〇〇〇－〇〇〇〇の電話番号の回線に接続することにより実施するというものです。
　通信傍受法第20条第1項の規定による傍受（以下「一時的保存型傍受」とい

います。）を実施する場合、傍受の実施の方法及び場所は、〇県〇市…所在の〇〇株式会社〇〇支店●●階「●●」室において、一時記録装置をＭＤＦの〇〇〇－〇〇〇－〇〇〇〇の電話番号の回線に接続することにより実施するというものです。

　傍受ができる期間は、平成〇〇年〇〇月〇〇日から〇日間です。

3　傍受又は再生のための機器の概要及びその使用方法

(1)　基本的事項

　　従来型傍受を実施する場合、傍受をした通信については全て２つの記録媒体に同時に記録します。記録していないとき等は、傍受できない仕組みになっています。

　　スポット傍受を開始した時点からあらかじめ設定した時間が経過すると自動的にスポット傍受が中断されます。

　　一時的保存型傍受を実施する場合、再生をした通信については全て２つの記録媒体に同時に記録します。記録していないとき等は、再生できない仕組みになっています。

　　スポット再生を開始した時点からあらかじめ設定した時間が経過すると自動的にスポット再生が中断されます。

(2)　画面表示等

　　捜査員の作業状況が記録装置の画面に標示されます。

　ア　従来型傍受を実施する場合（別添１の図（省略）を御覧ください。）

　　　記録装置において、傍受中は「記録中」と赤色表示され、傍受をしていないときは「中断・停止中」と緑色表示されます。

　　　スポット傍受中は、「スポット傍受」と「記録中」が赤色表示されます。

　　　令状記載傍受をしようとするときは、「令状記載」をクリックします。そうすると、「令状記載」と「記録中」が赤色表示されます。外国語等傍受、他犯罪傍受及びスポット傍受についても同じです。

　　　傍受を終了しようとするときは、「記録停止」をクリックします。そうすると、「記録停止」が赤色表示されます。

　イ　一時的保存型傍受を実施する場合（別添２の図（省略）を御覧ください。）

　　　一時記録装置において、再生中は「記録中」と赤色表示され、再生をしていないときは「中断・停止中」と緑色表示されます。

　　　スポット再生中は、インジケーターが青色表示されます。

　　　令状記載再生をしようとするときは、「令状記載」をクリックします。そうすると、インジケーターが赤色表示されます。

　　　同様に，外国語等再生はインジケーターが黄色，他犯罪再生はインジケーターがピンク色表示されます。

再生を終了しようとするときは、「記録停止」をクリックします。そうすると、「記録停止」が緑色表示されます。

4　スポット傍受又はスポット再生の時間間隔に関する警察本部長の指示

今回の傍受の実施又は再生の実施について、以下のとおり警察本部長の指示がなされており、これに基づいてスポット傍受又はスポット再生を行うこととしています。

（指示の内容）

スポット傍受又はスポット再生を開始した場合は、できる限り速やかに該当性判断を行うようにしなければならない。

(1)　該当性判断がつかない場合

①　該当性判断がつかないとしても、第１回目のスポット傍受又はスポット再生の開始時から　　以内にスポット傍受又はスポット再生を中断しなければならない（中断後は、②に移行）。

②　中断の時点から　　が経過した後において、通話が継続しており、傍受すべき通信に該当するかどうかを判断するため必要があるときは、スポット傍受又はスポット再生を再開するものとする（再開後は、③に移行）。

③　スポット傍受を再開した場合も、できる限り速やかに該当性判断を行うようにしなければならない。仮に、該当性判断がつかないとしても、スポット傍受又はスポット再生の再開時から　　以内にスポット傍受又はスポット再生を中断しなければならない（中断後は、②に移行）。ただし、話者・話題の転換を認めたために白紙の状態で該当性判断をしなければならないときは、①に移行する。

(2)　傍受すべき通信に該当しないことが明らかであると認めて傍受を終了した場合

①　この終了時から　　を超えて通話が継続しており、当該終了時における話者・話題が転換していないかどうかを確認するため必要があると認めるときは、スポット傍受又はスポット再生を開始するものとする（開始後は、②に移行）。

②　スポット傍受又はスポット再生を開始した場合、話者・話題が転換していないことの確認をできる限り速やかに行うようにしなければならない。この場合のスポット傍受又はスポット再生は、仮に確認がつかないとしても、開始時から　　以内に中断しなければならない（中断後は、①に移行）。ただし、話者・話題の転換を認めたために白紙の状態で該当性判断をしなければならないときは、(1)①に移行する。

(3)　注意

以上の時間が経過する前であっても、傍受すべき通信に該当しないことが

明らかである場合に直ちにスポット傍受又はスポット再生を終了することはもちろんのこと、法第16条に規定する通信である可能性が認められるなどスポット傍受又はスポット再生を継続してよいかどうか判断に迷ったときも、慎重を期して、指示した時間が経過しなくともスポット傍受又はスポット再生を終了するようにしなければならない。

5 通信傍受法第25条第1項又は第2項の封印の具体的方法に関する事項

前述のとおり、傍受中又は再生中は常に2つの記録媒体に同時に記録しますが、

- ○ 傍受の実施又は再生の実施を中断したとき
- ○ 傍受の実施中又は再生の実施中に記録媒体を交換したとき
- ○ 傍受の実施又は再生の実施を終了したとき

は、記録された2つのうちの1つについては、速やかに、立会人に封印を求めることとされています。そして、立会人が封印をした記録媒体は、遅滞なく、裁判官に提出しなければならないこととされています。

封印の具体的方法は、次のとおりです（別添3の図（省略）を御覧ください。）。

(1) 当方で用意した粘着式紙片に、封印した年月日時分及び当該記録媒体の残容量を記載の上、署名押印してください。

(2) (1)の粘着式紙片を記録媒体を収納したケースの外側から開閉される部分にまたがるように貼り、更にその上から、当方で用意したシール（透明で、剥がすと「開封済」と浮き出ます。）を帯状に貼り付けてください。

6 立会人であった方の保護

立会人であった方の氏名又はこれらを推知されるような事項は、みだりに公にされることは決してありません。したがって、立会人であった方に危害が及ぶということはほとんど考えられませんが、万が一そのような兆候がありましたら、警察に御連絡ください。警察においては、必要に応じ、保護のための措置を講じます。

7 秘密の保持

通信の傍受に関与した者等は、通信の秘密を不当に害しないように注意し、かつ、捜査の妨げとならないように注意しなければならない（通信傍受法第35条）ことに注意してください。

署　　名　　欄 私は、以上の説明を理解しました。（　　　　　　　　　　　　）

「犯罪捜査のための通信傍受に関する法律の運用に当たっての留意事項」の
改正について（通達）

別添4

外国語等通信翻訳等・聴取等状況書

年　　月　　日

警察
司法警察員

　犯罪捜査のための通信傍受に関する法律第14条第2項後段の規定による傍受すべき通信に該当するかどうかの判断のために行う翻訳又は復元（以下「翻訳等」という。）及び翻訳等がなされた通信の内容の聴取又は閲覧（以下「聴取等」という。）を行った状況は、以下のとおりである。

1　翻訳等の状況
 (1)　実施者

 (2)　実施年月日時

 (3)　実施場所

 (4)　翻訳等が行われた部分の特定
　　ア　通信記録物等を特定するに足りる事項

　　イ　翻訳等が行われた部分を特定するに足りる事項

 (5)　翻訳等の方法

 (6)　通信傍受規則第16条第3項の規定による措置の内容

2　聴取等の状況
 (1)　実施者

 (2)　実施年月日時

 (3)　実施場所

 (4)　聴取等が行われた部分を特定するに足りる事項

 (5)　聴取等の方法

別添5－1

その1（電話用） 傍受日誌（　年　月　日天候　）						
傍受の実施の対象とされた通信手段							
傍受・再生の開始（種別）	傍受・再生の終了	通話開始	通話終了	発着	その他の事項	

「犯罪捜査のための通信傍受に関する法律の運用に当たっての留意事項」の
改正について（通達）

別添5－2

傍受の実施の対象とされた通信手段					
メール受信	傍受・再生	複製の作成	封印（立会人）	傍受記録作成	その他の事項

その2（電子メール用）傍受日誌（　年　月　日天候　）

別添6

粘着式紙片

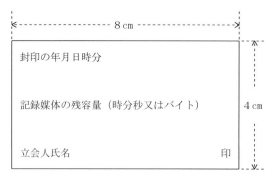

（注意）粘着式紙片は、白紙のものを使用し、記載事項は全て立会人に記載させること。

別添7

シール

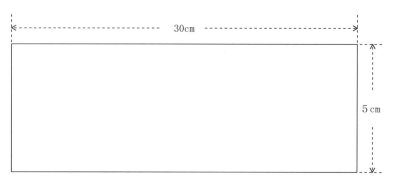

（注意）シールは、透明で、剥がすと「開封済」と文字が浮き出るものとする。

「犯罪捜査のための通信傍受に関する法律の運用に当たっての留意事項」の
改正について（通達）

別添8

ケース（DVD-RAMの場合）に粘着式紙片等を貼付して封印した見取図

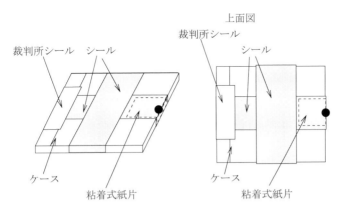

※　●部分が開閉される部分

DVD-RAMに署名した状態

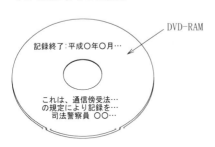

ケース（フロッピーディスクの場合）に粘着式紙片等を貼付して封印した見取図

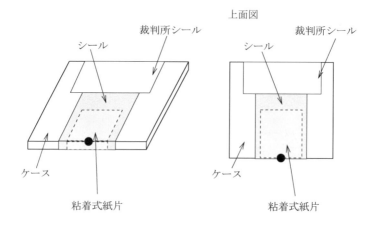

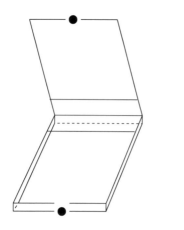

ケースを開けた時の状態

※　●部分が開閉される部分

「犯罪捜査のための通信傍受に関する法律の運用に当たっての留意事項」の改正について（通達）　　　　　　　　　　　　　　　　351

別添9

通信記録物等（その他）作成報告書

　　　　　　　　　　　　　　　　　　　　　　　　年　　月　　日

警察
　　司法警察員　　　　　　　　殿
　　　　　　　　　　　　　　警察
　　　　　　　　　　　　　　司法警察員

　被疑者　　　　　　　に対する　　　　　　　　　被疑事件につき、本職は、下記のとおり、通信記録物等（その他）を作成したので、報告します。

記

1　作成の目的

2　作成年月日時

　　　　年　　月　　日午　　時　　分から　　年　　月　　日午　　時　　分まで

3　作成場所

4　元となった通信記録物等

　　□　別添記録媒体作成調書の写しのとおり

　　□　別添複製等作成調書（　甲　・　乙　）の写しのとおり

　　□　別添傍受記録作成調書の写しのとおり

　　□　その他（　　　　　　　　　　　　　　　　　　　　　　　　　）

5　元となった通信記録物等の通信記録物等（その他）を作成した部分を特定するに足りる事項

6　作成した通信記録物等（その他）の数量

（注意）　1　事例に応じ、不用な文字を削り、又は必要な訂正を加えて使用すること。
　　　　　2　□印のある欄については、該当の□内にレ印を付すること。

別添 10

原記録用媒体管理簿

媒体番号	原記録用媒体作成年月日	保管の開始年月日	保管の終了年月日（裁判所提出年月日）	裁判所提出者氏名	提出先裁判所名	備考

「犯罪捜査のための通信傍受に関する法律の運用に当たっての留意事項」の改正について（通達）

別添11

傍受記録管理簿

番号	傍受記録作成用媒体を作成した年月日	作成者官公職氏名	保管の開始年月日	作成者官公職氏名	傍受記録を作成した年月日	作成者官公職氏名	保管の終了年月日	保管を終了した事由	備考

（注意）1　保管を終了した事由欄には、消去又は送致の別を記載すること。
　　　　2　記録の全部又は一部を消去した場合は、その旨を備考欄に記載すること。

別添12

複製等（書面）管理簿

番号	作成年月日	作成者官公職氏名	保管の開始年月日	保管場所	保管者官公職氏名	保管の終了年月日	保管を終了した事由	備考

(注意) 1 保管を終了した事由欄には、消去又は送致の別等を記載すること。
2 保管者及び保管場所に変更があった場合には、適宜、新たな保管者及び保管場所を記載すること。
3 記録の全部又は一部を消去した場合は、その旨を備考欄に記載すること。

「犯罪捜査のための通信傍受に関する法律の運用に当たっての留意事項」の
改正について（通達）

別添13

複製等（書面以外）管理簿

番号	作成年月日	作成者官公職氏名	保管の開始年月日	保管の終了年月日	保管した事を終了事由	備考

（注意）1　保管を終了した事由欄には、消去又は送致の別を記載すること。
　　　　2　記録の全部又は一部を消去した場合は、その旨を備考欄に記載すること。

別添14

通信記録物等（その他）管理簿

番号	作成年月日	作成者官公職氏名	保管の開始年月日	保管場所	保管者官公職氏名	保管の終了年月日	保管を終了した事由	備考

（注意）
1 保管を終了した事由欄には、消去又は送致の別を記載すること。
2 保管者及び保管場所に変更があった場合には、新たな保管者及び保管場所を記載すること。
3 記録の全部又は一部を消去した場合は、その旨を備考欄に記載すること。

「犯罪捜査のための通信傍受に関する法律の運用に当たっての留意事項」の
改正について（通達）

別添15

通信記録物等出納簿

出庫 年月日時	通信記録物等を 特定するに足りる事項	出庫の理由	出庫の 承認認印	受署	領者名	返納 年月日時	備考	備考

別添16

通信記録消去報告書

　　　　　　　　　　　　　　　　　　　　　　年　　月　　日

　　警察
　　司法警察員　　　　　　　　殿
　　　　　　　　　　　　警察
　　　　　　　　　　　　司法警察員

本職は、下記のとおり通信の記録を消去したので、報告します。

記

1　消去の年月日時

2　消去に係る通信記録物等

　　□　別添傍受記録作成調書の写しに係る傍受記録

　　□　別添複製等作成調書（甲・乙）の写しに係る複製等（書面、書面以外）

　　□　別添通信記録物等（その他）作成報告書の写しに係る通信記録物等（その他）

3　通信記録物等から消去した部分

4　消去の方法、立ち会った捜査幹部等

5　消去事由

（注意）1　事例に応じ、不用な文字を削り、又は必要な訂正を加えて使用すること。
　　　　2　□印のある欄については、該当の□内にレ印を付すこと。

「犯罪捜査のための通信傍受に関する法律の運用に当たっての留意事項」の
改正について（通達）

別添17

通信記録物等管理要領（参考案）

第1　目的
　　　この要領は、通信傍受規則（平成12年国家公安委員会規則第13号）第2条第13号に定める通信記録物等の取扱い及び保管について必要な事項を定め、もって通信記録物等の適正な管理を図ることを目的とする。

第2　準拠規定
　　　通信記録物等の取扱い及び保管については、犯罪捜査のための通信傍受に関する法律（平成11年法律第137号。以下「法」という。）、犯罪捜査のための通信傍受に関する規則（平成12年最高裁判所規則第6号）、通信傍受規則及び犯罪捜査のための通信傍受に関する司法警察職員捜査書類書式例（平成31年最高検企第117号。以下「書式例」という。）に定めるもののほか、この要領の定めるところによる。

第3　定義
　1　複製等（書面）
　　　複製等（書面）とは、法第29条第6項に規定する複製等のうち、傍受又は再生をした通信の記録の内容の全部又は一部をそのまま記録した書面をいう。
　2　複製等（書面以外）
　　　複製等（書面以外）とは、法第29条第6項に規定する複製等のうち、傍受又は再生をした通信の記録の内容の全部又は一部をそのまま記録した物をいう。
　3　通信記録物等（その他）
　　　通信記録物等（その他）とは、傍受記録作成用媒体（通信傍受規則第2条第12号に定める傍受記録作成用媒体をいう。以下同じ。）、傍受記録、複製等（書面）及び複製等（書面以外）以外の通信記録物等をいう。

第4　事件主管課長又は警察署長の管理責任
　　　傍受を行う事件の警察本部主管課長（又は傍受を行う事件の捜査本部若しくは捜査班を設置した警察署の署長）は、通信記録物等の管理に関し、捜査主任官を指揮監督する。

第5　通信記録物等の作成
　1　捜査主任官の指揮

通信記録物等の作成は、捜査主任官の指揮を受けて行う。ただし、急速を要し指揮を受けるいとまのない場合には、作成後、速やかにその旨を報告するものとする。
2 傍受記録の作成
　傍受記録の作成は、原則として、当該通信の傍受又は再生をした司法警察員が行う。ただし、それが困難な場合は、捜査主任官は、傍受記録の作成に当たる者を指定し、指定された者以外の者にみだりに関与させないようにしなければならない。
3・4　略
5　作成の状況を明らかにした書類の作成
　次の各号に掲げる通信記録物等の作成が終了したときは、速やかに、当該各号に定める書類を作成しなければならない。
(1)　略
(2)　傍受記録
　　傍受記録作成調書（書式例様式第7号）
(3)　複製等（書面）
　　傍受記録を作成する前に作成した場合は、複製等作成調書（甲）（書式例様式第6号）
　　傍受記録を作成した後に作成した場合は、複製等作成調書（乙）（書式例様式第8号）
(4)　複製等（書面以外）
　　(3)に同じ。
(5)　通信記録物等（その他）
　　通信記録物等（その他）作成報告書
6　通信記録物等の作成が終了した旨の通知
　通信傍受規則第24条第2項の規定による通信記録物等管理者に対する通知は、5の書類（又はその写し）を提出することにより行うものとする。
7　通信記録物等の作成状況の簿冊への記載
　通信記録物等管理者は、傍受記録管理簿、複製等（書面）管理簿、複製等（書面以外）管理簿及び通信記録物等（その他）管理簿に所要事項を記載するとともに、6により提出を受けた書類の写しを編綴し（通信傍受規則第24条第3項）、捜査主任官の決裁を受けるものとする。

第6　保管
1　原記録用媒体（従来型傍受又は一時的保存型傍受を実施した場合に作成されるものを除く。）、傍受記録作成用媒体、傍受記録及び複製等（書面以外）

他の証拠物件等と区別した上で、所定の金庫その他の施錠できる設備に収納して保管しなければならない。当該設備の鍵は、捜査主任官（不在の場合はこれに代わるべき者）が保管するものとする。

　通信記録物等管理者は、保管の状況を第5の7の管理簿に記載し（通信傍受規則第24条第3項）、捜査主任官の決裁を受けるものとする。
2　複製等（書面）及び通信記録物等（その他）
(1)　作成者による保管

　その作成者が、他の証拠物件と区別した上で、執務室の書庫等の適宜の設備に保管するものとする。

　通信記録物等管理者は、保管の状況を第5の7の管理簿に記載し（通信傍受規則第24条第3項）、捜査主任官の決裁を受けるものとする。
(2)　保管の引継ぎ

　保管を他の者に引き継ごうとする者は、通信記録物等を特定するに足りる事項、新たな保管者及び保管場所等を記載した書面により捜査主任官に承認を求め、承認を受けた後に保管の引継ぎをするものとし、当該書面は、通信記録物等管理者に交付するものとする（検察官に送致等をしようとするときも、同様とする。）。通信記録物等管理者は、当該書面の交付を受けたときは、当該通信記録物等に係る第5の7の管理簿に新たな保管者及び保管場所等を記載するとともに、当該書面を編綴し（通信傍受規則第24条第3項）、捜査主任官の決裁を受けるものとする。

第7　出納

　傍受記録作成用媒体、傍受記録及び複製等（書面以外）の出庫を受けようとする者は、通信記録物等出納簿に所定事項を記載しなければならない。

　通信記録物等管理者は、通信記録物等出納簿の記載を確認し、捜査主任官の承認を得て、通信記録物等を引き渡すものとする。

　通信記録物等管理者は、通信記録物等の返納を確認したときは、返納年月日欄に所定事項を記載するものとする（通信傍受規則第24条第3項）。

第8　通信記録物等からの記録の消去
1　消去すべき通信記録物等の確認

　通信記録物等から記録の消去をしなければならないときは、捜査主任官は、通信記録物等管理者に命じて、同時にその記録の消去を行うべき通信記録物等がないかどうかを確認させなければならない。

　なお、法の規定によりその記録を消去しなければならない通信記録物等が検察官に送致されているときは、捜査主任官は、消去事由その他必要な事項

を当該検察官に通知するものとする。
2　消去

通信記録物等からの記録の消去は、捜査主任官が通信記録物等管理者に命じて行わせなければならない（通信傍受規則第23条第2項及び第3項並びに第24条第4項）。また、通信記録物等管理者は、捜査主任官又はこれに代わるべき者の立会いを得た上で消去の作業を行うものとする。

消去の作業は、記録媒体の場合は、記録装置の消去機能その他の消去した内容を復元できない方法により行うものとし、書面の場合は、可能であれば書面全体を裁断すること、該当部分を切り取ってこれを裁断すること、該当部分に黒塗り（裏面から透けて見える可能性がある場合は、裏面にも黒塗り）をすること等、いかなる方法によっても内容を認識することができなくなる方法により行うものとし、その他の物の場合も、これらに準じて、いかなる方法によっても内容を認識することができなくなる方法により行うものとする。

3　通信記録消去報告書の作成等

通信記録物等から記録を消去したときは、通信記録物等管理者は、速やかに、通信記録消去報告書を起案して捜査主任官及び第4に定める者の決裁を受け、第5の7の管理簿に所要事項を記載するとともに、当該通信記録消去報告書を編綴するものとする（通信傍受規則第24条第3項）。

また、通信傍受規則第23条第4項の規定により、同規則別記様式第5号の通信記録消去通知書による裁判官への通知をしたときは、当該通信記録消去通知書の写しも、同様に編綴するものとする。

第9　傍受記録等の送致

書式例本文第1の10に定める傍受記録等を送致する場合は、事件記録・証拠品送致票（甲）の備考欄に、「傍受記録等」と記載し、さらに、書式例様式第9号の傍受記録等総目録の番号を記載した上、検察庁証拠品係に提出し、同備考欄に証拠品事務官による受領印を受けるものとする。

なお、傍受記録作成用媒体の記録の全部を消去して作成した傍受記録についても、検察官に送致しなければならない。

第10　点検

通信記録物等管理者は、原則として始業時又は終業時（事件処理が一段落した後にあっては、毎月最低1回）は、関係簿冊の記載と通信記録物等の保管等の状況の突合せを行うほか、必要な点検をしてその結果を捜査主任官及び第4に定める者に対し報告しなければならない。捜査主任官も、できる限

り、自ら必要な点検をしなければならない。
　通信記録物等管理者は、適宜の方法により、これら点検の状況を書面に記録しておかなければならない。

第11　警察本部長に対する報告
　捜査主任官は、通信記録物等を送致した場合、法第27条第３項又は法第28条第３項において準用する法第33条第３項の規定による命令により消去をした場合等の節目において、通信記録物等の作成、保管及び出納の状況、その記録の消去の状況その他その適正な管理のために必要な事項を警察本部長に対し報告しなければならない。
　警察本部長は、毎年最低２回は、捜査の適正を確保するための指導に関する事務を所掌する警察本部の課（課に準ずるものを含む。）に所属する警視以上の警察官の中から適当な者を指名して、通信記録物等の作成、保管及び出納の状況、その記録の消去の状況その他その適正な管理のために必要な事項を点検・確認させ、その結果の報告を求めるものとする。

事例紹介

「暴力団組織の総裁による指揮命令によって敢行された組織的殺人未遂事件について、別の事件を被疑事実として発付された傍受令状により当該傍受令状に記載された傍受すべき通信に該当するか否かを判断するために傍受した通信について傍受の原記録の複製を作成して得た複製等により立証することの適法性が争われた事例—福岡地裁令和3年8月24日判決（判時2517.84）」

【事案の概要】

本件は、特定危険指定暴力団Kの総裁であるA1が、平成24年8月頃から同年10月頃までの間に北九州市内の美容整形外科においてレーザー脱毛の施術及び亀頭増大手術を受けた際、それらの施術及び手術の結果に不満を抱くとともに、担当看護師であった被害者Xの対応がKの総裁であるA1を軽んじ、その体面を傷つける許し難いものであるなどとして怒りを募らせ、Xに報復し、Kの総裁としての威厳ひいては組織の威信を維持するため、平成25年1月28日、A1を頂点とするKの指揮命令系統に基づき、Kの二次団体であるT組の幹部組員らを動員して、組織を挙げてXを襲撃し殺害しようとしたという組織的殺人未遂の事案である。本事例は、福岡県警察によるK壊滅作戦によって捜査・訴追された事件のうちの一つであって、被害者が看護師であったことから、通称「看護師事件」と呼ばれている。

Kの構成員らによる一連の事件では、Kについての捜査に従事してきた元警察官との関係が悪化したことから、同人を殺害しようとしたが未遂に終わった組織的殺人未遂罪等の事件（通称「元警察官事件」）も発生しており、その約9か月後の平成25年1月28日、看護師事件が発生した。本件の立証に用いられた通信傍受は、元警察官事件に対する捜査の一環として、同事件を被疑事実とする傍受令状に基づいて実施されたものであった。

【看護師事件の犯罪事実の概要】

　平成25年1月28日当時、A1は特定危険指定暴力団K総裁、A2はK会長、V1〜V11はK幹部兼T組等の幹部又は組員であったものであるが、A1・A2両名は、V1〜V11と共謀の上、組織により、Xを殺害することになってもやむを得ないと考え、同日午後7時4分頃、福岡市の歩道上において、Kの活動として、A1の指揮命令に基づき、あらかじめ定められた任務の分担に従って、V6が、Xに対し、殺意をもって、所携の刃物で、左側頭部を目掛けて突き刺すなどし、もって団体の活動として組織により人を殺害しようとしたが、Xに約3週間の入院及び通院加療を要する傷害を負わせたにとどまり、殺害するに至らなかった。

【通信傍受の状況と争点等】

1　通信傍受の状況等

　福岡県警察の警察官（以下「警察官」という。）は、平成25年1月10日、被疑者を共犯者V3及びV5、被疑事実を元警察官事件とし、傍受の実施の対象とすべき通信手段をV3が使用する電話番号の携帯電話（以下「V3携帯」という。）及びV5が使用する携帯電話（以下「V5携帯」という。）とする傍受令状各1通を請求し、同日、請求どおりの内容の各傍受令状の発付を受けた。

　警察官は、各傍受令状に基づき、各携帯を対象として通信傍受を実施したが、その傍受ができる期間中である同月28日、看護師事件が発生した。

　警察官は、同年7月下旬頃、25条3項（現32条3項。以下同じ。）に基づき、裁判官に対し、看護師事件の犯罪事実の存否の証明に必要があるとして、V5携帯で行われた通信のうち、同年1月16日から同月29日までの間に13条1項（現14条1項。以下同じ。）の規定により傍受した298の通信について、傍受の原記録の聴取の許可を請求したが、裁判官は、これを却下する決定をした（決定①）。

　警察官は、決定①を受けて、同年10月末頃、前記298通信には、Kが犯罪を実行する際の指揮系統や指揮態様等が明らかとなる通信が含まれており、元警察官事件の犯罪事実の存否の証明に必要があるとして、25条3

項に基づき、裁判官に対し、傍受の原記録の聴取の許可を請求したが、裁判官は、これを却下する決定をした（決定②）。

　警察官は、平成26年1月9日、決定①及び決定②に対する準抗告を申し立てた。これに対して、裁判所は、決定①に対する準抗告を棄却する一方、決定②を取り消し、更に、前記298通信について、傍受の原記録の聴取を許可する決定をした。

　これを受けて、警察官は、前記298通信について傍受の原記録を聴取し、そのうち平成25年1月16日、同月20日及び同月22日から同月29日までの間に行われた84の通信について、Kが犯罪を実行する際の指揮系統や指揮態様等が明らかとなる通信が含まれていると確認したことから、元警察官事件の犯罪事実の存否の証明に必要があるとして、平成26年6月23日、25条3項に基づき、裁判官に傍受の原記録のうち前記84通信に関する部分の複製の作成の許可を請求し、裁判官は、これを許可する決定をするとともに、その複製（DVD-RAM1）を警察官に交付した。

　その後の公判において、検察官は、看護師事件における共謀等を立証する証拠として、DVD-RAM1を複製して作成した記録媒体及びその反訳書面（前記84通信のうち68の通信の反訳）を証拠調べ請求した。

　また、警察官は、元警察官事件の捜査において、前記84通信について傍受の原記録の複製を精査した結果、V3携帯で行われた通信のうち、平成25年1月16日に13条1項の規定により傍受した1の通信について、Kが犯罪を実行する際の指揮系統や指揮態様等が明らかとなる通信が含まれていることから、元警察官事件の犯罪事実の存否の証明に必要があるとして、25条3項に基づき、裁判官に対し、傍受の原記録の聴取の許可を請求し、裁判官は、これを許可する決定をした。

　これを受けて、警察官は、前記1通信について傍受の原記録を聴取し、Kが犯罪を実行する際の指揮系統や指揮態様等が明らかとなる通信が含まれていると確認したことから、元警察官事件の犯罪事実の存否の証明に必要があるとして、同年9月3日、25条3項に基づき、裁判官に傍受の原記録のうち前記1通信に関する部分の複製の許可を請求し、裁判官は、これを許可するとともに、その複製（DVD-RAM2）を警察官に交付した。

その後の公判において、検察官は、前同様、看護師事件における共謀等を立証する証拠として、DVD-RAM2を複製して作成した記録媒体及びその反訳書面（前記１通信の反訳）を証拠請求した（以下、各記録媒体及び各反訳書面を「通信傍受関連証拠」という。）。

これらの通信傍受関連証拠は、いずれも裁判所によって採用された。

2 争　　　点

弁護人は、①警察官が、元警察官事件について傍受した通信が記録された傍受の原記録を看護師事件の立証に用いる目的で聴取し、その複製を作成したことは、「傍受が行われた事件に関し」傍受の原記録の聴取を認めた25条３項に違反する、②警察官が、傍受の原記録聴取請求のため、傍受記録に残さなかった通信のうち、看護師事件に関連する通信内容を伝達等したことが、22条５項（現29条５項）に違反するなどと主張し、違法収集証拠として通信傍受関連証拠の証拠能力を争った。

これに対し、裁判所は、主張①について、「確かに、警察官が、看護師事件の証拠として利用する意図も有しながら、傍受の原記録の聴取の許可等を請求したことは明らかといえる。一方で、元警察官事件及び看護師事件の内容及び性質からすると、いずれもＫが組織的に関与した疑いが強く、Ｋという組織の特徴や、両事件に関与した疑いがある組幹部らにある程度の重複があることなどに照らせば、両事件の指揮系統や指揮態様等は基本的に同一のものと推認されること、傍受の実施の対象とすべき通信手段として記載された携帯電話を使用していたのは、両事件の犯行の実行において中心的な役割を果たした疑いの強いV5であることなど、本件に特有の事情のもとでは、捜査機関が、看護師事件の指揮系統等の解明が進むことで元警察官事件の指揮系統等の解明も進むと期待することには相応の合理性があると認められる。したがって、Ｋが犯罪を実行する際の指揮系統や指揮態様等を明らかにし、元警察官事件の犯罪事実の存否を証明するために必要があるとして、警察官が傍受の原記録の聴取及びその複製の作成を請求し、裁判所がこれを許可したことは、25条３項に違反するものではない。」と判断した。

また、裁判所は、主張②について、「傍受の原記録聴取を請求するか否かという意思決定や同請求に必要な限度で、傍受記録に残さなかった通信内容を伝達等したり報告したりすることを法が禁止しているとは考えられない。」と判断した。
　そして、裁判所は、本件通信傍受関連証拠について、いずれも証拠能力を有すると認め、各証拠は、Kによる指揮系統や指揮態様等といった共謀等に関する証拠として用いられた。

通信傍受の実施状況（平成26年～令和5年）

注1　法務省の公表資料から作成。
　2　29Ⅲ①、29Ⅲ③は、29条3項（改正前の22条2項）各号を指す。
　3　29Ⅳ①、29Ⅳ③は、29条4項各号を指す。
　4　㋐：20条1項による傍受を実施したとき（対象期間内に実施なし）　㋑：23条1項1号による傍受を実施したとき　㋒：23条1項2号による傍受を実施したとき

年	番号	罪名	令状請求件数	令状発付件数	実施期間（日）	通話回数	29Ⅲ①通話	29Ⅲ③通話	29Ⅳ①通話	29Ⅳ③通話	20Ⅰ、23Ⅰ①②	逮捕人員（人）
平成26年	1	大麻取締法違反	1	1	24	353	26	0				6
	2	覚醒剤取締法違反	2	2	22	268	105	0				15
					22	153	79	0				
	3	覚醒剤取締法違反	1	1	28	1927	532	0				10
	4	覚醒剤取締法違反	6	6	14	35	1	0				17
					6	22	0	0				
					13	72	35	0				
					30	356	13	0				
					16	251	38	0				
					9	215	58	0				
	5	麻薬特例法違反 覚醒剤取締法違反	2	2	25	333	36	0				6
					25	484	147	0				
	6	銃刀法違反	4	4	30	189	0	0				0
					8	197	8	2				
					26	151	2	1				
					10	131	7	0				
	7	銃刀法違反	2	2	30	671	1	0				0
					30	395	0	0				
	8	銃刀法違反	1	1	30	1174	0	12				3
	9	麻薬特例法違反	2	2	15	383	46	0				8
					15	1198	262	0				
	10	麻薬特例法違反	5	5	28	2495	8	0				21
					28	1298	0	474				
					27	472	143	194				
					1	0	0	0				
					26	555	99	0				

年	番号	罪名	令状請求件数	令状発付件数	実施期間(日)	通話回数	29Ⅲ①通話	29Ⅲ③通話	29Ⅳ①通話	29Ⅳ③通話	20Ⅰ、23Ⅰ①②	逮捕人員(人)
平成27年	1	覚醒剤取締法違反	5	5	14	64	5	0				15
					14	231	8	1				
					14	232	23	1				
					13	124	51	0				
					14	157	87	0				
	2	覚醒剤取締法違反	5	5	27	1573	243	0				8
					27	325	191	0				
					27	985	322	0				
					27	52	28	0				
					20	9	0	0				
	3	覚醒剤取締法違反	5	5	8	18	3	1				17
					16	791	509	37				
					6	150	73	22				
					9	0	0	0				
					17	878	668	36				
	4	覚醒剤取締法違反	2	2	27	204	165	0				21
					27	335	73	0				
	5	覚醒剤取締法違反	2	2	3	56	0	0				0
					2	25	1	0				
	6	麻薬特例法違反	3	3	29	750	115	0				15
					29	1657	612	0				
					14	573	140	0				
	7	麻薬特例法違反	4	4	27	434	26	0				7
					9	246	22	0				
					17	66	10	0				
	8	麻薬特例法違反	3	3	21	988	533	0				20
					9	121	40	0				
					12	101	76	0				

通信傍受の実施状況（平成26年～令和5年）　373

年	番号	罪名	令状請求件数	令状発付件数	実施期間（日）	通話回数	29Ⅲ①通話	29Ⅲ③通話	29Ⅳ①通話	29Ⅳ③通話	20Ⅰ、23Ⅰ①②	逮捕人員（人）
平成27年	9	麻薬特例法違反	7	7	23	148	34	0				28
					15	484	194	0				
					2	53	16	0				
					25	1257	413	0				
					20	676	168	0				
					5	54	2	0				
	10	組織的犯罪処罰法違反	6	6	16	93	0	0				2
					16	130	0	0				
					16	252	6	0				
					7	151	9	0				
					7	0	0	0				
					7	85	5	0				
平成28年	1	覚醒剤取締法違反	5	5	29	416	83	0				13
					28	336	12	0				
					2	4	0	0				
					10	0	0	0				
					9	30	7	0				
	2	覚醒剤取締法違反	3	3	30	518	71	0				9
					10	707	29	0				
					30	90	38	0				
	3	覚醒剤取締法違反	3	3	17	166	0	0				2
					17	231	0	0				
					6	181	0	0				
	4	覚醒剤取締法違反	1	1	26	511	30	0				6
	5	銃刀法違反	2	2	23	292	0	0				0
					23	666	0	0				
	6	銃刀法違反	2	2	5	116	12	0				0
					5	37	7	0				

年	番号	罪名	令状請求件数	令状発付件数	実施期間(日)	通話回数	29Ⅲ①通話	29Ⅲ③通話	29Ⅳ①通話	29Ⅳ③通話	20Ⅰ、23Ⅰ①②	逮捕人員(人)
平成28年	7	銃刀法違反	8	8	23	217	11	0				6
					21	652	2	0				
					7	243	7	0				
					24	641	7	0				
					3	11	0	0				
					5	81	2	0				
					19	343	3	0				
					24	594	10	0				
	8	銃刀法違反	3	3	16	157	3	0				11
					28	570	7	0				
					16	102	8	0				
	9	麻薬特例法違反	1	1	30	283	26	0				16
	10	組織的犯罪処罰法違反	7	7	12	96	2	0				0
					23	605	2	0				
					12	73	2	0				
					7	4	1	0				
					2	0	0	0				
					12	168	0	0				
					7	153	0	0				
	11	電子計算機使用詐欺	5	5	20	265	10	0				0
					20	358	14	0				
					5	7	1	0				
					3	0	0	0				
					10	527	35	0				

通信傍受の実施状況（平成26年〜令和5年） 375

年	番号	罪名	令状請求件数	令状発付件数	実施期間(日)	通話回数	29Ⅲ①通話	29Ⅲ③通話	29Ⅳ①通話	29Ⅳ③通話	20Ⅰ、23Ⅰ①②	逮捕人員(人)
平成29年	1	銃刀法違反	3	3	10	278	0	0				0
					10	239	0	0				
					6	96	0	0				
	2	監禁致死	2	2	10	152	22	1				0
					10	85	4	0				
	3	逮捕監禁	5	5	14	585	6	0				0
					18	158	0	0				
					18	215	0	0				
					18	157	3	0				
					10	208	0	0				
	4	強盗致傷	1	1	10	725	4	3				0
	5	窃盗	6	6	11	3	0	0				10
					14	214	19	0				
					14	94	15	0				
					14	260	53	0				
					14	291	39	0				
					14	65	9	0				
	6	窃盗	4	4	20	412	31	0				7
					20	483	6	0				
					20	454	3	0				
					20	364	27	0				
	7	窃盗、窃盗未遂	3	3	10	3	0	0				0
					10	379	8	0				
					10	44	0	0				
	8	窃盗	2	2	10	378	56	0				12
					10	98	28	0				
	9	詐欺	2	2	10	115	0	12				3
					10	59	0	5				

年	番号	罪名	令状請求件数	令状発付件数	実施期間（日）	通話回数	29Ⅲ①通話	29Ⅲ③通話	29Ⅳ①通話	29Ⅳ③通話	20Ⅰ、23Ⅰ①②	逮捕人員（人）
平成29年	10	詐欺	4	4	21	461	169	0				14
					26	454	16	0				
					1	0	0	0				
					6	73	37	0				
	11	恐喝、恐喝未遂	5	5	10	102	27	0				8
					10	345	14	0				
					10	110	39	0				
					10	24	11	0				
					10	29	18	0				
	12	詐欺、詐欺未遂	6	6	2	0	0	0				4
					14	115	1	0				
					14	819	109	0				
					12	26	17	0				
					14	217	22	0				
					14	216	10	0				
	13	恐喝	8	8	15	383	23	0				12
					15	165	8	0				
					15	87	31	0				
					15	251	39	0				
					15	175	9	0				
					11	104	3	0				
					15	187	15	0				
					4	0	0	0				

通信傍受の実施状況（平成26年～令和5年）

年	番号	罪名	令状請求件数	令状発付件数	実施期間(日)	通話回数	29Ⅲ①通話	29Ⅲ③通話	29Ⅳ①通話	29Ⅳ③通話	20Ⅰ、23Ⅰ①②	逮捕人員(人)
平成30年	1	覚醒剤取締法違反	6	6	20	355	43	0				29
					20	524	150	0				
					4	0	0	0				
					5	41	10	0				
					20	141	69	0				
					20	156	30	0				
	2	覚醒剤取締法違反	4	4	20	605	118	0				30
					16	1899	369	0				
					10	181	129	0				
					10	219	41	0				
	3	銃刀法違反、殺人	4	4	17	263	0	0				0
					17	1079	0	0				
					17	736	0	0				
					20	207	0	0				
	4	麻薬特例法違反	4	4	15	149	8	0				13
					17	107	1	0				
					17	73	5	0				
					15	314	124	0				
	5	殺人	3	3	8	48	0	0				4
					8	93	0	0				
					8	155	1	0				
	6	窃盗、窃盗未遂	1	1	14	129	10	0				1
	7	詐欺	2	2	5	37	1	0				5
					5	147	12	0				
	8	詐欺	3	3	9	54	11	0				12
					9	0	0	0				
					9	259	5	0				

年	番号	罪名	令状請求件数	令状発付件数	実施期間(日)	通話回数	29Ⅲ①通話	29Ⅲ③通話	29Ⅳ①通話	29Ⅳ③通話	20Ⅰ、23Ⅰ①②	逮捕人員(人)
平成30年	9	詐欺 電子計算機使用詐欺	7	7	18	45	3	0				6
					18	166	5	0				
					6	0	0	0				
					18	141	16	0				
					8	291	0	0				
					16	42	25	0				
					8	3	0	0				
	10	恐喝	6	6	5	80	0	0				13
					4	77	1	0				
					5	65	21	0				
					2	29	11	0				
					8	307	5	0				
					5	18	5	0				
	11	恐喝未遂	2	2	5	38	0	0				0
					5	26	0	0				
	12	詐欺	4	4	15	742	5	0				13
					15	207	79	0				
					15	105	5	0				
					10	6	0	0				
平成31年・令和元年	1	覚醒剤取締法違反	3	3	22	178	22	0	0	0		4
					22	17	3	0	0	0		
					22	92	7	0	0	0		
	2	覚醒剤取締法違反	2	2	17	774	12	0	66	0	㋑㋒	8
					17	825	42	0	67	0	㋑㋒	
	3	覚醒剤取締法違反	5	5	19	143	0	0	7	0	㋑㋒	11
					19	235	55	0	57	0	㋑㋒	
					19	149	62	0	31	0	㋑㋒	
					19	173	68	0	41	0	㋑㋒	
					18	101	20	0	2	0	㋑㋒	

通信傍受の実施状況（平成26年～令和5年）

年	番号	罪名	令状請求件数	令状発付件数	実施期間(日)	通話回数	29Ⅲ①通話	29Ⅲ③通話	29Ⅳ①通話	29Ⅳ③通話	20Ⅰ、23Ⅰ①②	逮捕人員(人)
平成31年・令和元年	4	麻薬特例法違反	6	6	30	587	47	0	8	0	ⓘⓌ	13
					28	548	35	0	17	0	ⓘⓌ	
					25	366	66	0	86	0	ⓘⓌ	
					28	876	97	0	38	0	ⓘⓌ	
					25	344	17	0	5	0	ⓘⓌ	
					25	134	2	0	73	0	ⓘⓌ	
	5	殺人未遂	2	2	4	36	2	0	0	0		4
					4	15	4	0	0	0		
	6	窃盗	2	2	20	258	25	0	19	0	ⓘⓌ	3
					20	572	5	0	14	0	ⓘⓌ	
	7	窃盗	2	2	10	183	0	0	0	0	ⓘⓌ	6
					10	283	1	0	8	0	ⓘⓌ	
	8	窃盗、詐欺	1	1	10	653	0	0	0	0	Ⓦ	0
	9	強盗致傷	4	4	10	77	0	0	0	0	Ⓦ	2
					10	63	0	0	0	0	Ⓦ	
					10	102	0	0	2	0	Ⓦ	
					10	95	0	0	0	0	Ⓦ	
	10	詐欺	4	4	24	652	0	0	68	0	Ⓦ	14
					24	182	0	0	43	0	Ⓦ	
					24	328	0	0	0	0	Ⓦ	
					24	92	0	0	7	0	Ⓦ	
令和2年	1	覚醒剤取締法違反	4	4	18	1552	211	0	126	0	ⓘⓌ	16
					18	92	14	0	5	0	ⓘⓌ	
					18	143	53	0	36	0	ⓘⓌ	
					18	46	10	0	4	0	ⓘⓌ	
	2	覚醒剤取締法違反	4	4	18	42	2	0	4	0	ⓘⓌ	18
					30	393	—	—	0	0	Ⓦ	
					30	1286	—	—	8	0	Ⓦ	
					30	877	295	0	167	0	ⓘⓌ	
	3	覚醒剤取締法違反	4	4	25	148	16	0	6	0	ⓘⓌ	21
					25	123	0	0	0	0	ⓘⓌ	
					25	122	53	0	4	0	ⓘⓌ	
					25	174	72	0	55	0	ⓘⓌ	

380　第2編　参考資料編

年	番号	罪名	令状請求件数	令状発付件数	実施期間(日)	通話回数	29Ⅲ①通話	29Ⅲ③通話	29Ⅳ①通話	29Ⅳ③通話	20Ⅰ、23Ⅰ①②	逮捕人員(人)
令和2年	4	覚醒剤取締法違反	3	3	22	335	15	0	40	0	㋑㋒	8
					22	427	56	0	52	0	㋑㋒	
					22	236	38	0	33	0	㋑㋒	
	5	覚醒剤取締法違反	2	2	30	1132	33	0	14	0	㋑㋒	2
					9	2	—	—	0	0	㋒	
	6	覚醒剤取締法違反	3	3	26	637	174	0	66	0	㋑㋒	26
					26	1392	526	0	225	0	㋑㋒	
					26	515	325	0	67	0	㋑㋒	
	7	覚醒剤取締法違反	2	2	30	232	22	0	16	0	㋑㋒	9
					30	105	7	0	6	0	㋑㋒	
	8	覚醒剤取締法違反	2	2	22	381	40	0	41	0	㋑㋒	15
					22	999	95	0	103	0	㋑㋒	
	9	覚醒剤取締法違反	3	3	13	268	6	0	7	0	㋑㋒	3
					13	33	0	0	0	0	㋑㋒	
					13	96	14	0	25	0	㋑㋒	
	10	覚醒剤取締法違反	3	3	11	194	56	0	13	0	㋑㋒	18
					11	215	75	0	44	0	㋑㋒	
					11	20	6	0	1	0	㋑㋒	
	11	覚醒剤取締法違反	4	4	28	439	86	0	31	0	㋑㋒	17
					28	20	—	—	1	0	㋒	
					28	309	87	0	19	0	㋑㋒	
					28	123	22	0	10	0	㋑㋒	
	12	覚醒剤取締法違反	1	1	30	898	—	—	133	0	㋒	11
	13	銃刀法違反	2	2	10	284	0	0	2	0	㋑㋒	0
					10	183	1	0	7	0	㋑㋒	
	14	銃刀法違反	2	2	10	83	0	0	2	0	㋑㋒	2
					10	105	0	0	1	0	㋑㋒	
	15	窃盗	1	1	28	1040	0	0	17	0	㋑㋒	2
	16	強盗、強盗致傷	4	4	15	372	—	—	0	0	㋒	1
					15	80	—	—	0	0	㋒	
					10	0	—	—	0	0	㋒	
					13	205	—	—	1	0	㋒	
	17	強盗殺人	1	1	30	439	—	—	0	0	㋒	0

通信傍受の実施状況（平成26年～令和5年）

年	番号	罪名	令状請求件数	令状発付件数	実施期間(日)	通話回数	29Ⅲ①通話	29Ⅲ③通話	29Ⅳ①通話	29Ⅳ③通話	20Ⅰ、23Ⅰ①②	逮捕人員(人)
令和2年	18	詐欺	1	1	10	0	—	—	0	0	㋒	0
	19	詐欺	2	2	20	98	0	0	1	0	㋑㋒	2
					20	535	10	1	8	0	㋑㋒	
	20	恐喝、恐喝未遂	2	2	30	1122	—	—	16	0	㋒	14
					30	1568	—	—	21	0	㋒	
令和3年	1	大麻取締法違反覚醒剤取締法違反等	2	2	30	110	1	0	1	0	㋑㋒	0
					30	341	7	0	0	0	㋑㋒	
	2	大麻取締法違反覚醒剤取締法違反等	2	2	29	23	7	0	7	0	㋑㋒	11
					29	358	81	0	22	0	㋑㋒	
	3	大麻取締法違反	5	5	30	1922	18	0	38	0	㋑㋒	8
					30	516	17	0	9	0	㋑㋒	
					30	551	16	0	26	0	㋑㋒	
					30	251	2	0	1	0	㋑㋒	
					30	242	6	0	2	0	㋑㋒	
	4	覚醒剤取締法違反	1	1	20	315	—	—	7	0	㋒	0
	5	覚醒剤取締法違反	1	1	30	385	14	0	6	0	㋑㋒	10
	6	覚醒剤取締法違反	2	2	30	201	—	—	0	0	㋒	9
					30	1421	—	—	86	4	㋒	
	7	覚醒剤取締法違反	2	2	30	826	119	0	116	1	㋑㋒	25
					30	298	132	0	81	0	㋑㋒	
	8	覚醒剤取締法違反	2	2	24	45	0	0	0	0	㋑㋒	22
					24	223	127	0	26	0	㋑㋒	
	9	覚醒剤取締法違反	3	3	30	690	43	0	33	0	㋑㋒	2
					30	105	30	0	22	0	㋑㋒	
					30	2	0	0	0	0	㋑㋒	
	10	覚醒剤取締法違反	3	3	30	1154	264	0	138	0	㋑㋒	14
					30	231	84	0	49	0	㋑㋒	
					30	300	108	0	123	0	㋑㋒	
	11	覚醒剤取締法違反	1	1	29	2254	275	0	136	0	㋑㋒	30
	12	銃刀法違反	1	1	10	326	10	0	10	0	㋑㋒	3
	13	銃刀法違反	1	1	30	331	—	—	0	0	㋒	0
	14	銃刀法違反、殺人未遂	1	1	20	404	—	—	0	0	㋒	0

年	番号	罪名	令状請求件数	令状発付件数	実施期間(日)	通話回数	29Ⅲ①通話	29Ⅲ③通話	29Ⅳ①通話	29Ⅳ③通話	20Ⅰ、23Ⅰ①②	逮捕人員(人)
令和3年	15	組織的犯罪処罰法違反	2	2	30	117	—	—	0	0	㋒	8
					30	765	—	—	0	0	㋒	
	16	殺人未遂	2	2	20	189	—	—	0	0	㋒	0
					20	106	—	—	2	0	㋒	
	17	傷害	3	3	10	58	0	0	0	0	㋑㋒	0
					10	392	0	0	0	0	㋑㋒	
					10	8	0	0	0	0	㋑㋒	
	18	窃盗	1	1	30	76	—	—	4	0	㋒	0
	19	電子計算機使用詐欺	4	4	10	0	0	0	0	0	㋑㋒	1
					20	12	2	0	0	0	㋑㋒	
					8	67	0	0	0	0	㋑㋒	
					22	143	3	0	3	0	㋑㋒	
	20	恐喝未遂	1	1	20	736	—	—	0	0	㋒	0
令和4年	1	覚醒剤取締法違反	2	2	24	494	160	0	80	0	㋑㋒	6
					4	26	15	0	0	0	㋑㋒	
	2	覚醒剤取締法違反	2	2	15	38	3	0	1	0	㋑㋒	13
					15	176	56	0	38	0	㋑㋒	
	3	覚醒剤取締法違反	2	2	30	308	7	0	2	0	㋑㋒	2
					30	43	7	0	2	0	㋑㋒	
	4	覚醒剤取締法違反	2	2	26	625	89	0	62	0	㋑㋒	2
					26	0	0	0	0	0	㋑㋒	
	5	覚醒剤取締法違反	3	3	21	1495	314	0	512	0	㋑㋒	7
					21	145	16	0	12	0	㋑㋒	
					21	0	0	0	0	0	㋑㋒	
	6	覚醒剤取締法違反	1	1	30	807	89	0	54	0	㋑㋒	19
	7	覚醒剤取締法違反	3	3	28	213	25	0	3	0	㋑㋒	16
					29	381	54	0	22	0	㋑㋒	
					28	524	107	0	45	0	㋑㋒	
	8	覚醒剤取締法違反	2	2	17	249	4	0	70	0	㋑㋒	9
					17	301	89	0	105	0	㋑㋒	
	9	覚醒剤取締法違反	1	1	28	580	56	1	23	0	㋑㋒	6
	10	覚醒剤取締法違反	1	1	30	1941	—	—	36	0	㋒	2
	11	覚醒剤取締法違反	2	2	27	1671	382	0	197	0	㋑㋒	17

年	番号	罪名	令状請求件数	令状発付件数	実施期間(日)	通話回数	29Ⅲ①通話	29Ⅲ③通話	29Ⅳ①通話	29Ⅳ③通話	20Ⅰ、23Ⅰ①②	逮捕人員(人)
令和4年	12	覚醒剤取締法違反	2	2	28	344	196	0	65	0	㋑㋒	20
					28	67	2	0	0	0	㋑㋒	
	13	覚醒剤取締法違反	4	4	30	368	6	0	2	0	㋑㋒	0
					15	64	—	—	3	0	㋒	
					16	20	—	—	2	0	㋒	
					10	18	—	—	0	0	㋒	
	14	銃刀法違反	3	3	20	322	0	0	1	0	㋑㋒	2
					20	809	0	0	0	0	㋑㋒	
					20	216	0	0	1	0	㋑㋒	
	15	銃刀法違反	4	4	20	291	—	—	0	0	㋒	0
					20	517	0	0	0	0	㋑㋒	
					20	999	0	0	0	0	㋑㋒	
					20	274	—	—	0	0	㋒	
	16	銃刀法違反	2	2	10	174	—	—	0	0	㋒	0
					10	36	—	—	3	0	㋒	
	17	組織的犯罪処罰法違反	4	4	20	936	—	—	0	0	㋒	0
					20	460	—	—	0	0	㋒	
					20	390	—	—	0	0	㋒	
					20	73	—	—	0	0	㋒	
	18	現住建造物等放火	3	3	20	775	—	—	1	0	㋒	3
					20	352	—	—	3	0	㋒	
					10	167	—	—	2	0	㋒	
	19	殺人	2	2	20	47	—	—	0	0	㋒	0
					20	129	—	—	3	0	㋒	
	20	窃盗	1	1	20	620	—	—	10	0	㋒	2
	21	窃盗	2	2	20	438	—	—	23	0	㋒	5
					20	113	—	—	1	0	㋒	
	22	窃盗	2	2	6	44	0	0	0	0	㋑㋒	0
					6	17	0	0	0	0	㋑㋒	
	23	窃盗、詐欺	2	2	30	23	—	—	0	0	㋒	0
					30	30	—	—	0	0	㋒	
	24	詐欺	1	1	10	215	0	0	0	0	㋑㋒	0

年	番号	罪名	令状請求件数	令状発付件数	実施期間(日)	通話回数	29 III ① 通話	29 III ③ 通話	29 IV ① 通話	29 IV ③ 通話	20 I、23 I ①②	逮捕人員(人)
令和5年	1	覚醒剤取締法違反	2	2	20	342	18	0	6	0	㋑㋒	6
					17	232	3	0	15	0	㋑㋒	
	2	覚醒剤取締法違反	2	2	26	267	—	—	22	0	㋒	10
					26	198	75	0	17	0	㋑㋒	
	3	覚醒剤取締法違反	2	2	29	551	212	0	141	0	㋑㋒	5
					29	38	3	0	1	0	㋑㋒	
	4	覚醒剤取締法違反	1	1	8	160	2	0	3	0	㋑㋒	5
	5	覚醒剤取締法違反	2	2	30	473	—	—	46	0	㋒	9
					30	239	—	—	68	0	㋒	
	6	覚醒剤取締法違反	2	2	30	725	69	0	89	0	㋑㋒	11
					30	650	109	0	71	0	㋑㋒	
	7	覚醒剤取締法違反	1	1	26	239	48	0	10	0	㋑㋒	6
	8	覚醒剤取締法違反	1	1	23	627	36	0	29	0	㋑㋒	2
	9	覚醒剤取締法違反	1	1	15	173	48	0	26	0	㋑㋒	1
	10	銃刀法違反	2	2	10	377	0	0	3	0	㋑㋒	2
					10	59	1	0	0	0	㋑㋒	
	11	銃刀法違反	3	3	30	75	0	0	0	0	㋑㋒	1
					30	722	4	0	14	0	㋑㋒	
					30	869	2	0	9	0	㋑㋒	
	12	銃刀法違反	3	3	7	17	0	0	1	0	㋑㋒	2
					20	156	1	0	2	0	㋑㋒	
					20	146	5	0	1	0	㋑㋒	
	13	麻薬特例法違反	4	4	30	285	23	0	4	0	㋑㋒	7
					25	297	23	0	65	0	㋑㋒	
					5	57	7	0	6	0	㋑㋒	
					30	64	3	0	1	0	㋑㋒	
	14	組織的犯罪処罰法違反	2	2	20	1025	—	—	0	0	㋒	0
					16	1012	—	—	0	0	㋒	
	15	殺人	2	2	20	116	—	—	0	0	㋒	0
					20	159	—	—	0	0	㋒	
	16	監禁致死	1	1	10	297	—	—	0	0	㋒	0
	17	窃盗	1	1	30	82	1	0	9	0	㋒	0

年	番号	罪名	令状請求件数	令状発付件数	実施期間(日)	通話回数	29Ⅲ①通話	29Ⅲ③通話	29Ⅳ①通話	29Ⅳ③通話	20Ⅰ、23Ⅰ①②	逮捕人員(人)
令和5年	18	窃盗	2	2	12	494	—	—	3	0	㋒	3
					12	277	—	—	21	0	㋒	
	19	窃盗	1	1	22	64	—	—	5	0	㋒	0
	20	窃盗未遂	2	2	10	345	—	—	8	0	㋒	0
					10	154	—	—	11	0	㋒	
	21	窃盗未遂	1	1	10	49	—	—	0	0	㋒	0
	22	詐欺	2	2	30	362	—	—	14	0	㋒	0
					20	425	—	—	21	0	㋒	

〈用語索引〉

【あ】

相手方の電話番号等の情報 ……… 106
相手方の電話番号等の探知（開示）
　………………………………… 87, 119
暗号化 ………………………… 11, 100
暗号化信号 …………………… 11, 100
——の消去 ………… 125, 126, 146
一時的保存 …………………… 13, 100
一時的保存を命じて行う通信傍受 …… 96

【か】

外国語による通信又は暗号その他
　その内容を即時に復元することが
　できない方法を用いた通信 …… 80, 118
該当性判断のための傍受（再生）
　………………………………… 75, 116
技術的措置 ……………………………… 62
共通鍵方式 ……………………………… 13
原記録保管裁判官 …………… 195, 197
原信号 …………………………………… 11
公開鍵方式 ……………………………… 13

【さ】

再生 ………………………… 14, 113, 144
再生の実施 …………………………… 114

——の開始 …………………………… 122
——の終了 …………………………… 121
——の中断 …………………………… 151
指定期間 ……………………………… 101
——以外の期間における傍受の実施の
　場所 ………………………………… 49
——における傍受の実施の場所 …… 49
消去命令 ……………………………… 211
数人の共謀によるもの ………… 23, 35
スポット傍受（再生）………… 76, 117

【た】

対応変換符号（復号鍵）……………… 11
対象犯罪 ……………………………… 18
立会い（立会人）……………………… 70
他の犯罪の実行を内容とする通信
　………………………………… 82, 119
通信 ……………………………………… 7
通信管理者等 ………………………… 47
——の管理する場所 ………………… 48
通信事業者等 ………………………… 10
通信手段 ……………………………… 33
——の傍受の実施をする部分 ……… 48
通信日時に関する情報を伝達する信号
　……………………………… 13, 105, 116
通信の当事者に対する通知 ……… 187
通信の内容を伝達する信号 ………… 13

〈用語索引〉

通信の傍受に関する裁判 …………… 209
通信の傍受（再生）に関する処分 …… 210
電話番号等 ……………………………… 34
特定電子計算機 ……………… 130, 139, 156
特定電子計算機を用いる通信傍受
　……………………………………… 130, 156

【な】

23条1項1号（2号）の規定による傍受
　……………………………………………… 135

【は】

犯罪関連通信 ……………………… 22, 31
必要な協力 ……………………………… 69
必要な処分 ……………………………… 66
（記録媒体の）封印 …………………… 153
復号 ………………………………… 11, 112
複製 ……………………………… 155, 185
不服申立て …………………………… 207
変換符号（暗号化鍵） ………………… 11
傍受 ……………………………………… 9
──が行われた事件 ………… 200, 223
──すべき通信 ………………………… 51
──に関する刑事の事件 …………… 206
──の理由又は必要 ………………… 95
傍受ができる期間 …………………… 45
──の延長 ……………………………… 54
傍受記録 ……………………………… 177
──の聴取及び閲覧等 ……………… 193
傍受実施状況等記載書面
　……………………… 161, 163, 169, 171

傍受の原記録 ……………… 178, 195, 219
──の聴取及び閲覧等 ……………… 195
──の保管期間 ……………………… 219
傍受の実施 …………………………… 45
──の開始 …………………………… 164
──の条件 …………………………… 45
──の中断、終了 ……………………… 93
──の方法及び場所 ………………… 52
傍受令状 …………………………… 15, 51
──の記載事項 ………………………… 51
──の提示 ……………………………… 64
補充性 ………………………………… 32

【ま】

みなし傍受記録 ……………… 205, 216

〈編著者等紹介〉

加藤　俊治　名古屋地方検察庁検事正、前最高検察庁総務部長、元法務省大臣官房審議官（刑事局担当）

橋口　英明　福岡地方検察庁小倉支部副支部長、前法務省法務総合研修所第一部教官

鷦鷯　昌二　東京地方検察庁立川支部検事、前法務省刑事局参事官

★本書の無断複製（コピー）は、著作権法上での例外を除き、禁じられています。また、代行業者等に依頼してスキャンやデジタルデータ化を行うことは、たとえ個人や家庭内の利用を目的とする場合であっても、著作権法違反となります。

捜査のための通信傍受法ハンドブック
〜逐条解説から捜査実務資料まで〜

令和6年9月20日　第1刷発行

監　修	加藤　俊治
編著者	橋口　英明
	鷦鷯　昌二
発行者	橘　　茂雄
発行所	立花書房

東京都千代田区神田小川町3-28-2
電話　03-3291-1561（代表）
FAX　03-3233-2871
https://tachibanashobo.co.jp

©2024　Toshiharu Kato, Hideaki Hashiguchi, Shoji Sasaki　　（印刷・製本）　明和印刷

乱丁・落丁の際は本社でお取り替えいたします。

立花書房 創立70周年記念出版

逐条 実務刑事訴訟法

立花書房 好評書

逐条
実務刑事訴訟法

【編集代表】
伊丹 俊彦　合田 悦三

【編集委員】
上冨 敏伸　加藤 俊治
河本 雅也　吉村 典晃

立花書房

編集代表
- 弁護士・元大阪高等検察庁検事長　**伊丹俊彦**
- 元札幌高等裁判所長官　**合田悦三**

編集委員
- 大阪高等検察庁検事長　**上冨敏伸**
- 名古屋地方検察庁検事正　**加藤俊治**
- 司法研究所長代行・判事　**河本雅也**
- 名古屋高等裁判所部総括判事　**吉村典晃**

A5判・上製（函入り）・1408頁
定価：16500円（本体15000円＋税10%）

平成28年刑事訴訟法改正に対応！
実務家、座右の書！！

現役の裁判官・検察官による実務家必携の逐条解説書！

現役の裁判官・検察官40名が執筆した、実務において信頼できる内容の解説書。刑事訴訟法を明解に解説した、まさに必携の一冊！

刑事訴訟規則、犯罪捜査規範、実務まで組み合わせた、画期的解説！

刑事訴訟法の解説だけでなく、関連する刑事訴訟規則及び犯罪捜査規範の必要条文にも言及した。さらに、実務上の指針を提示し、運用上の課題も押さえるなど、現場警察官をはじめとした実務家が活用しやすいコンメンタール！

事項索引　判例索引　付き！

＊お申込み先：立花書房　Tel. 03-3291-1561（代表）　Fax. 03-3233-2871　https://tachibanashobo.co.jp